FRANCOPHONIES
D'AMÉRIQUE

FRANCOPHONIES
D'AMÉRIQUE

Automne 2013   Numéro 36

Les Presses de l'Université d'Ottawa
Centre de recherche en civilisation canadienne-française

FRANCOPHONIES
D'AMÉRIQUE

Automne 2013 Numéro 36

Directeur :

FRANÇOIS PARÉ
Université de Waterloo
Courriel : fpare@uwaterloo.ca

Conseil d'administration :

JOEL BELLIVEAU, président
Université Laurentienne

MOURAD ALI-KHODJA
Université de Moncton

EMANUEL DA SILVA
CREFO, Université de Toronto

ANNE GILBERT
CRCCF, Université d'Ottawa

PASCAL MARCHAND
AUFC

MARTIN PÂQUET
Université Laval

FRANÇOIS PARÉ
Université de Waterloo

JULES ROCQUE
Université de Saint-Boniface

JIMMY THIBEAULT
Université Sainte-Anne

Comité éditorial :

MARIANNE CORMIER
Université de Moncton

SYLVIE DUBOIS
Louisiana State University

LUCIE HOTTE
Université d'Ottawa

CILAS KEMEDJIO
Université de Rochester

DOMINIQUE LAPORTE
Université du Manitoba

JEAN-PIERRE LE GLAUNEC
Université de Sherbrooke

JOHANNE MELANÇON
Université Laurentienne

MARIE-ÈVE PERROT
Université d'Orléans (France)

PAMELA V. SING
Université de l'Alberta

Recensions :

SANDRINE HALLION
Université de Saint-Boniface
Courriel : SHallion@ustboniface.ca

Assistante de recherche : FRANCES RATELLE

Révision linguistique : JOSÉE THERRIEN

Correction d'épreuves et coordination :
COLETTE MICHAUD

Mise en page et montage de la couverture :
MARTIN ROY

En couverture : Diane Surette,
Brier's Island, acrylique, 76,20 cm x 121,9 cm,
2013 (photographie : Diane Surette).

Cette revue est publiée grâce à la contribution financière des institutions suivantes :
Association des universités de la francophonie canadienne (AUFC) • CRCCF, Université d'Ottawa •
CREFO, Université de Toronto • Université de Moncton • Université de Saint-Boniface • Université
Laurentienne • Université Laval • Université Sainte-Anne

ISBN : 978-2-7603-0945-6
ISSN : 1183-2487 (Imprimé)
ISSN : 1710-1158 (En ligne)
Dépôt légal – Bibliothèque et Archives nationales du Québec, 2015
Dépôt légal – Bibliothèque et Archives Canada, 2015
Les Presses de l'Université d'Ottawa / Centre de recherche en civilisation canadienne-française, 2015
Imprimé au Canada

Comment communiquer avec

FRANCOPHONIES
D'AMÉRIQUE

POUR LES QUESTIONS D'ABONNEMENT, DE DISTRIBUTION
OU DE PROMOTION :

Martin Roy
Centre de recherche
en civilisation canadienne-française
Université d'Ottawa
65, rue Université, bureau 040
Ottawa (Ontario) K1N 6N5
Téléphone : 613 562-5800, poste 4007
Télécopieur : 613 562-5143
Courriel : Roy.Martin@uOttawa.ca
Site Internet : http://francophoniesdamerique.uottawa.ca

POUR TOUTE QUESTION RELEVANT DU SECRÉTARIAT DE RÉDACTION :

Colette Michaud
Secrétariat de rédaction, *Francophonies d'Amérique*
Centre de recherche
en civilisation canadienne-française
Université d'Ottawa
65, rue Université, bureau 040
Ottawa (Ontario) K1N 6N5
Téléphone : 613 562-5800, poste 4001
Télécopieur : 613 562-5143
Courriel : cmichaud@uOttawa.ca

Francophonies d'Amérique est disponible sur la plateforme Érudit à l'adresse suivante :
http://www.erudit.org/revue/fa/apropos.html

Francophonies d'Amérique est indexée dans :

Klapp, *Bibliographie d'histoire littéraire française* (Stuttgart, Allemagne)

International Bibliography of Periodical Literature (IBZ) et *International Bibliography of Book Reviews (IBR)* (Hasbergen, Allemagne)

International Bibliography of the Social Sciences (IBSS), The London School of Economics and Political Science (Londres, Grande-Bretagne)

MLA International Bibliography (New York)

REPÈRE – Services documentaires multimédia

Table des matières

Engagement social et communautés d'allégeance

Présentation
Engagement social et communautés d'allégeance

FRANCOPHONIES
D'AMÉRIQUE

François Paré
Université de Waterloo

Si leur existence est aujourd'hui incontestable sur les plans politiques et anthropologiques, leur vitalité l'est sans doute beaucoup moins, et les sociétés francophones d'Amérique ne sont donc pas faciles à situer sur la carte du continent. Certes, leurs géographies imprécises et les flottements identitaires qui les animent peuvent dénoter une ubiquité subtile dans un monde en constante ouverture sur l'altérité. Néanmoins, ces sociétés font aussi face à un avenir incertain, car sans cohésion et sans permanence, elles présentent souvent une fragilité existentielle dont il est difficile de prédire l'incidence. Dans le contexte minoritaire, cette indétermination structurelle répond à une variété de causes plus ou moins claires, parmi lesquelles on notera selon le cas la pauvreté des institutions sociales, la colonisation, l'absence de tout territoire géographique de référence et le nomadisme identitaire inhérent aux cultures et aux langues en contact.

Partout, le rôle des individus dans le développement d'une société vivante et viable est crucial, puisque la cohésion même de la culture repose sur un ensemble de sujets placés au jour le jour devant des choix déterminants concernant l'action et les représentations collectives. Être francophone en Amérique, c'est donc avant tout le résultat d'une affirmation délibérée, d'un vouloir-être explicite qui, faute de s'inscrire tout naturellement dans un territoire consensuel clair, marque néanmoins du principe de sa dissidence la quotidienneté des rapports avec les autres. Dans la rue, dans les bureaux, au marché, à l'école, à l'hôpital, entre amis, une différence s'impose ainsi, sans pour autant former une totalité intelligible. Seul de son espèce, l'individu ne sait pas si l'affirmation de sa différence linguistique aura une portée au-delà du geste symbolique, mais il comprend qu'il lui faut donner sens à ses communautés d'allégeance.

La modestie du geste n'a donc pas d'importance dans cette négociation. Les minoritaires ne sont-ils pas habitués à se contenter de peu ?

Les interrogations soulevées dans ce numéro de *Francophonies d'Amérique* se situent dans la continuité du dossier thématique sur l'engagement communautaire, préparé en 2010 par François Charbonneau, et publié dans le numéro 30 de notre revue. Si, comme le disait Charbonneau dans son texte de présentation, les grandes revendications d'autrefois semblaient alors épuisées, c'est que la lutte pour la survie des communautés minoritaires s'était transformée en une gestion de l'existence journalière : « La francophonie canadienne est maintenant ailleurs, dans ce que l'on pourrait appeler l'aménagement de sa quotidienneté. La recherche universitaire semble avoir pris acte de ce changement » (p. 10). Or, s'il est vrai que les choses ont bien changé en ce qui a trait à l'engagement sociocommunautaire et à la conception des identités, cette mutation remonte néanmoins à des modèles antérieurs de mobilisation politique, littéraire, éducationnelle et, plus largement, sociologique, sur lesquels il est possible aujourd'hui de se représenter les collectivités francophones du continent. C'est ainsi que l'article de Martin Meunier, Sarah Wilkins-Laflamme et Véronique Grenier nous amène à reconsidérer, statistiques à l'appui, l'érosion de l'engagement religieux chez les Franco-Ontariens. Plus au sud, dans la Louisiane aux multiples identités, l'étude que propose Marc Gonzalez de l'ethnonyme *Cadjins*, dans la foulée du livre de Joseph Yvon Thériault sur le mythe d'Évangéline en Amérique[1], souligne de façon très précise l'importance des représentations collectives dans la formation et l'épuisement éventuel des identités. De la même manière, mais à moindre échelle, dans l'article d'Andréane Gagnon, il est facile de constater que les interventions de Richard Hudon dans la mouvance ouvrière franco-ontarienne des années 1980 évoquent une histoire du discours social en Ontario français à partir non plus des écrits journalistiques, mais du travail des acteurs sur le terrain. Or ces militants s'appuyaient largement sur un ensemble de définitions exemplaires de ce qu'est le « minoritaire » et ce que signifie ce terme dans l'ordre de la parole. La littérature met alors en scène pour Vincent Bruyère une fonction de théorisation des rapports de pouvoir qui sert de fondement à une subjectivité agissante. Par ailleurs, l'article

---

[1] Joseph Yvon Thériault, *Évangéline, contes d'Amérique*, Montréal, Québec Amérique, 2013.

que consacrent Sébastien Savard et son équipe au déploiement des soins de santé et des services sociaux au sein des communautés francophones minoritaires au Canada montre la survivance de modèles d'engagement inspirés de la vie rurale, qui entravent la participation efficace des professionnels aux milieux qu'ils servent, alors que devraient émerger des modes de soutien mutuel plus propres aux sociétés actuelles. Enfin, dans la Caraïbe et sans doute bien au-delà, selon l'optique offerte par Jean Jonassaint dans ces pages, le regard jeté par Aimé Césaire sur l'histoire haïtienne continue de déterminer profondément la lecture non seulement de son œuvre poétique, mais aussi de ses actions en tant qu'homme politique et intellectuel martiniquais. Le présent numéro se termine sur la bibliographie annuelle des ouvrages et des thèses, préparée, cette fois, par Frances Ratelle.

Comme on peut le constater, ce numéro de notre revue se fonde sur une conception très large des sociétés francophones d'Amérique, d'Haïti jusqu'au Canada français en passant par la Louisiane. Chacune de ces régions a su mener ses propres luttes au cours des années, répondant à des objectifs singuliers de vigilance identitaire et d'action communautaire, tout en soulignant, encore et encore, la nécessité d'une fidélité à soi et d'une présence concrète au sein des enjeux qui motivent l'espace sociopolitique continental.

Enfin, je tiens à profiter de l'occasion pour remercier notre collègue de l'Université Laurentienne, Gratien Allaire, dont le travail assidu à la gestion et la gouvernance de la revue *Francophonies d'Amérique* au cours de nombreuses années a permis à ce périodique d'être ce qu'il est aujourd'hui : viable, professionnel, pertinent. Par son intelligence, son dynamisme et sa très grande connaissance des communautés francophones éparpillées sur ce continent, le professeur Allaire a pu assurer à la revue une envergure toujours accrue. Gratien Allaire a quitté ses fonctions au sein du conseil d'administration de *Francophonies d'Amérique*, mais il est clair que son travail et sa fidélité continueront de se faire sentir. Nous l'en remercions du fond du cœur.

La langue gardienne de la religion / La religion gardienne de la langue? Note sur la permanence et la recomposition du catholicisme au Québec et dans la francophonie canadienne

E.-Martin Meunier, Université d'Ottawa
Sarah Wilkins-Laflamme, Université d'Oxford
Véronique Grenier, Université de Montréal

I
L PEUT PARAÎTRE INCONGRU D'ÉTUDIER, de nos jours, les liens entre religion et langue et, qui plus est, ceux entre la langue française et le catholicisme dans un Canada multiculturel et multireligieux. Depuis les années 1960, l'Église catholique enserre et définit de moins en moins l'expérience des Québécois et des Canadiens. Nombre de ses institutions d'encadrement social – naguère fers de lance et socles de la reproduction du Canada français – ont été laïcisées. Est terminée l'époque de ce qu'Henri Bourassa nommait « la concorde [...] entre les autorités civiles et religieuses » ([1910] 1963). Comme le disait à juste titre l'historien Robert Choquette :

> [...] ayant décroché son char de la locomotive nationaliste ou patriotique canadienne-française [...], l'Église catholique du Canada jouit [pour la première fois en quelque 150 ans] d'une certaine autonomie et marge de manœuvre par rapport au dossier linguistique et culturel (1993 : 6).

Mais la fin de ce régime de chrétienté et de ses avatars traditionalistes signe-t-elle pour autant la fin de l'idiome dans lequel les francophones ont exprimé leur foi? Existe-t-il encore quelques affinités sociologiques entre la langue et le catholicisme, entre l'appartenance linguistique et l'appartenance religieuse, entre la pratique religieuse et la pratique du français, et ce, parmi les populations francophones du Québec et des communautés francophones minoritaires du Canada?

Deux grandes voies de réponse reviennent fréquemment lorsque l'on tente d'élucider l'intensité, la teneur et la nature contemporaine des liens entre catholicisme et langue française. Pour d'aucuns, la fin du Canada français marque une rupture d'importance dans le *continuum* espace-temps instauré par l'Église catholique et soutenu par un chapelet d'institutions (paroisses, diocèses, hôpitaux et collèges) qui, de Moncton à Saint-

Boniface en passant par Sudbury, Ottawa, Montréal et Québec, délimitait le domaine de l'Église, mais aussi celui du fait français au Canada. La Révolution tranquille, avec l'émergence du néonationalisme québécois, mais aussi avec la critique de la place dévolue à l'Église, aurait peu à peu dissous l'unité symbolique du Canada français d'hier et obligé ainsi en quelque sorte chaque lieu à se redéfinir à l'aune de sa province, en dehors des paramètres de l'unité de naguère[1]. Les communautés francophones minoritaires étaient donc créées sur les ruines du Canada français, par une certaine critique du passé et une opération de modernisation nécessitant un changement de garde, d'élite et de légitimation. Ces communautés étaient évidemment de plus en plus éloignées de la légitimité traditionnelle fournie et assurée anciennement par l'Église catholique apostolique romaine (Martel, 1997). Bref, selon cette perspective, l'appartenance communautaire et la pratique linguistique seraient aujourd'hui plutôt autonomes du champ religieux, l'identité francophone s'étant en quelque sorte sécularisée (Choquette, 1996).

Si la première voie de réponse tend à privilégier la différenciation, la rupture et la sécularisation, la seconde insiste plutôt sur le caractère structurel des liens entre langue, culture et religion en milieu francophone minoritaire. C'est notamment l'idée que développe le sociologue Jacques Beauchemin au sujet du sort réservé aux communautés francophones minoritaires du Canada. Selon lui, celles-ci ayant « été expulsé[e]s de l'espace politique national québécois » (par la Révolution tranquille et le néonationalisme), et « privé[e]s du territoire auquel aurait pu se raccrocher leur sentiment d'appartenance nationale [...], il ne leur restait que la mémoire d'une aventure commune » (Beauchemin, 2004 : 178). Sans État ni territoire, les francophones vivant en situation minoritaire héritaient, selon Beauchemin, d'un lourd rapport à la mémoire. Pour conserver vivante une part de l'identité nationale, ils devaient entretenir la mémoire d'hier, même si le passé n'avait plus autant de prégnance sur les conduites effectives et même sur les mentalités. Ainsi, bien que pensées en dehors du Canada français, ces communautés étaient en quelque sorte condamnées à reconnaître certaines institutions traditionnelles pour survivre, à commencer par l'Église catholique, foyer de l'unité de naguère. Autrement dit, dans la perspective défendue par Beauchemin, on peut

---

[1]   Voir, entre autres, Fernand Dumont (1997) et Michel Bock (2008).

croire que la religion servirait encore au maintien des communautés en se présentant aussi bien comme lieu de mémoire que comme lieu de rassemblement[2]. Ainsi, même après l'effondrement du Canada français, la religion catholique conserverait une certaine fonction sociale d'unité, nécessaire à la vie de la francophonie minoritaire au Canada.

L'une et l'autre de ces perspectives généralisent malheureusement à la grandeur du Canada leur lecture singulière de la situation, comme si, d'est en ouest, l'empreinte du catholicisme sur la culture francophone était la même dans chacune des communautés. Or, nous le verrons, il n'en est rien. Il existe d'importantes variations régionales attribuables aux divers régimes de religiosité dominants (Meunier et Wilkins-Laflamme, 2011), mais aussi aux régimes linguistiques qui caractérisent aujourd'hui chacune des provinces (Cardinal et Normand, 2011). Si l'on enregistre de multiples particularités régionales du lien entre langue et religion au Canada, force est de constater que celles-ci n'ont pas la même importance sociohistorique au gré des provinces. Certaines d'entre elles connaissent une transformation rapide du poids démographique des francophones catholiques ; d'autres présentent plutôt une stabilité exemplaire. Deux phénomènes sociologiques pourtant singuliers semblent jouer ici simultanément : il s'agit de la sécularisation et de l'assimilation. Mais sont-ils des phénomènes si étrangers l'un à l'autre ? Représentent-ils, au contraire, des forces unies par un même processus ? Et si oui, lequel ? Y a-t-il, de plus, primauté d'un phénomène sur un autre, comme si l'un déterminait l'autre ou, tout au moins, en accélérait la force, la tendance ou l'importance ?

Force est de constater que depuis les travaux pionniers de Robert Choquette (1977, 1987, 2004), ou de Raymond Lemieux (1996), entre autres, peu ou prou se sont intéressés à documenter ces questions et à dépeindre un portrait sociographique des catholiques de la francophonie québécoise par rapport à ceux des communautés francophones minoritaires au Canada. Cela tient peut-être au fait que pour d'aucuns la sécularisation semble inéluctable ou même en voie d'être achevée ; pour d'autres, ce type d'étude pourrait relever d'une sensibilité nostalgique d'un Canada français révolu, nostalgie qui n'aurait plus lieu d'être.

---

[2]   Cette perspective est, en un sens, reprise en partie par Joseph Yvon Thériault et E.-Martin Meunier (2008).

Notre étude des liens entre catholicisme et langue française ne tient pas au premier chef d'une telle sensibilité, mais d'un questionnement sociologique portant sur les configurations sociolinguistiques et les régimes de religiosité – questionnement qui reprend à son compte le type de sociologie des religions propre au sociologue britannique David Martin (1978), par exemple, qui n'hésite pas à évaluer la signification des facteurs de religiosité liés à l'évolution globale de la structure sociale et politique d'un pays.

> On entend ici par régime de religiosité la configuration dominante du religieux et de l'exercice des religions instituées au sein d'un type de société donné et dans lequel pratiques et croyances se manifestent dans une distance plus ou moins accentuée avec l'État, avec les autres institutions de la société civile et avec les finalités de la société. Tout type de société reposant sur un régime de religiosité et vice et versa (Meunier et Wilkins-Laflamme, 2011 : 687).

En joignant langue et régime de religiosité, notre but est donc de contribuer à une meilleure compréhension des dynamiques spécifiques de sécularisation et de transfert linguistique chez les catholiques francophones du Canada.

Nous proposons de dépeindre un premier portrait de la situation à partir de l'analyse de diverses bases de données (provenant notamment des Enquêtes sociales générales de 1985 à 2010 et du Recensement de 2001), mais aussi de statistiques diocésaines portant sur divers indicateurs de religiosité de 1968 à 2007 (tels le nombre de baptêmes et de mariages), chiffres colligés dans le cadre de notre Enquête sur le catholicisme au Québec et au Canada[3]. Comme il s'agit de nos premiers travaux sur la situation religieuse de la francophonie minoritaire au Canada, nous avons choisi de présenter un portrait des tendances les plus manifestes des indicateurs de religiosité en regroupant les provinces en quatre grandes régions : l'Atlantique, le Québec, l'Ontario et l'Ouest[4]. Selon les regroupements utilisés, les données seront aussi présentées par province. Les données présentées ici ne sont pas exhaustives et les résultats sont

---

[3]   Groupe de recherche « Vers une sortie de la religion culturelle des Québécois? », travaux dirigés par E.-Martin Meunier, Centre interdisciplinaire de recherche sur la citoyenneté et les minorités (CIRCEM), Université d'Ottawa, 2008-2011.

[4]   Cette division recoupe celle de la Conférence des évêques catholiques canadiens (CECC). Pour cet article, nous avons converti cette division pour des raisons statistiques, notamment pour respecter les regroupements régionaux des diocèses catholiques au Canada constitués par la CECC.

d'abord descriptifs – ce qui présente déjà un certain intérêt, compte tenu du peu de données disponibles dans la littérature.

Le cas du Québec[5]

Le Québec semble à plusieurs commentateurs la province la plus sécularisée du Canada. Cela n'est pas tout à fait faux, mais dépend, bien sûr, des indicateurs sur lesquels on s'appuie pour émettre une telle affirmation. La transformation de la religiosité catholique a en effet été spectaculaire au Québec durant les quarante dernières années, surtout si l'on ne tient compte que de la pratique religieuse hebdomadaire. En 1965, 80 % des catholiques québécois disaient se rendre à la messe dominicale (Hamelin et Gagnon, 1984; Ferretti, 1999). En 2010, ils ne sont plus que 12,4 % à s'y rendre assidûment[6]. On constate ainsi une baisse de 84,5 % de la pratique religieuse hebdomadaire en l'espace de quarante-cinq ans. Notons que le découpage générationnel des taux de pratique religieuse hebdomadaire semble confirmer que la diminution de cette dernière s'accentue de génération en génération[7].

Nous pourrions croire que la fonte rapide du taux de fréquentation de la messe dominicale des années 1960 à nos jours aurait des incidences directes sur le taux d'appartenance déclarée au catholicisme, posant ici que la pratique religieuse est une résultante logique de l'appartenance au catholicisme. Toutefois, il n'en est rien, tout au moins jusqu'au début des années 2000. Contrairement à la pratique religieuse hebdomadaire, le taux d'appartenance déclarée au catholicisme demeure relativement élevé et stable entre l'Enquête sociale générale de 1985 et celle de 2001; en 2001, 83,8 % des Québécois se disent appartenir au catholicisme. Si la pratique religieuse hebdomadaire chute de plus de 80 % au total en quarante-cinq ans, on constate parallèlement une baisse d'à peine 3,7 % de l'appartenance déclarée au catholicisme de 1985 à 2001. Chez les Québécois parlant le français à la maison, le taux d'appartenance est

---

5   Cette brève présentation du cas du Québec s'inspire largement de celle que l'on peut retrouver dans E.-Martin Meunier, Jean-François Laniel et Jean-Christophe Demers (2010). Il s'agit d'une version résumée des principaux résultats de cette recherche.

6   Statistique Canada, Enquête sociale générale, 2010, cycle 24 [Canada] : Bien-être et stress lié au manque de temps, Fichier de microdonnées à grande diffusion.

7   Et cela, en prenant en compte au mieux l'effet d'âge. Voir Yves Lambert (1993).

plus élevé encore, atteignant 90,6 % en 2001. Pour la même période, le découpage générationnel de cette variable montre la stabilité de l'appartenance. Vieux et jeunes se déclarent volontiers catholiques : en 2001, ils étaient 83,4 % des Québécois âgés entre 15-24 ans parlant le français à la maison à se dire ainsi. Force est donc de constater que la pratique et l'appartenance religieuses ne semblent pas renvoyer aux mêmes dimensions du rapport au catholicisme.

D'autres indicateurs peuvent nous aider à dépeindre la situation du catholicisme chez les Québécois. L'institution du mariage catholique en est un exemple. Cette dernière connaît, quant à elle, une baisse rapide et constante entre 1968 et 2007. En 1968, 90,6 % de tous les mariages célébrés au Québec étaient catholiques. Près de quarante ans plus tard, en 2007, ce taux ne s'élève qu'à 31,6 %, une diminution de 65,1 %[8]. Parallèlement, les taux d'unions libres augmentent. Les données du recensement de 2006 indiquent que 35 % des couples du Québec vivaient en union libre – faisant d'eux les champions canadiens et même mondiaux en cette matière (Rodrigue, 2007).

Le baptême enregistre, quant à lui, une baisse autrement moins prononcée que le mariage catholique. En 2008, 55,6 % de tous les nouveau-nés québécois étaient baptisés à l'Église catholique, en baisse de 36,1 % depuis 1968[9]. Rappelons qu'en 2001, ils étaient 74,8 % des nouveau-nés à être baptisés. Cette chute semble néanmoins relativement récente – la période de 2000 à 2008 comptant pour 77 % de la baisse totale sur quarante ans. Autrement dit, le phénomène touche principalement le choix des parents de la génération Y de faire ou ne pas faire baptiser leur nouveau-né.

---

[8]   Les données portant sur les mariages catholiques proviennent de l'Équipe de recherche sur le catholicisme au Québec et au Canada, dirigée par E.-Martin Meunier, Université d'Ottawa, 2010. Les données concernant les mariages civils et religieux proviennent de l'Institut de la statistique du Québec, tableau Mariages et taux de nuptialité, Québec, 1900-2008. Le taux de mariages célébrés au sein de l'Église catholique est obtenu en divisant le nombre brut de mariages catholiques par le nombre brut de mariages civils et religieux au Québec, multiplié par 100 (pourcentage).

[9]   Les données sur les baptêmes catholiques proviennent de l'Équipe de recherche sur le catholicisme au Québec et au Canada, dirigée par E.-Martin Meunier, Université d'Ottawa, 2010. Les données sur les naissances proviennent de l'Institut de la statistique de Québec, tableau Naissances et taux de natalité, Québec, 1900-2008. Le taux de nouveau-nés baptisés est obtenu en divisant le nombre total de baptêmes par le nombre total de naissances, multiplié par 100 (pourcentage).

Comme on peut le constater, le portrait général des indicateurs de vitalité religieuse n'est pas uniforme. D'une part, conformément à ce que peut laisser entendre un récit séculariste et moderniste, la pratique religieuse hebdomadaire et les rites du mariage catholique sont de moins en moins populaires, dès le milieu des années 1960. Comme nous le notions ailleurs, leur baisse, surtout celle de la pratique hebdomadaire, apparaît quasi consensuelle, voire socialement entendue (Meunier et Laniel, 2012). D'autre part, les rites du baptême et l'appartenance déclarée au catholicisme demeurent néanmoins relativement stables et élevés, tout au moins jusqu'au début des années 2000.

Autrement dit, ces indicateurs et leur configuration bien spécifique semblent indiquer l'existence d'un rapport paradoxal à l'Église catholique au Québec depuis la Révolution tranquille, que nous avons qualifié d'« amour-haine » (Meunier, Laniel et Demers, 2010 : 114). Ce rapport témoignerait d'une logique religieuse d'ensemble, qui, même si elle est traversée par maintes tensions, peut être comprise comme un tout cohérent, comme un des éléments dominants du *régime de religiosité* du Québec à une époque donnée. Ce rapport critique se manifesterait d'abord par le désistement institutionnel des Québécois à l'endroit de l'Église catholique – observable notamment par les faibles taux de pratique hebdomadaire et la baisse du nombre de mariages catholiques[10].

Or, en même temps, ce rapport critique à la religion catholique a semblé cohabiter – non sans choc – avec un rapport positif et très ciblé au catholicisme. Comme l'ont bien montré les travaux de Raymond Lemieux, l'Église catholique post-Révolution tranquille représente l'un des *rares lieux d'appartenance* où coexisteraient momentanément plusieurs générations, et où chaque individu semblerait en mesure de ressaisir son histoire de vie dans un horizon donnant sens à une naissance, à une union ou à une mort (Lemieux, 1990). Ce *catholicisme culturel* participerait ainsi implicitement à la construction de la référence nationale, comme tradition nationale et comme lieu d'inscription dans le temps long de la mémoire et de l'histoire collective. Divers indicateurs semblent aujourd'hui montrer une certaine transformation du régime de religiosité

---

[10]   L'une et l'autre évoquant la contrainte de nature institutionnelle, que l'on pense à l'obligation de la pratique religieuse le dimanche ou aux diverses prescriptions et proscriptions en matière de mœurs sexuelles, de rapports de genre et de liberté individuelle.

propre au catholicisme culturel, comme si l'époque d'entre-deux du Québec post-Révolution tranquille semblait tirer à sa fin[11].

L'analyse des principaux indicateurs de vitalité religieuse de 2001 à 2010 au Québec tend à montrer un effritement important de la religion culturelle, notamment au moment où une génération moins socialisée au catholicisme entre en scène. Avec cette nouvelle génération, la pratique religieuse hebdomadaire atteint alors des minima records en 2010 avec des taux de 6,0 % et de 5,3 %, chez, respectivement, les membres de la génération X et de la génération Y. Plus inattendue, en 2010, l'appartenance au catholicisme a connu une baisse rapide, atteignant désormais 70,7 % chez les membres de la génération X, et 59,4 % chez ceux de la génération Y[12]. Un écart de près de 25 % sépare les préboomers et les jeunes de la génération Y. L'appartenance au catholicisme, pourtant stable pendant près de quarante ans, aurait ici considérablement diminué, et ce, très rapidement avec la venue des postboomers, particulièrement avec la génération Y[13]. Comme autre variable donnant à voir une transformation du régime de religiosité chez les plus jeunes depuis 2001, citons la proportion de nouveau-nés baptisés, qui s'élevait à 74,8 % en 2001 et qui n'a atteint que 55,6 % en 2008, chutant de 25,7 % en l'espace d'à peine sept ans[14]. Ce dernier chiffre nous semble l'indicateur le plus évocateur du changement à l'œuvre. Une époque de continuité, celle de la religion culturelle, semble peu à peu céder la place à une nouvelle configuration des liens entre religiosité et société. La transition à l'œuvre dans les pratiques des plus jeunes Québécois témoigne sans doute d'une modification d'importance qui affectera l'ensemble du régime de religiosité au Québec.

---

[11]   Voir la conclusion de l'article de E.-Martin Meunier et Sarah Wilkins-Laflamme (2011).

[12]   Voir l'Enquête sociale générale, 2010.

[13]   Il importe de noter que cette baisse ne provient qu'en partie du poids démographique de l'immigration : on a pu constater que l'appartenance au catholicisme des membres de la génération Y de langue maternelle française, parlant le français à la maison et nés au Canada s'élève à 65,2 % en 2010. Quelques années plus tôt en 2001, pour l'ensemble de la population, cette donnée s'élevait à près de 84 %.

[14]   Notons qu'on observe une diminution similaire lorsque l'on compare le nombre de baptêmes catholiques à celui des nouveau-nés dont les mères utilisaient le français le plus souvent à la maison ou dont les deux parents étaient nés au Canada (baisse de 25,5 %, entre 2001 et 2008, pour les deux types de naissances).

Cette situation de transition est-elle aussi perceptible chez les franco-phones minoritaires du reste du Canada? N'est-elle que l'apanage du Québec ou caractérise-t-elle le comportement religieux du francophone devant le catholicisme, religion patrimoniale des Canadiens français? Quelles sont les similitudes et quelles sont les différences?

Les indicateurs de religiosité catholique dans la francophonie minoritaire au Canada

Lorsque l'on compare l'Ouest, l'Ontario et l'Atlantique au Québec, on constate que l'ensemble des francophones de ces régions présentent un taux d'appartenance au catholicisme élevé, voire très élevé – fort similaire, somme toute, à celui du Québec. Comme en témoigne le tableau 1 (en annexe), cette appartenance forte est relativement stable dans le temps, notamment en Atlantique, au Québec et en Ontario.

Seule la région de l'Ouest montre une baisse significative des taux d'appartenance au catholicisme, passant de 82,4 % en 1985-1986 à 67,3 % en 2009-2010. Dans la population de langue maternelle anglaise qui se déclare catholique, on remarquera que les taux demeurent aussi relative-ment stables, et ce, dans les quatre régions à l'étude. Pour la population allophone, ces taux ont vu un certain déclin.

L'appartenance au catholicisme chez les francophones minoritaires du Canada varie aussi selon les quatre grandes régions, surtout lorsqu'on tient compte de la cohorte générationnelle du répondant (voir le gra-phique 1 en annexe). Exemplaire à cet égard, l'Atlantique présente des taux qui demeurent très élevés pour toutes les générations. Par contraste, dans l'Ouest, les taux d'appartenance tomberont sous le seuil des 70 % dès la première cohorte des boomers nés entre 1946 et 1949; on peut y voir l'effet générationnel à son plus fort au Canada, avec un taux, de 2008 à 2010, de 42,2 % chez les répondants nés entre 1990 et 1994.

Notons que la Colombie-Britannique enregistre les plus hauts taux de personnes « sans religion » au Canada, avec plus de 41,8 % de la popu-lation totale en 2010[15]. Cela représente la catégorie de l'« appartenance » la plus choisie, et ce, devant le protestantisme, le catholicisme et toutes les autres confessions religieuses. Il faut bien remarquer ici la différence

---

[15]   Données tirées de l'Enquête sociale générale, 2010.

radicale entre l'Ouest et l'Atlantique – dont les provinces n'atteignent pas le tiers des pourcentages moyens des « sans religion » enregistrés dans les Prairies et les Rocheuses. La langue semble être un facteur déterminant, du moins significatif pour mieux comprendre la catégorie des « sans religion ». Alors que les anglophones de la Colombie-Britannique se déclarent « sans religion » à hauteur de 38,6 % en 2009-2010, ils ne sont que 20,6 % de francophones à faire de même pour les mêmes années.

Toutefois, s'il existe un indicateur qui différencie significativement le catholicisme du Québec de celui du reste du Canada, c'est bien la fréquentation de la messe dominicale (voir le graphique 2 en annexe). La situation ici n'a rien à voir avec les taux très bas du Québec ni avec le régime de religiosité catholique majoritaire qu'on y retrouve. Dans la francophonie catholique minoritaire, la pratique demeure relativement élevée en Ontario, forte en Atlantique et très forte dans l'Ouest, et ce, même en 2010, avec 25,2 % de francophones de l'Ouest qui participent à la messe « au moins une fois par semaine ». On remarque cependant que, de 1985 à 2010, ces taux ont baissé partout, et parfois fortement, surtout en Atlantique et au Québec. Il importe aussi de remarquer une nette augmentation des taux de la catégorie « ne pratique jamais », et ce, pour toutes les régions. La polarisation semble à son maximum chez les francophones catholiques de l'Ouest, mais aussi de l'Ontario. Plus précisément, dans ces deux régions, il semble y avoir proportionnellement moins de francophones catholiques qui ne pratiquent qu'occasionnellement, à savoir moins d'une fois par semaine.

D'autre part, notons que, partout au Canada, la pratique religieuse est proportionnelle à l'âge du répondant. En Atlantique, en Ontario et dans l'Ouest, les francophones catholiques allant à la messe au moins une fois par semaine en 2010 sont de la génération Y seulement à hauteur de 1,2 %, de 4,5 % et de 13,4 %, respectivement (comparativement à une représentation dans la population francophone catholique générale de 29,7 %, de 23,2 % et de 14,5 %, respectivement). Autrement dit, la situation n'a rien à voir avec celle analysée à l'observation des taux de l'appartenance religieuse. De plus, il semble que, contrairement au Québec, le lien à l'institution catholique passe beaucoup plus par une pratique religieuse hebdomadaire assidue au sein de la francophonie minoritaire catholique.

En ce qui concerne les baptêmes et les mariages, bien qu'il soit impossible de déterminer les tendances au sein de la population francophone catholique avec les données employées[16], les résultats pour les quatre régions en général à l'étude montrent certaines distinctions entre le Québec et le reste du Canada (voir les graphiques 3 à 6 en annexe).

En Atlantique, en Ontario et dans l'Ouest, il est étonnant de constater combien les taux d'appartenance au catholicisme pour l'ensemble de la population correspondent à ceux du baptême. Qui dit appartenir à l'Église catholique lors de sondages semble faire baptiser ses enfants[17]. Cela semble logique sur le plan théologique, mais ne l'est pas automatiquement sur le plan sociologique. On constate toutefois, dans ces trois régions, une baisse progressive du taux de mariages catholiques par rapport aux mariages civils et religieux. Cette baisse est peut-être, tout au moins en partie, due à l'augmentation du taux de divorces et à l'incapacité des catholiques de se remarier en ce cas.

Plus largement, en matière de baptême et de mariage, l'Atlantique, l'Ontario et même l'Ouest font montre d'une grande stabilité dans le temps. Contrairement au Québec où l'on peut voir ce que l'on nomme en sociologie des religions un « désalignement des indicateurs de religiosité », c'est-à-dire que l'appartenance n'implique pas nécessairement la pratique dominicale, ni la cérémonie du mariage, ni, de moins en moins, celle du baptême, le catholicisme hors Québec, incluant celui de la francophonie minoritaire, semble présenter une cohérence plus forte, du moins sur le plan religieux. Il semble y avoir une intégration plus grande des différentes dimensions de la pratique religieuse : appartenance, pratiques dominicales et des différents rituels de passage. Cette tendance pourrait sembler être le propre du catholicisme dans les pays présentant une configuration religieuse mixte ou pluraliste, où, comme le notait le sociologue David Martin (1978), le catholicisme doit tirer son épingle du jeu dans la compétition entre les religions en affermissant son propos et son encadrement institutionnel, parfois même en se présentant comme une religion plutôt conservatrice.

---

[16] Malheureusement, ces statistiques ne présentent aucune identification sociodémographique.

[17] Les statistiques ne précisent pas la langue des parents du baptisé (ni des mariés, d'ailleurs).

Des catholicismes régionaux?

S'il est plutôt facile de constater la différence entre le catholicisme québécois et celui des minorités francophones au Canada, encore faut-il tenter de mieux élucider les différences entre les diverses régions du Canada. À la lecture et à l'analyse de nos indicateurs, on peut convenir qu'il semble exister des différences suffisamment importantes entre l'Atlantique et l'Ouest, notamment au chapitre de l'appartenance, de la pratique religieuse, de la répartition générationnelle de l'appartenance et, bien sûr, de l'importance des « sans religion » dans l'Ouest[18]. Ces différences sont suffisamment nombreuses pour suggérer que nous faisons peut-être face ici à deux régimes de religiosité spécifiques qui pourraient expliquer en partie les configurations sociolinguistiques propres à chacune de ces régions de la francophonie minoritaire. Autrement dit, ces dissemblances sur le plan religieux pourraient impliquer une structure sociale différente qui, en retour, modifierait le rapport à la langue française dans une région donnée. Évidemment, nous n'affirmons pas que la religion soit le facteur clé pour expliquer les configurations sociolinguistiques propres à une région. Cependant, les régimes de religiosité peuvent fournir de précieux renseignements pour mieux comprendre le rapport à la langue, et vice-versa (voir le tableau 2 en annexe).

La région de l'Atlantique présente des taux de religiosité d'une grande stabilité, tant chez les francophones catholiques que chez les anglophones protestants de 1985-1986 à 2009-2010. L'exemple du Nouveau-Brunswick est très représentatif d'un régime de religiosité 40/60 (environ 40 % de catholiques; 60 % de protestants), stable et bien ancré sur les plans territorial et institutionnel. Le taux de novation religieuse (c'est-à-dire le taux d'appartenance aux religions autres que celles des Églises instituées, soit catholique, anglicane, unie, luthérienne et presbytérienne, excluant les personnes sans religion) y est relativement bas, comme c'est le cas du pourcentage des personnes « sans religion ». Les taux de catholiques francophones ont connu des baisses parmi les plus faibles au pays, alors que les taux de catholiques anglophones présentent une augmentation modeste. Avec 67,2 % d'enfants de moins de 18 ans

---

[18]   Cette division Est-Ouest caractérise aussi les tendances des indicateurs de religiosité des deux plus grandes Églises protestantes au pays, les Églises unie et anglicane. Voir à cet effet Sarah Wilkins-Laflamme (2010).

vivant dans une famille où les deux parents sont de langue maternelle française en 2006[19] et un taux de 22,5 % de transferts linguistiques en 2008-2010[20], le miracle acadien s'explique peut-être par la reproduction dans le temps d'une structure sociale fortement établie dans laquelle religion et langue constituent des éléments de *fondation* et où l'équilibre des forces en présence importerait autant sinon plus que la croissance de cette société.

La situation est diamétralement opposée dans l'Ouest. Même le Manitoba, anciennement chef-lieu de la catholicité et de la francophonie minoritaire, montre des signes d'essoufflement. Le taux de novation religieuse excède les 40 % en 2001, et avec un taux de 82 % des enfants de moins de 18 ans vivant dans une famille de l'Ouest où un des deux parents n'est pas de langue maternelle française en 2003 (Landry, 2003 : 3), il n'est guère étonnant que le taux de transferts linguistiques ait dépassé la barre des 75 % en 2008-2010.

Les indicateurs de novation religieuse, le taux de personnes « sans religion » ou, encore, l'évaluation du poids relatif des catholiques francophones parmi les catholiques d'une province sont des moyens d'évaluer l'apparition et la croissance du pluralisme religieux. Sociologiquement, ce pluralisme religieux est à la fois un effet et un facteur de transformation de la structure sociale, qui peut, entre autres, entraîner des modifications importantes dans l'équilibre précaire des langues. Il n'est pas question de statuer normativement ici sur ce pluralisme, mais bien de comprendre que la croissance d'un régime de religiosité pluraliste a des conséquences bien tangibles sur les cadres sociaux qui permettent la reproduction des communautés francophones minoritaires. Le cas de la Colombie-Britannique montre bien comment la hausse du taux de novation religieuse semble équivaloir (ou, du moins, semble synchronique)

---

[19]   Ce qui représente le plus haut taux des provinces de la francophonie minoritaire. Statistique Canada, Recensement 2006, section 3 : Les facteurs d'évolution de la population de langue maternelle française, « Proportion d'enfants de moins de 18 ans vivant au sein d'une famille dont au moins un parent est de langue maternelle française, selon la langue maternelle des parents, Nouveau-Brunswick, 1971 et 2006 », [En ligne], [http://www.statcan.gc.ca/pub/89-642-x/2011005/c-g/c-g32-fra.htm].

[20]   Chiffre obtenu par les Enquêtes sociales générales de 2008-2010. Taux représentant le pourcentage des francophones de langue maternelle française qui n'ont plus le français comme principale langue d'usage au foyer.

à celle du taux de transferts linguistiques, à l'augmentation du taux de catholiques allophones et à la diminution des taux de catholiques francophones (diminution ici de 25,8 % en 25 ans). Avec un taux de novation religieuse de 62,1 % en 2001, un taux de « sans religion » de 38,0 % en 2008-2010, le pourcentage de transferts linguistiques dépasse les 90 % en 2008-2010. Aux antipodes du modèle des provinces de l'Atlantique et très loin du régime de religiosité culturelle du catholicisme québécois, le catholicisme francophone de la Colombie-Britannique se meut dans une réalité plurielle et nouvelle issue notamment de l'importante immigration des vingt dernières années.

Reste néanmoins à rendre compte du niveau de fréquentation de la messe dominicale dans l'Ouest, qui est parmi les plus élevés chez les francophones catholiques au Canada. Cela nous semble en partie lié au pluralisme religieux. Comme l'a montré le sociologue albertain Reginald Bibby (2009) et suggéré, tout récemment encore, le sociologue Peter Beyer (2005, 2008), le pluralisme religieux conduit aussi à une polarisation des pratiques religieuses et des appartenances. On constate que croissent simultanément retrait du religieux et engagement, que cohabitent de plus en plus abandon et intensification de la pratique religieuse – comme si la confession religieuse importait moins que la posture globale devant la religion (Meunier, 2011). C'est pourquoi l'on retrouve en même temps et dans une même province le plus haut taux de « sans religion » au pays, et son contraire. Cette situation est typique du régime de religiosité que l'on retrouve fréquemment là où fleurissent l'évangélisme et les confessions protestantes nouvelles (Meunier et Wilkins-Laflamme, 2011). De plus, il ne faudrait pas oublier que les communautés catholiques francophones de l'Ouest sont les plus petites en nombre et que toutes ont connu des diminutions de membres importantes dans les trente dernières années. Ainsi, à l'instar du sociologue Ernst Troeltsch (1931), on pourrait dire que l'environnement les aurait implicitement contraintes à épouser les traits des petits groupes religieux, plus près, en un sens, du type de pratique religieuse très intense que l'on retrouve chez les nouveaux mouvements religieux.

Mais qu'en est-il de l'Ontario catholique français ? Lui qui regroupait 40,2 % des catholiques de la province en 1931 (Choquette, 1987) n'en représente en 2009-2010 qu'un maigre 11,4 %. L'analyse diocésaine des principaux indicateurs d'appartenance, de baptême et de mariage dans les diocèses nous suggère la cohabitation de trois régimes différents de religiosité dans cette province. D'abord le Nord, qui semble en partie aspiré dans le régime de religiosité typique de la religion culturelle du Québec; ensuite, l'ancienne route du Canada français, de Sault-Sainte-Marie à Alexandria-Cornwall qui, malgré un pluralisme religieux de plus en plus affirmé, semble partager certains traits religieux de l'Acadie; et le Sud / Sud-Ouest, qui s'apparente à bien des égards à l'Ouest. Cela traduit de façon particulière la réalité multiforme de l'Ontario qui présente divers points de tension, particulièrement pour la francophonie, concernant son avenir et son héritage religieux. Entre Toronto et Hearst, la diversité de ses milieux de vie impressionne et doit être étudiée moins dans son unité que dans ses multiples réalités et représentations[21].

Conclusion

Ce portrait du catholicisme francophone au Canada est loin d'être exhaustif. Limité à quelques dimensions d'importance, il fournit néanmoins certains indices comparatifs qui aident à mieux saisir la réalité multiforme de la francophonie catholique au Canada. Cette situation plurielle annonce-t-elle la fin des liens entre la culture francophone et le catholicisme? Sécularisation rime-t-elle avec assimilation? Sont-ce des phénomènes étrangers l'un à l'autre ou représentent-ils des forces unies par un même processus? La langue est-elle toujours gardienne de la foi en milieu minoritaire? La réponse à cette dernière question varie selon le régime de religiosité dans lequel nous nous trouvons. En Atlantique, l'idiome révélé par Bourassa semble avoir encore une certaine pertinence. Au Québec, il est à se demander si l'effritement de la religion culturelle pourrait avoir des conséquences sur la pérennité du fait français majoritaire – hypothèse qui rejoindrait celle du chercheur Charles Castonguay, par exemple. Dans l'Ouest, il semble que ce soit l'archevêque de Westminster qui ait eu raison des espoirs d'Henri Bourassa. Rappelons qu'ils étaient plusieurs lors du Congrès eucharistique international de Montréal en 1910 à croire que le catholicisme canadien aurait plus à gagner en partageant la langue dominante de l'Amérique. Face à l'assimilation, à l'exogamie linguistique et au pluralisme religieux, il semble que le catholicisme canadien se porte toujours bien. Mais celui-ci a désormais un visage de

---

[21]   Sur la multiplicité des régimes de religiosité en Ontario par rapport au catholicisme, lire E.-Martin Meunier et Jean-François Nault (2012).

plus en plus anglophone et allophone, bien qu'il puisse parfois se draper des oripeaux du bilinguisme. À l'analyse de nos données, les indicateurs de transfert linguistique ne semblent pas impliquer la sécularisation. À moins qu'il n'y ait ici quelques ruses de la raison et que l'anglicisation du catholicisme soit pour le francophone assimilé quelque chose comme le cheval de Troie de la sécularisation et l'antichambre du monde des « sans religion ». Mais tout cela reste bien hypothétique ; seules des études portant sur le cheminement religieux et linguistique pourront élucider la question. Ces recherches sont nécessaires pour mieux comprendre ce qui disparaît, mais aussi ce qui naît par les mutations culturelles qui touchent la francophonie canadienne et le Québec. Il faudrait également mieux évaluer l'implication des communautés francophones minoritaires envers leur Église et la teneur de leurs liens. De plus, des recherches portant sur le monde de l'éducation pourraient se révéler fructueuses. Car c'est par l'éducation qu'est reproduite, au sein même des commissions et des conseils scolaires, une part très importante de la structure sociale qui rend encore possible la cohabitation entre la langue et la religion.

Annexe

Tableau 1

Appartenance au catholicisme (en %) et « sans religion », par région et par province, 1985-1986 et 2009-2010

	1985-1986											
	Catholique						Sans religion					
	% des francophones/ anglophones/allophones qui sont catholiques			% des catholiques qui sont francophones/ anglophones/allophones			% des francophones/ anglophones/allophones qui sont sans religion			% des « sans religion » qui sont francophones/ anglophones/allophones		
	Franco.	Anglo.	Allo.	Franco.	Anglo.	Allo.	Franco.	Anglo.	Allo.	Franco.	Anglo.	Allo.
Atlantique	94,9	32,2	48,4	31,1	66,5	2,4	2,4	4,9	8,1	6,7	89,6	3,6
Québec	94,3	42,7	62,6	90,3	4,6	5,2	2,7	8,6	5,4	65,6	23,1	11,4
Ontario	85,8	23,8	53,6	17,8	50,3	31,9	4,5	12,8	7,9	2,9	82,7	14,4
Ouest	82,4	19,0	30,6	11,7	60,6	27,8	8,4	18,6	16,1	1,6	78,9	19,5
T.-N.-et-Labrador	83,1	33,9	58,3	1,9	97,4	0,7	16,9	2,0	13,6	6,0	91,6	2,5
Î.-P.-É.	96,0	37,9	51,0	12,3	87,2	0,4	4,0	3,4	0,0	6,2	93,8	0,0
N.-É.	89,9	30,1	52,4	13,0	81,3	5,7	4,2	6,5	9,5	3,2	91,4	5,4
N.-B.	95,6	32,4	36,0	61,5	37,4	1,1	1,7	6,1	3,5	13,5	85,2	1,3
Québec	94,3	42,7	62,6	90,3	4,6	5,2	2,7	8,6	5,4	65,6	23,1	11,4
Ontario	85,8	23,8	53,6	17,8	50,3	31,9	4,5	12,8	7,9	2,9	82,7	14,4
Manitoba	88,9	20,6	30,8	19,8	49,8	30,4	6,9	15,4	9,5	3,2	77,4	19,4
Saskatchewan	88,7	26,1	33,7	12,5	64,2	23,3	0,4	8,3	7,9	0,2	78,7	21,1
Alberta	81,4	20,6	34,9	9,7	63,3	27,0	14,8	17,7	10,6	2,7	84,5	12,8
C.-B.	73,1	14,9	26,3	8,9	61,5	29,6	8,2	23,7	26,0	0,8	76,3	22,9

Sources : Statistique Canada, Enquêtes sociales générales, 1985-1986 (cycles 1-2) [Canada], Fichier de microdonnées à grande diffusion (FMGD).

Tableau 1 (suite)

Appartenance au catholicisme (en %) et « sans religion », par région et par province, 1985-1986 et 2009-2010

	2009-2010											
	Catholique						Sans religion					
	% des francophones/ anglophones/allophones qui sont catholiques			% des catholiques qui sont francophones/ anglophones/allophones			% des francophones/ anglophones/allophones qui sont sans religion			% des « sans religion » qui sont francophones/ anglophones/allophones		
	Franco.	Anglo.	Allo.	Franco.	Anglo.	Allo.	Franco.	Anglo.	Allo.	Franco.	Anglo.	Allo.
Atlantique	86,8	30,8	24,5	26,5	71,6	2,0	8,8	16,6	19,1	6,2	90,2	3,6
Québec	81,3	39,1	40,6	90,8	3,6	5,6	15,5	14,1	11,3	85,9	6,4	7,7
Ontario	75,5	25,4	34,6	11,4	59,0	29,6	15,4	25,2	14,8	3,2	79,6	17,2
Ouest	67,3	17,1	26,1	8,6	63,4	28,0	20,6	38,6	22,2	1,6	84,4	14,0
T.-N.-et-Labrador	100,0	34,7	11,4	2,5	97,1	3,7	0	7,2	14,3	0,0	97,8	2,3
Î.-P.-É.	74,0	41,5	22,1	9,9	88,4	1,7	22,5	13,6	18,3	9,0	86,8	4,3
N.-É.	81,2	28,0	24,5	11,9	84,8	3,4	16,1	21,2	18,5	3,4	92,9	3,7
N.-B.	88,1	28,9	28,8	54,2	44,0	1,8	6,9	18,8	21,7	12,5	83,7	3,9
Québec	81,3	39,1	40,6	90,8	3,6	5,6	15,5	14,1	11,3	85,9	6,4	7,7
Ontario	75,5	25,4	34,6	11,4	59,0	29,6	15,4	25,2	14,8	3,2	79,6	17,2
Manitoba	81,7	17,6	30,4	17,5	52,5	30,0	12,6	32,5	9,2	2,5	89,2	8,3
Saskatchewan	74,5	24,9	31,9	5,4	76,1	18,5	15,8	25,2	18,2	1,3	86,9	11,8
Alberta	73,5	20,2	26,9	8,5	66,2	25,3	19,7	33,0	16,8	1,8	85,6	12,6
C.-B.	50,6	12,7	23,6	6,6	59,8	33,7	27,4	47,6	30,2	1,3	82,8	15,9

Sources : Statistique Canada, Enquêtes sociales générales, 2009-2010 (cycles 23-24) [Canada], Fichier de microdonnées à grande diffusion (FMGD) ; Projet M. Meunier, CRSH 2008-2011 et 2011-2014.

Graphique 1

Appartenance au catholicisme (en %) parmi la population francophone (langue maternelle française), ventilée par cohorte de naissance et par région, 2008-2010

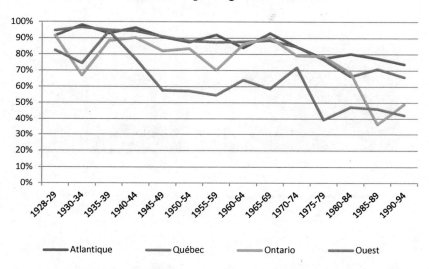

Sources : Statistique Canada, Enquête sociale générale, 2008-2010, cycles 22-24 [Canada], Fichiers de microdonnées à grande diffusion ; Projet M. Meunier, CRSH 2008-2011 et 2011-2014.

Graphique 2

**Fréquence de la participation aux services religieux (en %),
population francophone catholique (langue maternelle
française), régions de l'Atlantique, du Québec, de l'Ontario
et de l'Ouest, 1985-2010**

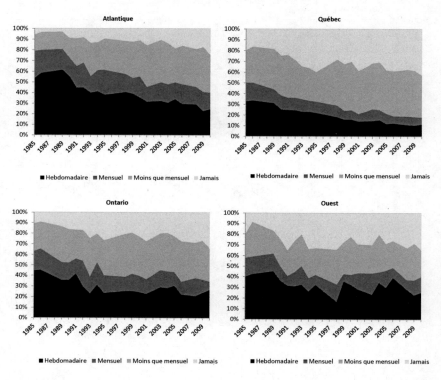

Sources : Statistique Canada, Enquête sociale générale, cycles 1-2, 4-10, 12-15, 17-20
et 22-24 [Canada], Fichiers de microdonnées à grande diffusion. Années manquantes
incluses : 1987-1988, 1996, 1997, 2002 et 2007 : les données manquantes sont estimées
en calculant la moyenne de l'année antérieure et postérieure ; Projet M. Meunier, CRSH
2008-2011 et 2011-2014.

Graphique 3

Indicateurs de religiosité catholique,
région de l'Atlantique, 1968-2007

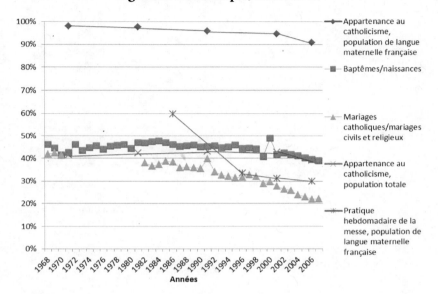

Sources : Les données sur l'appartenance religieuse proviennent des recensements de la population de 1971, 1981, 1991 et 2001, ainsi que de l'Enquête sociale générale, 2006; les données sur la pratique de la messe proviennent des Enquêtes sociales générales, 1986, 1996, 2001 et 2006; les données démographiques sur les naissances et les mariages proviennent de Statistique Canada, Tableau 053-0001; les données sur les baptêmes et les mariages catholiques proviennent de la CECC ainsi que des diocèses catholiques; Projet M. Meunier, CRSH 2008-2011 et 2011-2014.

Graphique 4

Indicateurs de religiosité catholique,
province de Québec, 1968-2007

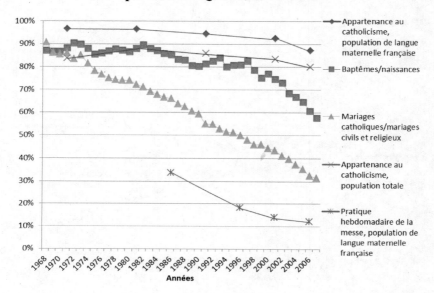

Sources : Les données sur l'appartenance religieuse proviennent des recensements de la population de 1971, 1981, 1991 et 2001, ainsi que de l'Enquête sociale générale, 2006 ; les données sur la pratique de la messe proviennent des Enquêtes sociales générales, 1986, 1996, 2001 et 2006 ; les données démographiques sur les naissances et les mariages proviennent de Statistique Canada, Tableau 053-0001 ; les données sur les baptêmes et les mariages catholiques proviennent de la CECC ainsi que des diocèses catholiques ; Projet M. Meunier, CRSH 2008-2011 et 2011-2014.

Graphique 5

Indicateurs de religiosité catholique,
province de l'Ontario, 1968-2007

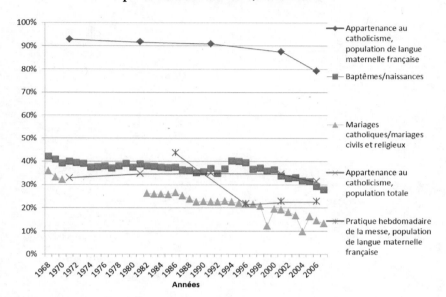

Sources : Les données sur l'appartenance religieuse proviennent des recensements de la population de 1971, 1981, 1991 et 2001, ainsi que de l'Enquête sociale générale, 2006 ; les données sur la pratique de la messe proviennent des Enquêtes sociales générales, 1986, 1996, 2001 et 2006 ; les données démographiques sur les naissances et les mariages proviennent de Statistique Canada, Tableau 053-0001 ; les données sur les baptêmes et les mariages catholiques proviennent de la CECC ainsi que des diocèses catholiques ; Projet M. Meunier, CRSH 2008-2011 et 2011-2014.

Graphique 6

Indicateurs de religiosité catholique, région de l'Ouest, 1968-2007

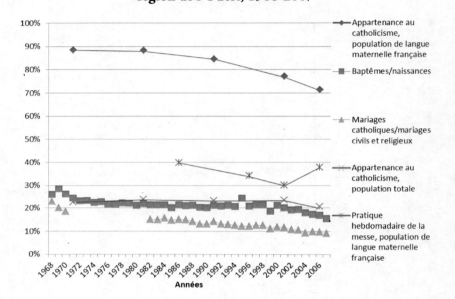

Sources : Les données sur l'appartenance religieuse proviennent des recensements de la population de 1971, 1981, 1991 et 2001, ainsi que de l'Enquête sociale générale, 2006 ; les données sur la pratique de la messe proviennent des Enquêtes sociales générales, 1986, 1996, 2001 et 2006 ; les données démographiques sur les naissances et les mariages proviennent de Statistique Canada, Tableau 053-0001 ; les données sur les baptêmes et les mariages catholiques proviennent de la CECC ainsi que des diocèses catholiques ; Projet M. Meunier, CRSH 2008-2011 et 2011-2014.

Tableau 2

Taux de novation religieuse, de « sans religion » et de transfert linguistique (en %), par région et par province, 2001 et 2008-2010

	Novation religieuse (Recensement 2001)	Taux des « sans religion » parmi la population totale (ESG 2008-2010)	Transfert linguistique (ESG 2008-2010)
Atlantique	26,5	15,0	32,2
Québec	14,5	14,3	3,6
Ontario	49,6	22,3	62,2
Ouest	52,4	34,7	84,6
T.-N.-et-Labrador	19,6	7,5	90,8
Î.-P.-É.	21,8	13,8	74,3
N.-É.	30,5	19,5	67,7
N.-B.	27,5	14,7	22,5
Québec	14,5	14,3	3,6
Ontario	49,6	22,3	62,2
Manitoba	44,2	25,6	76,7
Saskatchewan	35,1	24,1	94,9
Alberta	49,2	29,0	81,8
C.-B.	62,1	43,6	90,2

Sources : Les données sur l'appartenance religieuse proviennent du recensement de la population de 2001 ainsi que des Enquêtes sociales générales, 2008-2010; Projet M. Meunier, CRSH 2008-2011 et 2011-2014.

BIBLIOGRAPHIE

BEAUCHEMIN, Jacques (2004). « De la nation à l'identité : la dénationalisation de la représentation politique au Canada français et au Québec », dans Simon Langlois et Jocelyn Létourneau (dir.), *Aspects de la nouvelle francophonie canadienne*, Québec, Les Presses de l'Université Laval et CEFAN, p. 165-188.

BEYER, Peter (2005). « Transformations et pluralisme : les données des recensements de 1981 à 2001 », dans Solange Lefebvre (dir.), *La religion dans la sphère publique*, Montréal, Les Presses de l'Université de Montréal, p. 12-40.

BEYER, Peter (2008). « From Far and Wide: Canadian Religious and Cultural Diversity in Global / Local Context », dans Lori G. Beaman et Peter Beyer (dir.), *Religion and Diversity in Canada*, Leiden, Brill, p. 11-40.

BIBBY, Reginald (2009). *The Emerging Millennials: How Canada's Newest Generation is Responding to Change & Choice*, avec Sarah Russell et Ron Rolheiser, Lethbridge, Project Canada Books.

BOCK, Michel (2008). « Se souvenir et oublier : la mémoire du Canada français, hier et aujourd'hui », dans Joseph Yvon Thériault, Anne Gilbert et Linda Cardinal (dir.), *L'espace francophone en milieu minoritaire au Canada : nouveaux enjeux, nouvelles mobilisations*, Montréal, Éditions Fides, p. 161-203.

BOURASSA, Henri ([1910] 1963). « La langue française et la religion catholique », Congrès eucharistique international de Montréal, septembre 1910, dans Michel Brunet, *Histoire du Canada par les textes*, t. II : *1855-1960*, Montréal, Éditions Fides, p. 67-73.

CARDINAL, Linda, et Martin NORMAND (2011). « Des accents distincts : les régimes linguistiques ontarien et québécois », dans Jean-François Savard, Alexandre Brassard et Louis Côté (dir.), *Les relations Québec-Ontario : un destin partagé ?*, Québec, Presses de l'Université du Québec, p. 131-158.

CHOQUETTE, Robert (1977). *Langue et religion : histoire des conflits anglo-français en Ontario*, Ottawa, Éditions de l'Université d'Ottawa.

CHOQUETTE, Robert (1987). *La foi gardienne de la langue en Ontario : 1900-1950*, Montréal, Éditions Bellarmin.

CHOQUETTE, Robert (1993). « Langue, foi et culture dans le Canada d'hier et d'aujourd'hui », *Éducation et francophonie*, vol. 21, n° 1 (avril), p. 3-6.

CHOQUETTE, Robert (1996). « La sécularisation dans la diaspora canadienne », dans Brigitte Caulier (dir.), *Religion, sécularisation, modernité : les expériences francophones en Amérique du Nord*, Québec, Les Presses de l'Université Laval et CEFAN, p. 131-143.

CHOQUETTE, Robert (2004). *Canada's Religions: An Historical Introduction*, Ottawa, Les Presses de l'Université d'Ottawa.

DUMONT, Fernand (1997). « Essor et déclin du Canada français », *Recherches socio-graphiques*, vol. 38, n° 3, p. 419-467.

FERRETTI, Lucia (1999). *Brève histoire de l'Église catholique au Québec*, Montréal, Boréal Express.

HAMELIN, Jean, et Nicole GAGNON (1984). *Histoire du catholicisme québécois*, vol. III : *Le XXe siècle*, t. I : *1898-1940*, dirigée par Nive Voisine, Montréal, Éditions du Boréal.

LAMBERT, Yves (1993). « Âges, générations et christianisme en France et en Europe », *Revue française de sociologie*, vol. 34, n° 4 (octobre-décembre), p. 525-555.

LANDRY, Rodrigue (2003). « Là où le nombre le justifie IV : libérer le potentiel caché de l'exogamie : profil démolinguistique des enfants des ayants droit francophones selon la structure familiale », Moncton, Institut canadien de recherche sur les minorités linguistiques, sur le site *CNPF* (Commission nationale des parents francophones), [En ligne], [http://cnpf.ca/documents/Exogamie,_potentiel_10dec.03.pdf] (1er septembre 2010).

LEMIEUX, Raymond (1990). « Le catholicisme québécois : une question de culture », *Sociologie et sociétés*, vol. 22, n° 2 (automne), p. 145-164.

LEMIEUX, Raymond (1996). « Le dynamisme religieux des cultures francophones : ouverture ou repli ? », dans Brigitte Caulier (dir.), *Religion, sécularisation, modernité : les expériences francophones en Amérique du Nord*, Québec, Les Presses de l'Université Laval et CEFAN, p. 1-32.

MARTEL, Marcel (1997). *Le deuil d'un pays imaginé : rêves, luttes et déroute du Canada français : les rapports entre le Québec et la francophonie canadienne (1867-1975)*, Ottawa, Les Presses de l'Université d'Ottawa.

MARTIN, David (1978). *A General Theory of Secularization*, Oxford, Blackwell.

MARTIN, David (2005). *On Secularization: Towards a Revised General Theory*, Burlington, Ashgate Publishing Company.

MEUNIER, E.-Martin (2011). « Présentation : catholicisme et laïcité dans le Québec contemporain », *Recherches sociographiques*, vol. 52, n° 3 (septembre-décembre), p. 673-682.

MEUNIER, E.-Martin, et Jean-François LANIEL (2012). « Congrès eucharistique international 2008 : nation et catholicisme culturel au Québec : signification d'une recomposition religio-politique », *Studies in Religion = Sciences religieuses*, vol. 41, n° 4 (décembre), p. 595-617.

MEUNIER, E.-Martin, Jean-François LANIEL et Jean-Christophe DEMERS (2010). « Permanence et recomposition de la "religion culturelle" : aperçu socio-historique du catholicisme québécois (1970-2005) », dans Robert Mager et Serge Cantin (dir.), *Modernité et religion au Québec : où en sommes-nous ?*, Québec, Les Presses de l'Université Laval, 2010, p. 79-128.

MEUNIER, E.-Martin, et Jean-François NAULT (2012). « L'archidiocèse catholique d'Ottawa et sa francophonie : portrait statistique, comparaison et analyse sociohistorique (1968-2008) », *Francophonies d'Amérique*, n° 34 (automne), p. 59-79.

MEUNIER, E.-Martin, et Sarah WILKINS-LAFLAMME (2011). « Sécularisation, catholicisme et transformation du régime de religiosité au Québec : étude comparative avec le catholicisme au Canada (1968-2007) », *Recherches sociographiques*, vol. 52, n° 3 (septembre-décembre), p. 683-729.

RODRIGUE, Isabelle (2007). « Les Québécois sont champions de l'union libre », *Le Droit*, 13 septembre, p. 2.

THÉRIAULT, Joseph Yvon, et E.-Martin MEUNIER (2008). « Que reste-t-il de l'intention vitale du Canada français? », dans Joseph Yvon Thériault, Anne Gilbert et Linda Cardinal (dir.), *L'Espace francophone en milieu minoritaire au Canada : nouveaux enjeux, nouvelles mobilisations*, Montréal, Éditions Fides, p. 205-238.

TROELTSCH, Ernst (1931). *The Social Teaching of the Christian Churches*, traduit par Olive Wyon, London, George Allen & Unwin Ltd, 2 vol.

WILKINS-LAFLAMME, Sarah (2010). *Les Églises unie, anglicane et catholique et la communauté anglo-québécoise : portrait et enjeux contemporains*, thèse de maîtrise, Ottawa, Université d'Ottawa.

Anthropologie des pratiques langagières en Louisiane francophone : enjeux identitaires des processus redénominatifs de l'ethnonyme des Cadjins

Marc Gonzalez
Université Paul-Valéry – Montpellier

Introduction
Le pouvoir symbolique et métapsychologique
des noms propres

ROLAND BARTHES, dans *Proust et les noms*, affirme qu'« il est une classe d'unités verbales qui possède au plus haut point le pouvoir de constituer l'essence des objets romanesques, c'est celle des noms propres » (1972 : 68) et il propose un mode de fonctionnement ternaire de la dénomination singularisante qui se rapporte dans ce contexte narratif proustien à la réminiscence :

> Le nom propre dispose des trois propriétés que le narrateur reconnaît à la réminiscence : le pouvoir d'essentialisation (puisqu'il ne désigne qu'un seul référent), le pouvoir de citation (puisqu'on peut appeler à discrétion toute l'essence enfermée dans le nom, en le proférant), le pouvoir d'exploration (puisque l'on « déplie » un nom propre exactement comme on fait d'un souvenir) : le nom propre est en quelque sorte la forme linguistique de la réminiscence (1972 : 69).

Dans une perspective platonicienne, la réminiscence permet de retrouver l'existence des « Idées », de l'Intelligible activé par ce mode particulier de souvenir. La réminiscence est réminiscence d'intelligibles. C'est ainsi que, selon Barthes, le nom propre aurait un pouvoir de connaissance *quasi* ontologique et que la « fonction poétique au sens large du terme se définirait par une conscience cratyléenne des signes » (1972 : 73). Un lien se tisse ainsi entre le nom propre, la poéticité et la connaissance de la chose nommée, son essence.

Il sera question dans cette étude de l'ethnonyme, considéré et attesté linguistiquement comme une catégorie des noms propres. Patrick Sériot affirme que « [d]errière le nom de la langue [et du peuple] se profile en effet un grave problème d'ontologie, ou mode d'être des entités collectives » (1997 : 167). Ontologie dans le sens donné par Sylvain Auroux, en tant que « conception de la structure du réel », qui affirme que « l'étude du langage mène naturellement à l'ontologie [...] et que la question se pose toujours de savoir quels types d'êtres signifient les entités linguistiques. C'est par là que le langage donne naissance aux questions ontologiques » (1996 : 128-129). Andrée Tabouret-Keller pose cette question fondamentale qui est aussi la nôtre :

> En quels termes dire les identités ? Je répondrai tout de go : en respectant les termes qui sont ceux-là même que les personnes concernées emploient pour elles-mêmes. Nos identités sont à la fois nos pellicules les plus fragiles et nos cuirasses les plus épaisses. C'est là que nous sommes le plus vulnérable, c'est là que nous opposons la résistance la plus tenace à toute atteinte qui viendrait toucher aux termes qui nous représentent et avec lesquels bien souvent nous nous identifions. Que resterait-il d'un homme si on lui enlevait son nom ? [...] Ce sont les fonctions vitales d'humanité dans toute humanité sur lesquelles je souhaite insister (1997 : 170-172).

Tabouret-Keller insiste précisément sur cette dimension ontologique et constituante des identités onomastiques et réaffirme la « fonction vitale d'humanité » que porte le nom : « Que resterait-il d'un homme si on lui enlevait son nom ? » Et à ce propos, une pratique dans l'Antiquité romaine, la *damnatio memoriæ*, consistait à faire disparaître la mémoire d'un personnage indigne en effaçant son nom et son image. Le nom était supprimé des inscriptions, et les représentations iconographiques détruites. Il s'agissait de néantiser symboliquement l'être par l'effacement, le « vol » de son nom et par des actes de « spoliation » péremptoires dans le réel et ainsi éliminer toute trace mémorielle de son existence. Tabouret-Keller poursuit dans le même article sur la fonction anthropologique du nom propre :

> Dans les sociétés humaines, les noms propres correspondent à des procédures d'homologation qui assurent à chacun une reconnaissance comme individu appartenant à une communauté et classé en son sein. Dans son ouvrage sur la pensée sauvage Claude Lévi-Strauss illustre comment nommer, c'est toujours classer. Les noms identitaires, tout comme les noms propres, individualisent et classent. Les uns comme les autres ont ainsi toujours un sens, et pas seulement une référence. Ils constituent des messages qui notifient une inscription, une appartenance, une place au sein des réseaux complexes de la vie sociale, réseaux

qui les insèrent mais qu'ils participent aussi à mettre en évidence et à confirmer. L'on peut remarquer que les groupes sociaux, mais aussi les institutions, gèrent l'attribution des identités tout comme s'il s'agissait d'un capital symbolique que chacun investit de multiples projections imaginaires. Ces noms identitaires font l'objet d'enjeux divers, enjeux de pouvoirs et de maîtrise, nommant les uns pour les distinguer et les installer dans leur fonction, nommant les autres pour les écarter du rang, les destituer de leur place, les marginaliser par rapport aux normes établies (1997 : 173).

Ces quelques réflexions nous fondent à considérer les noms propres et ethniques en particulier comme porteurs d'une charge symbolique et d'une fonction identitaire puissantes que les groupements humains ont exploitées idéologiquement et politiquement pour produire du sens social par identification et subjectivation, catégoriser les individus, construire de la différence et ainsi rassembler, mais aussi diviser. L'identification d'une collectivité à un nom de groupe est de l'ordre d'un processus de transmission et de subjectivation de ce signifiant – auquel Lacan attribue une fonction de suture subjective – par les sujets soumis à un ordre symbolique qui les identifie et assigne à une place, puis les désigne par un signifiant légué, un patrimoine onomastique. Changer le nom ethnique n'est pas anodin, l'opération relève d'enjeux sociopolitiques et produit des effets identitaires et subjectifs.

La « dystropie ethnonymique » comme symptôme d'essentialisation communautaire

Cet article porte sur un processus de redénomination linguistique « problématique », celui du nom propre communautaire des Cadjins louisianais. On assiste à une entreprise glottopolitique qui vise une revalorisation identitaire et culturelle de cette communauté minoritaire par une stratégie onomastique d'imposition d'un signifiant. Il s'agit d'interroger le paradigme ethnonymique propre à l'Acadiana, ce triangle francophone du sud-ouest de l'État de Louisiane, et d'examiner les processus de fluctuation et de redénomination ethnonymiques qui plongent la plupart des observateurs dans une grande perplexité tant la confusion des noms ethniques désignant les natifs connus sous l'ethno-nyme « Cajun » est frappante. Ce processus polynominatif concerne donc la communauté de la Louisiane francophone des Cajuns ou Cadjins ou encore Cadiens, voire Acadiens, dont une partie sont les descendants des Acadiens exilés par les Anglais en 1755. Cette déportation traumatique est désignée par l'expression « le Grand Dérangement ». La forte variabilité des usages pluriels et contextuels de ces noms ethniques dans le paradigme ethnonymique fluctuant, notamment la paire conflictuelle Cajun / Cadien, est révélatrice des positionnements sociolangagiers des militants de la « Cause cadienne[1] » favorables au nom ethnique « Cadien » *versus* « Cajun ». Cette option ethnonymique constitue l'une des réponses à la condition minoritaire de leur communauté et une tentative d'affranchissement des représentations minorisantes qui ethnotypisent les Cadjins depuis le début du XXe siècle. Cécile Canut affirme que

> [l]'appréhension et la compréhension de l'environnement socio-politique dont font état les sujets parlants à travers leurs usages indiquent à quel point la variation des positionnements socio-langagiers est indissociable de la volonté d'assignation des places promues par les espaces politiques extérieurs auxquels les sujets répondent (2012 : 90).

Dans un contexte d'infériorisation sociale de la communauté cadjine, un mouvement de renaissance culturelle et linguistique fédère, depuis près de cinquante ans, les militants acadiens concentrés surtout dans la ville de Lafayette et les villages environnants des paroisses francophones. Ces activistes organisent de très nombreuses manifestations de commémoration du fait acadien louisianais, encouragent les actions de revitalisation de la langue vernaculaire et soutiennent une production littéraire et poétique qui a été provoquée, *ex nihilo*, dans les années 1980 dans le but de revaloriser l'identité ethnolinguistique communautaire et, d'une certaine manière, « réinventer » une histoire de la communauté des Cadjins de Louisiane, en essentialisant le groupe autour de l'ethnonyme « Cadien », censé remplacer officiellement l'appellatif « Cajun » considéré comme une corruption linguistique. Pourtant, « Cajun » reste la production discursive de loin la plus usitée, résultant de la rencontre des langues et des cultures dans cette région appelée aujourd'hui Acadiana. On assiste toutefois à une résistance diffuse à l'égard de ce signifiant « Cadien » qui a donc été « imposé » par un acte militant et qui se retrouve, de fait, en concurrence avec d'autres désignations portant des représentations divergentes du groupe. Ce processus entraîne une fluctuation ethno-

---

1   Ce que j'appelle la « Cause cadienne » est un mouvement activiste local qui se déploie dans les dimensions de la parole et de l'action militantes favorables au nom ethnique « Cadien » soutenu par l'association dénommée « Action cadienne », fondée par le poète et chanteur Zachary Richard, qui œuvre à la « préservation et la promotion de la langue française et la culture cadienne en Louisiane » ([http://www.actioncadienne.org/]).

nymique importante, voire une confusion, non seulement pour les touristes, mais aussi pour les natifs, qui ne savent plus comment se nommer. Lors d'un de mes entretiens, un certain « Tooky », un pêcheur de Lockport, dans le bayou Lafourche, au sud de La Nouvelle-Orléans, rejette « Cadien », un nom imposé, affirmait-il, depuis peu et se reconnaît totalement dans « Coonass ». Il me dit en riant qu'on appelle les Cajuns « un cul de chaoui » ou « raccoon » et précise qu'« avant, les Cajuns ne savaient pas qu'ils étaient "Cadiens", ils connaissaient "Coonass" et que c'est pas mauvais, c'est pas rien ». Lorsque je lui demande s'il se reconnaît dans « Cadien » ou plutôt « Cajun », il me répond : « Dernièrement, il[s] savai[en]t pas qu'ils étaient qu'ça "Cadiens", on dit ça. » Il est important de préciser la signification littérale de l'autodésignation péjorative « Coonass », qui se décompose en deux mots : « coon-ass » et signifie « cul de raton laveur ». Un « raccoon » ou « coonie » est un animal traditionnellement chassé pour sa fourrure par les Cajuns en Louisiane. On peut observer ce « raccoon » sur de nombreuses cartes postales à vocation touristique, ce qui montre à la fois sa popularité et son potentiel identificatoire pour le groupe.

Ainsi, une « maladie du nom propre » s'est installée durablement, une fluctuation et une confusion ethnonymiques que j'ai appelées « dystropie ethnonymique ». Des conflits concernant le nom ethnique opposent les natifs de cette communauté, car l'image, l'histoire, les frontières et les paramètres identitaires du groupe diffèrent selon l'ethnonyme choisi. Le nom de la communauté des Cadjins ainsi que l'« identité » culturelle, historico-mythique du groupe ou, plutôt, ses identités successives ne peuvent se dissocier en Acadiana. La stratégie de redénomination qui conduit de « Cajun » à « Cadien » est une opération de production de sens ethnoculturel qui reconstruit et revalorise des significations identitaires généalogiques, acadianogènes, donc essentialisées au prix d'instabilités et d'indéterminations dénominatives. Cette indécidabilité du nom propre de la communauté est assurément porteuse de confusion, d'incompréhension. Cette polynomination se rencontre sur le terrain louisianais en des lieux très divers et multiples : documents touristiques, littéraires, publicitaires, devantures de magasins, articles de journaux, articles universitaires, ouvrages de civilisation franco-américaine, etc. La liste serait longue. Et les actes d'un colloque organisé par l'Université de Moncton au Nouveau-Brunswick en 1994 confirment ce qu'on pourrait appeler un « symptôme culturel » unique ou rare, pour le moins, qui a aussi été relevé par Paul Wijnands :

> Nous pouvons estimer que la "synonymie" acadienne produite par la série des
> onze mots constitue un phénomène assez particulier pour lequel nous n'avons
> pas pu noter jusqu'à présent de pendant dans d'autres régions de la franco-
> phonie internationale. [...] La Louisiane fournit un grand nombre d'exemples
> d'ethnonymes [ou de mots qui fonctionnent comme tels]. [...] Ce qui frappe
> quand on lit les textes dans lesquels ils figurent, c'est qu'ils s'entourent d'un
> flou définitionnel en fonction de la subjectivisation des points de vue exprimés.
> Il s'agit d'un vocabulaire dont le sens est personnalisé selon les besoins ressentis
> (1996 : 161-163).

Les onze mots ou noms propres du groupe sont même largement dépassés
par le décompte de Jacques Henry, sociologue de l'Université de Lafayette.
En 1998, il dénombre plus d'une vingtaine de désignants – Cajun,
Acadien, Acadian, Cadien, Cayen, Cajin, Cadgien, Cajen, Cadjun,
Cadjein, Cadjien, Cadjin, Cagian, Cajen, Cadian, Cajan, Cajian, Cajin,
Kajun, Acajin, Canajin, Cajan, etc. –, mais aussi des formes péjoratives
comme « Coonass » et « Boogerlee / Bougalie / Boogalee / Bougalee »,
qualifiées de « *derogative terms* », c'est-à-dire de termes dépréciatifs. Une
question s'impose donc : « Comment faut-il les appeler ? » La réponse
sur le terrain a toujours été ambiguë mais, de fait, nous constatons
que l'ethnonyme « Cadien » s'impose de plus en plus aujourd'hui
dans les publications officielles. Pourtant, Cécyle Trépanier, spécialiste
de géographie culturelle, évoque le débat entre les formes « Cadien »
et « Cadjin » et précise que « le mot "Cadien", en réduisant *a priori* le
contenu ethnique de l'identité cadjine, nuit à une mobilisation régionale
complète des francophones louisianais » (1993 : 370, note 5). En effet,
« Cadien » s'apparente visuellement à « Acadien » et renvoie littéralement
à une histoire qui ne concerne pas tous les « Cadjins », loin s'en faut,
car beaucoup ne sont pas d'origine acadienne, alors que « le vocable
"Cadjin" reflète plus adéquatement que le mot "Cadien" la spécificité
louisianaise et la complexité historique et contemporaine du milieu
francophone louisianais » (Trépanier, 1993 : 370, note 5). Nous sommes
bien en présence d'un conflit de représentations à propos de la paire
ethnonymique Cadjin / Cadien ou Cajun / Cadien.

Stigmatisation contre changement du nom,
pour une identité revalorisée

Un comportement paradoxal conduit donc les discours endoxaux circulants, de sens commun, officiels, touristiques, journalistiques, militants,

etc. concernant la composition du peuple franco-louisianais à reconnaître l'hétérogénéité du groupe, sa diversité d'origines féconde, dans les domaines musicaux, culinaires, linguistiques, etc. tout en resserrant le groupe autour d'un noyau acadien / acadianophile représenté par l'appellatif « Cadien », alors que « Cajun », label largement attesté, est beaucoup plus intégrateur et reste le produit « naturel » du travail des langues et des cultures en contact. Ainsi, le changement du nom contredit les discours circulants. On pourrait même avancer que l'insistance récurrente à valoriser cette diversité dans les discours et à la récuser dans les actes (choix ethnonymique, commémorations acadiennes, recherches généalogiques, rassemblements de familles patronymiques cadiennes-acadiennes...) est précisément symptomatique, révélatrice d'une idéologie, en partie inconsciente, de recherche de pureté généalogique, une manière de ne pas faire le deuil de l'origine perdue. Sara Le Menestrel (1999) avait déjà mis l'accent sur le critère de pureté ethnique et linguistique revendiqué par certains. N'est pas Cadien ou Acadien qui veut aujourd'hui, alors qu'auparavant bon nombre dissimulait son identité « cajun / cadjine » ou ne s'en vantait pas. De nombreux témoignages attestent cette attitude honteuse, caractérisée par un dénigrement de l'origine ethnique cadjine, de la langue vernaculaire considérée comme un français « croche » et de l'anglais véhiculaire tel un « *broken english* ». M. Hebert, de Lafayette, sur ce sujet de la « stigmatisation », me confiait en 2005 :

> Les Américains se moquaient de l'accent cadjin mais plus asteure mais avant oui c'est pour ça qu'on a été stigmatisé, c'est pour ça que les Américains disent qu'ils étaient ignorants, ça ne sait rien. Aujourd'hui si quelqu'un me dit ça je vais me défendre. Ce n'est plus pareil. Mais avant je ne pouvais pas me défendre, je ne savais pas me défendre.

La métaphore postchristique de la « stigmatisation » serait à interroger de près, dès lors qu'elle est ambivalente. Au départ, recevoir les « stigmates » est un signe d'élection divine : les marques confirment la « sainteté » du saint. Sous l'Ancien Régime, « stigmatiser » signifie « marquer au fer rouge (un condamné) ». Le sens oscille entre récompense suprême et opprobre absolu ; il met le patient sous le signe de l'ambivalence. Mais passée la longue et cruelle période de la stigmatisation[2] linguistique, culturelle et

---

[2]   Parler en français est devenu honteux, car interdit dans les écoles publiques par un décret constitutionnel de l'État. La constitution louisianaise de 1921 (Art. XII, sec. 12, p. 93) comportait un nouveau paragraphe stipulant que seul l'anglais pouvait être

ethnique, la « fierté cadjine », symbolisée par l'expression « Fier d'être Cajun », est apparue progressivement à partir des années 1970-1980. La diffusion plus tardive de l'ethnonyme « Cadien » contribuera à remplacer les représentations péjoratives associées à « Cajun / Cadjin » par des connotations acadiennes qui devraient permettre une requalification de la communauté grâce à une identification positive aux valeurs morales et physiques de résistance et de résilience des Acadiens, dont l'histoire tragique est glorifiée et mythifiée (*cf.* le personnage de Joseph *Beausoleil* Broussard, une figure historique de la révolte des Acadiens contre les Anglais et le mythe d'Évangéline).

Noms (ethnonymes, patronymes, toponymes), culture (minoritaire) et identité sont ainsi étroitement liés en Acadiana. La dénomination catégorise et produit des effets d'identité sociale et subjective. C'est pourquoi l'étude des formes et des significations ethnonymiques relève d'une anthropologie des pratiques langagières prises dans des formations discursives et des interdiscours. Dalila Morsly confirme que

> [l]a question de la dénomination intéresse incontestablement la linguistique dans la mesure où s'illustre à travers elle, avec le plus d'évidence peut-être, le rapport du langage au réel. La dénomination montre combien la langue est un espace d'appropriation symbolique, un espace d'interaction où le sujet construit de l'identité au sens plein du terme. Tout à la fois, il produit par la parole, par le fait même de parler, son identité et il élabore, affirme dans le même temps, une identité, la sienne ou celle de l'autre ; il décide de cette identité, exerçant aussi son pouvoir de nommer ou de dénommer. Le sens de l'identité s'élabore donc au niveau du sujet et du prédicat (1993 : 192).

C'est ainsi que le nom propre communautaire connaît des variantes nombreuses au gré des différents modes de communication et des intentions. Jacques Henry explicite en 1991, dans un article intitulé « Pour une écriture du français louisianais », son interprétation du processus historique de réécritures successives du nom propre de la communauté depuis l'origine mythique arcadienne, en limitant son étude aux dénominations listées sur un panneau exposé dans un centre culturel dédié à la culture acadienne louisianaise :

> Au Centre culturel acadien de Eunice, un panneau évoque la transformation de l'Acadien du Nord en Cadien du Sud. Il offre une liste de cinq mots. Au début était l'Arcadie, « orthographe française du paradis mythique des Grecs », précise

---

employé comme langue d'instruction dans les écoles publiques de la Louisiane : « *The general exercises in the public schools shall be conducted in the English language.* »

la légende, en anglais seulement; ensuite vint l'Acadie qui donna Acadian, identifié en anglais comme « habitant de l'Acadie ». Puis le « a » disparaît, conséquence littérale de la dispersion acadienne : le « Cadjien », prononciation simplifiée d'« Acadien », est né, suivi de près par Cajun, sa « prononciation anglaise ». Cette histoire en substantifs réduit à leur plus simple expression un passé de 350 ans, des migrations intercontinentales et un long processus d'acculturation (Henry, 1991 : 1).

Ci-dessous le panneau des noms reconstitué du Centre culturel acadien d'Eunice, dont parle Jacques Henry. Les légendes sont traduites, elles étaient dans le document original en anglais. Il existe six centres culturels semblables en Louisiane, six « *Park sites of Jean Lafitte National Historical Park and Preserve* » dont la fonction est de « *Discover the treasures of south Louisiana* ».

Tableau 1

Centre culturel acadien d'Eunice, 1991

L'ARCADIE
Orthographe française du paradis mythique des Grecs
L'ACADIE
Colonie française dans l'Est canadien, aujourd'hui Nova Scotia
ACADIAN
Habitant de l'Acadie
CADJIEN
Prononciation simplifiée d'« Acadien »
CAJUN
Prononciation anglaise de « Cadjien »

Il est intéressant de noter que j'ai pu retrouver 15 ans après Henry, en 2005, cette liste de noms (ci-dessus) identique, mais qu'en 2010, au Centre culturel acadien de Lafayette, une liste chronologique était présentée de manière similaire (tableau 2) avec, toutefois, des modifications de certains noms malgré le cotexte anglais pour les deux listes. Arcadie et Acadie restent identiques, mais Acadian devient Acadien, Cadjien devient Cadien et, pour clore la liste, Cajun reste Cajun. Il s'agit d'une trajectoire onomastique qui retrace le même itinéraire (supposé chronologique), mais avec des formes ethnonymiques aux différences significatives.

Centre culturel acadien de Lafayette, 2010.

Tableau 2

Centre culturel acadien de Lafayette, 2010

L'ARCADIE *French spelling of mythical Greek paradise*
L'ACADIE *French colony in eastern Canada, now Nova Scotia*
ACADIEN *Resident of Acadie exiled by the British.* *Many eventually resettled in southern Louisiana*
CADIEN *Simplified pronunciation of Acadien, often applied* *to other Louisiana French cultures as well*
CAJUN *English language pronunciation used for the descendants* *of Louisiana's French-speaking melting pot*

Comment expliquer ces différences, car nous sommes pourtant dans des centres similaires appartenant à la même institution, qui bénéficient des mêmes consignes, documents et aménagements ? La première liste, celle d'Eunice, date de 1991 ; la seconde, celle de Lafayette, de 2010. Les deux présentations sont à l'évidence hétérogènes à divers titres, les désignations sont de nature différente, elles ne réfèrent pas au même objet : il y a alternance de toponymes et d'ethnonymes.

La liste d'Eunice, hormis les deux toponymes français, intercale un nom en français vernaculaire : « Cadjien » (écriture phonétique) entre deux formes anglaises : « Acadian » et « Cajun ». Compte tenu de la réception, des destinataires et visiteurs, le code anglais véhiculaire pour « Acadian » s'explique. Il témoigne de la prédominance locale de l'anglais, mais « Cadjien » dans cette suite anglophone est paradoxal. Il donne à voir une forme francisée qui reflète la prononciation vernaculaire. Sans connaissance linguistique particulière, il est impossible de déduire « Cadjien » de « Acadian ». Il serait nécessaire de connaître les phénomènes de palatalisation du [d] en [dj] et d'aphérèse du « A » et de se représenter, par le signifiant écrit « Cadjien », la prononciation [kadjé] ou [kadjié]. Dans la seconde liste, plus récente, « Cadjien » est devenu « Cadien », l'opération de palatalisation du [d] en [dj] propre au vernaculaire est devenue invisible et il est quasi impossible de se représenter, par le signifiant écrit « Cadien », la prononciation vernaculaire [kadjé] ou [kadjié].

Nous pouvons donc constater le mélange des trois codes linguistiques, français vernaculaire (Cadjien), français standard (Cadien) et anglais (Acadian). Cette présentation hétérogène dévoile une réalité sociolinguistique : le non-usage des désignants « Acadien » et « Cadien », dans un contexte anglophone, qui n'apparaissent pas dans la liste d'Eunice. Je formule l'hypothèse d'une méconnaissance de cette forme « Cadien » très peu usitée en 1991. La liste de Lafayette semble plus cohérente, elle utilise la langue française de référence pour l'ensemble des noms sauf « Cajun » qui semble être, malgré sa forme anglophone, l'ethnonyme retenu par cette institution, ce qui signale une autre réalité sociolinguistique et contredit l'option officielle et militante de « Cadien » aujourd'hui imposée. Que ce soit à Eunice en 1991 ou à Lafayette en 2010, l'ethnonyme « Cajun » semble bel et bien attesté et représentatif de la communauté. C'est pourquoi Henry, dans son article intitulé « Pour une écriture du français louisianais », commente : « Pour être complète, cette liste [Eunice] devrait cependant comporter un sixième terme : un mot français désignant les francophones louisianais d'origine acadienne », en focalisant son propos sur « la transformation du rapport entre l'oral et l'écrit au sein de la langue et de la culture acadiennes » (1991 : 1). Le sixième terme, absent de la liste et en voie de remplacer « Cajun » sera « Cadien ». Nous le retrouvons dans la liste de Lafayette avec la mention : « *Simplified pronunciation of Acadien, often applied to other Louisiana French cultures as well* ». Effectivement, il réfère explicitement à « Acadien », mais ne semble pas rassembler l'ensemble des « Cajuns / Cadjins » car bon nombre d'entre eux ne sont pas d'origine acadienne. Ainsi, le Centre culturel acadien de la petite bourgade d'Eunice, que j'ai visité plusieurs fois, en face du désormais fameux Liberty Theater, et celui de Lafayette nous proposent la série chronologique des noms propres suivante : l'Arcadie, l'Acadie (toponymes), Acadian/Acadien (ethnonymes), Cadjien/Cadien, Cajun, représentée dans le tableau 3. Il est intéressant de constater que le dernier appellatif dans les deux tableaux, celui qui est supposé désigner cette communauté en 2010 est « Cajun », dont la légende est « *English language pronunciation used for the descendants of Louisiana's French-speaking melting pot* », c'est-à-dire « Prononciation anglaise pour (nommer) les descendants de la communauté des locuteurs francophones louisianais »; pourtant, « Cajun » est considéré dès les années 1980 comme une corruption sociolinguistique par les militants de la Cause cadienne. C'est pourquoi Henry nous informait un peu plus loin dans son article de 1991 que « [p]our être complète, cette liste devrait cependant comporter un sixième terme : un mot français désignant les francophones louisianais [...]. En forger un, voilà la tâche que s'est donnée un groupe de Louisianais francophones constitué depuis quelques mois en Comité pour le français louisianais » (1991 : 1).

En effet, il s'est agi à cette époque de « forger » un nouveau nom propre communautaire. Mais il faut rappeler que les « Cajuns/Cadjins » constituent un groupe aux origines très diverses et qu'« un mot français désignant les francophones louisianais d'origine acadienne » ne saurait représenter cette hétérogénéité de la communauté qui excède l'ethnicité proprement acadienne. En outre, dans la liste de Lafayette, « Cadien » existe déjà mais en quatrième position avant « Cajun »; il n'est donc pas nouveau.

Alors pourquoi vouloir forger un mot français désignant les franco-phones louisianais d'origine acadienne? La question s'impose, on y a déjà répondu en partie : afin de modifier les représentations péjoratives associées à l'ethnonyme « Cajun » (*idem* pour « Cadjien ») qui est le plus attesté, je le rappelle, en cotextes anglais et français. Changer le nom, c'est modifier non seulement le regard porté sur cette communauté, le regard des autres, mais aussi le regard négatif des Cadjins sur eux-mêmes : « Je parle un mauvais français et j'ai toujours caché mes origines dans mon travail », me confiait un Cajun de soixante-quinze ans, natif de Lafayette, pourtant responsable et compétent dans son travail. Il évoquait le « stigmate et la honte » qui l'ont poursuivi durant toute son existence. Revon Reed écrit que « pendant longtemps, les Cajuns ont été

Tableau 3

Tableau synthétique des réécritures ethnonymiques

	TOPONYMES	ETHNONYMES	
		Eunice	Lafayette
Ordre chronologique	L'Arcadie		
	L'Acadie		
		Acadian ▶ Acadien	
		Cadjien ▶ Cadien	
		Cajun	
	6ᵉ terme « forgé » et adopté par le Comité pour le français louisianais	Cadien	

les habitants les plus pauvres de la Louisiane, des laissés pour compte » et rapporte ces paroles de James Domengeaux, fondateur historique du Conseil pour le développement du français en Louisiane (CODOFIL) :

> La vérité, c'est que tout le monde parle français, mais que personne n'ose l'avouer. Depuis quelques années, cependant, il y a un regain de fierté. Il faut faire prendre conscience aux gens que de parler français, c'est peut-être manifester une différence, mais que ce n'est pas honteux (1976 : 141).

Jacques Henry s'étonne toutefois de l'intention de ces militants franco-louisianais. Car le désir de « forger » un nom propre contrarie, infléchit nécessairement l'évolution historique « naturelle » de l'ethnonyme en lui attribuant un sens idéologique *a priori* :

> En forger un, voilà la tâche que s'est donnée un groupe de Louisianais francophones constitué depuis quelques mois en Comité pour le français louisianais. Ce développement récent est surprenant pour deux raisons. « Enfin ! », pourrait-on dire. Après plus de 200 ans en Louisiane, 23 ans après le début du renouveau francophone marqué en 1968 par la création du Conseil pour le développement du français en Louisiane (C.O.D.O.F.I.L.), cet intérêt à s'entendre sur un terme définitif d'identification peut sembler tardif. Après tout, les mots ne manquent pas : acadien, Cajun, cadjin, cadien, voire des qualificatifs plus péjoratifs comme « coonass » sont largement répandus. Pourquoi donc s'arrêter sur une question qui semble déjà réglée par l'usage ? La seconde surprise vient de la composition de ce Comité et des circonstances de son apparition. C'est entre Paris et Lafayette que s'est révélé le besoin de formaliser

un terme commun. En 1990, l'Association France-Louisiane organisait à Paris les Assises de la francophonie américaine. Au sein de l'importante délégation louisianaise, quelques participants revendiquèrent dans leurs interventions le droit à la différence et insistèrent sur le devoir de la nommer. Deux tendances se dégagèrent : les avocats de « Cadien » et ceux de « Cadjin ». À leur retour la discussion continua dans les pages de La Gazette de Louisiane, le magazine bilingue publié par le C.O.D.O.F.I.L. (Henry, 1991 : 1).

Ainsi la série de ce que nous avons nommé « le paradigme ethnonymique franco-louisianais » s'allonge : Acadien, Cajun, Cadjin, Cadien et « Coonass » mis entre guillemets. Et la question posée par Jacques Henry ne peut être interprétée que comme faussement naïve : « Pourquoi donc s'arrêter sur une question qui semble déjà réglée par l'usage ? » Il s'agit sans conteste d'une prise de conscience et d'une affirmation ethnolinguistiques et de la production d'une autre identité « cadienne / acadienne » débarrassée des scories, des spoliations, de ce que les locaux appellent les « stigmates » du passé « cajun / cadjin ». Il s'agit par ce changement de nom de déterminer un terme définitif d'identification collective, de reconstruire une mémoire discursive, voire une histoire, annulant les images stigmatisantes du Cajun / Cadjin « attardé et illettré » qui circulaient. Ron Thibodeaux, journaliste local et Cadjin, me confirma lors d'un entretien en 2005 que

> [t]here is more recognition of the value, the self worth of the Cajun identity among people out in the country than I thought, that's probably the biggest surprise to me… The efforts by the people in the movement have been noticed and there are more people now who will go to the Liberty Theater and dance and listen to the music on Saturday night because that represents a tangible tie to where they come from and now they feel like they can be proud of that while for so long it was something to hide, it was something to be ashamed of and there's a wide group of people who are getting over that feeling of embarrassment[3].

Pourtant, le besoin de formaliser un nom ethnique pour affirmer le droit à la différence et le devoir de la nommer s'est concrétisé par le choix – plutôt paradoxal – de « Cadien », un terme archaïsant, tourné vers le passé et déjà usité pour désigner « les petites Cadies » québécoises.

---

[3]   « Maintenant, ils sentent qu'ils peuvent être fiers de leur culture alors que pendant si longtemps c'était quelque chose à cacher, c'était quelque chose de honteux, et ils sont nombreux à ne plus souffrir de ce sentiment de gêne » (nous traduisons).

La polynomination ethnonymique[4] en Acadiana :
le « paradigme désignationnel » distribué en quatre séries
d'occurrences ethnonymiques

Chacune des quatre séries paradigmatiques du tableau 4 contient des signifiants ethnonymiques apparemment « équivalents » qui ne varient que par l'orthographe – instable en Acadiana – car le signifié (le concept) reste identique, c'est-à-dire la « représentation qualitative », l'intension[5]. Il s'agit bien de nommer une certaine communauté franco-louisianaise, mais dont le référent – problématique – reste à déterminer car chacun des quatre désignants renvoie à une représentation différente de la communauté plus ou moins homogène. La prononciation semble également varier, selon une écoute allophone, mais plus modérément.

Tableau 4

La polynomination ethnonymique en Acadiana

CAJUN	ACADIEN Aphérèse du « A » (') attestée en Acadie	CADIEN Palatalisation d>dj	CADJIN
CADJUN	ACADIAN	CADGIENS	CAJIN
CAJEN	'CADIAN	CADJIEN	CANAJIN
CAJAN	ACADJIN	CADJEIN	KAJON
KAJUN	'CAYEN		KAJAN
CAGIAN			CADJEN
CAJIAN			

---

4   Ce paragraphe reprend quelques commentaires développés dans un article publié en ligne « Comment nommer les "Cajuns" ? Re-dénomination ethnonymique, production de sens et d'identité en Louisiane francophone », qui a fait l'objet d'une communication au Congrès mondial de linguistique française (CMLF) tenu à La Nouvelle-Orléans en juillet 2010.

5   « L'intension désigne l'ensemble des propriétés sémantiquement pertinentes (ou traits distinctifs) d'une unité lexicale, qui permettent de la distinguer de l'ensemble des autres unités appartenant à la même catégorie syntaxique. Ce concept est emprunté à la logique équivalant à celui de compréhension et s'oppose à extension » (Arrivé, Gadet et Galmiche, 1986 : 340).

Nous avançons l'hypothèse que la nomination ethnonymique constitue en Acadiana un enjeu ethnique et idéologique pour la communauté militante, car les différentes formes ou signifiants ethnonymiques déterminent des représentations communautaires divergentes, voire « concurrentes ». Ainsi, le signe n'est plus arbitraire mais motivé, voire remotivé. Des productions de sens différentes opèrent selon le signifiant ethnonymique choisi pour nommer la communauté et ainsi construire une certaine réalité du fait franco-louisianais. « Cadien » et « Acadien » représentent une conception culturaliste de la « cadienneté » aux dépens d'une autre conception que nous pourrions qualifier de « sociopragmatique », c'est-à-dire fidèle à la réalité onomastique prégnante rencontrée sur le terrain, portée par les désignants « Cajun » et « Cadjin ». En effet, les quatre termes « directeurs » des séries ou hyperonymes semblent désigner une même communauté en Louisiane, mais ils correspondent en fait à quatre réalités ethno-socioculturelles concurrentes, car chaque terme met en évidence une dimension particulière du fait franco-louisianais et ainsi privilégie une certaine conception de l'identité communautaire « autochtone » :

— « **Cajun** », prononcé par les natifs avec l'accent anglo-américain, représente un groupe hétérogène quant à son origine ethnique et ses traits culturels. Il évoque une identité communautaire historiquement et socialement minorisée, stigmatisée. Le signifiant anglo-américain rappelle la réalité locale diglossique, les contacts de langues et de cultures. Les militants activistes de la « Cause cadienne » considèrent « Cajun » comme une corruption linguistique qui défigure l'image du groupe.

— « **Acadien** » désigne explicitement un peuple qui n'a plus aujourd'hui d'existence officielle, un peuple d'origine française établi au Canada en 1604, qui a été déporté en 1755 et dont une partie s'est réfugiée en Louisiane. Il existe actuellement une Acadie « symbolique » dispersée dans les provinces maritimes du Canada, en Nouvelle-Angleterre, quelque peu en France et en Louisiane. Cette « Acadie tropicale » louisianaise a été baptisée officiellement « Acadiana » par le gouvernement de l'État de la Louisiane en 1971. Mais selon un opuscule de la Société nationale de l'Acadie (SNA) de 1999, « l'Acadie d'aujourd'hui » est « située (exclusivement) au Canada atlantique, dans les régions majoritairement francophones de l'Île-du-Prince-Édouard, du Nouveau-Brunswick, de la Nouvelle-Écosse et de Terre-Neuve » (1999 : 12). L'affirmation définitoire pose le problème de la diaspora acadienne. *Quid* des Acadiens du Québec, de la Nouvelle-Angleterre ou de la Louisiane? Sont-ils vraiment Acadiens? Selon Roger Ouellette, président de la SNA en 1994, ces descendants d'Acadiens hors Canada atlantique sont « pour beaucoup à jamais étrangers, [...] des milliers d'Acadiens sont assimilés à d'autres cultures et/ou parlent une autre langue. [...] Les concepts de société et de communauté acadiennes trouvent leur expression concrète en Atlantique » (cité dans Gauvin, 2004 : 66). La seule et véritable communauté acadienne serait ancrée, dans cette perspective restrictive, en Acadie de l'Atlantique sur un territoire linguistique d'expression française et géographique bien circonscrit ainsi que dans une action politique collective.

– « **Cadien** » met en avant l'ascendance et la filiation acadiennes du peuple franco-louisianais en évoquant directement le signifiant « Acadien », mais en occultant visuellement l'hétérogénéité ethnique et linguistique du groupe. Les militants de la « Cause cadienne » qui veulent imposer cet ethnonyme « Cadien » expliquent que c'est la traduction française de « Cajun ». « Cadien » et « Cajun » seraient des hétéronymes équivalents sémantiquement (et référentiellement), mais l'expérience du terrain et la réalité discursive contestent cette proposition translinguistique et attestent « Cajun » comme la forme écrite qui s'est imposée par le travail des langues en contact et des cultures locales métissées. Les représentations collectives – symboliques, historiques, ethno-socioculturelles – associées à ces deux ethnonymes diffèrent considérablement. En outre, le signifiant « Cadien » existe déjà au Québec depuis les années 1760. Il se rapporte aux habitants des « Cadies » ou « petites Cadies », qui sont les descendants des Acadiens exilés de force, déportés après le Grand Dérangement de 1755. Ce qui rajoute une confusion dans ce paradigme ethnonymique.

– « **'Cadjin** » est la transcription du nom ethnique vernaculaire intégrant l'aphérèse du « A » (') et la palatalisation d>dj, historiquement attestées en Acadie, conformément à la prononciation locale. Ce désignant a l'avantage de proposer une écriture phonétique « francisée » de l'ethnonyme dont la prononciation est largement prégnante sur le terrain. Il ne désigne pas directement l'origine acadienne, mais intègre potentiellement une représentation identitaire « en patchwork », ouverte aux origines hétérogènes constitutives du groupe. Cette forme[6] a l'avantage de permettre une féminisation et un pluriel conformes à la morphologie française : Cadjin, Cadjins, Cadjine, Cadjines.

Le poème ci-dessous de Kirby Jambon illustre bien la complexité du rapport différentiel et conflictuel entre les différentes dénominations – « Français », « Acadien », « Cadjin », « Cadien », « Cajun » – ainsi que les rapports entre dénomination et identité déterminés par l'ambivalence et l'incertitude : « Mais, / qui c'qu'on est, / enfin ? »

Qui'c'qu'on est?

On est Français, mais pas Français d'la France,
on est,
mais on est pas tout à fait, Acadien,
tout en étant *American*,
mais pas Américain.

Nous autres, on est les Cadjins et les Cadjinnes toujours,
    on dit,
    on écrit les Cadiens et les Cadiennes,
    quand on écrit,
    on est « kai-djeunes » si tu parles pas français,
    mais on est cajun jamais jamais.

On a des grands-, grands-… grands-parents qui étaient
déportés
de l'Acadie,
ou peut-être la Cadie,
ou
peut-être que pas.

On vit dans le sud,
dans le sud de la Louisiane,
dessus les prairies, dans les cyprières,
dessus les bayous, près de la mer,
dans le sud-est et le suroît,
donc c'est ça,
mais,
peut-être que pas.

---

6   Selon Robert Papen et Kevin Rottet : « Deux graphies s'opposent pour représenter le vocable [kadʒɛ̃] : cadjin, cadjine ou cadien, cadienne… Nous adoptons avec Valdman 1993, la première de ces graphies, "cadjin", puisqu'elle reflète davantage la prononciation locale » (1996 : 250).

[...]
Mais,
qui'c'qu'on est,
enfin ? (Jambon, 2006 : 21)

Effectivement, comment circonscrire l'identité sans évoquer l'altérité (« mais pas Américain », « On est cajun jamais »), l'ambivalence (« on est, mais on est pas tout à fait, Acadien ») constitutive et les variantes dénominatives multiples (« Français, Acadien, *American*, Cadjin, Cadiens, Cajun »), qui entretiennent le trouble subjectif et le questionnement : « Qui'c'qu'on est ? » Mais la différence n'est pas absolument radicale, exclusive, elle est subtile et permet à la fois d'« être et de ne pas être ». C'est bien la dimension ambivalente du sujet, de ses prédicats, de ses objets, qui fonde l'être-au-monde cajun ou cadien ou, encore, acadien en Louisiane :

— « on est, / mais on est pas tout à fait, Acadien » ;

— « on est "kai-djeunes" si tu parles pas français, / mais on est cajun jamais jamais » ;

— « On a des grands-, grands-... grands-parents qui étaient / déportés / de l'Acadie, / ou peut-être la Cadie, / ou / peut-être que pas ».

« Guerre des noms propres » et idéologie sociolinguistique

Je poursuivrai cette réflexion sur les enjeux de l'identité onomastique en laissant la parole à une personnalité militante très respectée localement, de premier plan et de la première heure, Richard Guidry, décédé en 2009, un homme attachant et fin connaisseur du « pays cajun » que j'ai eu la chance de rencontrer à Lafayette durant mes recherches de terrain dans le cadre de ma thèse de doctorat (2011). C'était un enseignant et un spécialiste de la langue-culture cadjine très impliqué dans la revitalisation du français cadjin, tel qu'il est parlé localement, entendu comme langue-culture ancrée dans la tradition. Il a été responsable des classes d'immersion et de la politique de recrutement des enseignants de français du CODOFIL. Il a aussi écrit un opuscule littéraire intitulé *C'est p'us pareil*, organisé sous forme de monologues qui « traitent de la survivance du français en Louisiane [...] et dépei[gnen]t en couleurs vives les bouleversements qu'ont connus les Louisianais français depuis le début du siècle » (Ancelet, 1982 : xii). Richard Guidry répond ci-dessous dans un courriel, par l'entremise d'un certain M. Y, à une Québécoise, Mme X, qui avait rédigé un article dans lequel elle utilisait l'ethnonyme « Cajun ». Je commenterai ensuite ses propos d'un point de vue synchronique et diachronique :

> Bonjour Mme X
>
> Après avoir lu votre sympathique article du 30 juin 2006, intitulé « Nous avons croisé des Cajuns Heureux », j'aimerais vous faire parvenir un courriel que j'ai reçu de Monsieur Richard Guidry, anciennement du Codofil et ardent défenseur de la langue cadienne en Louisiane. Il semble qu'il est bien décourageant pour les Cadiens d'aujourd'hui que nous, québécois, utilisent [sic] le nom anglais pour désigner nos cousins francophones de Louisiane. Je suis certain que vous n'avais [sic] rien fait d'exprès pour les insulter, mais c'est un peu comme chez-nous [sic] quand on choisit de nous appeler québécois plutôt que canadien-français. Ou encore, comme si on écrirait [sic] kébécois avec un k à la mode américaine.
>
> Cordialement,
>
> M. Y, Montréal

Réponse de Richard Guidry[7] :

Sujet : CADIEN vs CADJIN vs CAJUN

Cadien, cadienne [kad^{1o}~, kad^{1}n] et même parfois [kadj^o~, kadj^{o}n] ; tout comme le Bon Dieu [l\ bŠ~ d^{1}Ø] ; et le diable [l\ d^{1}ab(l)] ou bien…

Cadjin, cadjine [kad^{1o}~, kad^{1}in], mais JAMAIS…

~~Cajun [ka^{1}œ~, ka^{1}yn].~~

Pour les formes féminines, **Cadienne** [kad^{1}n] ou même [kadj^{o}n] & **cadjine** [kad^{1}in], on entend les trois prononciations chez les Cadiens, mais JAMAIS ~~Cajune [ka^{1}yn]~~.

Cajun [kejd^1·n] ne pose pas de problèmes en anglais. Mais en français, cela incite des prononciations aberrantes. À un tel point que les Cadiens, eux-mêmes, se soumettent à la prononciation franco-française. Déjà un peu gênés par rapport à leur français dit "incorrect", les Cadiens commencent à se dire quand les Français, les Belges et les Québécois prononcent MAL leur nom, que les Français, etc. doivent avoir raison, comme c'est EUX qui parlent le VRAI FRANÇAIS. Les Acadiens, en revanche, n'ont d'habitude pas de problèmes à BIEN prononcer et épeler notre nom CORRECTEMENT. Chez eux les Vieux prononcent encore souvent "**Acadjin**". Alors d'après moi, si nos cousins

---

7   La police phonétique n'apparaît pas correctement car il s'agit d'un courriel américain qui m'a été transféré en l'état.

les Français, Belges et Québécois refusent d'accepter l'orthographe correcte de notre nom, c'est parce qu'ils sont pleins de mauvaise foi, non? Suis-je seulement un puriste trop zélé? Je ne pense pas.

Que le Bon Djeu m'épargne du ~~CAJUN~~. Ça me fait voir le djab' et tous ses démons.

Richard Guidry joue avec humour de cette fluctuation ethnonymique en faisant mine de reprocher leur mauvaise foi aux francophones qui continuent à nommer les « Cadiens » des « Cajuns ». Il omet de rappeler que « Cadien » est une redénomination très récente en Louisiane, que seuls les militants pratiquaient dans les années 1980-1990. Dans le premier ouvrage poétique *Cris sur le bayou*, publié en 1980, la forme « Cadien » n'apparaît que dans les textes de Barry Jean Ancelet. Sur les huit auteurs, il est donc le seul à utiliser ce signifiant. Le sous-titre de ce recueil est *Naissance d'une poésie acadienne en Louisiane*. Ainsi en 1980, la conscience militante est acadienne, pas encore cadienne. Aujourd'hui, « Cadien » n'est toujours pas popularisé autant que « Cajun » qui reste, surtout hors de la Louisiane, le dernier nom propre de la communauté adopté unanimement (hormis les activistes) comme signifiant écrit dans les cotextes français et anglais et reconnu internationalement. La séquence historique (reconstituée) des différentes formes ethnonymiques depuis les Acadiens de la Nouvelle-Écosse jusqu'aux Cadjins de Louisiane doit probablement suivre cet ordre chronologique :

> – Acadien ▶'Cadien (aphérèse précoce du « A » attestée en Acadie) ▶'Cadjin (palatalisation acadienne attestée en Acadie) ▶ Cajun (uniquement en Louisiane)
>
> **Ou bien**
>
> – Acadien ▶Acadjin (palatalisation acadienne attestée) ▶'Cadjin (aphérèse et palatalisation acadiennes) ▶ Cajun (en Louisiane)

Le tableau 5 récapitule la séquence ethnonymique chronologique distribuée en réalisations orales et écrites durant les deux périodes successives, acadienne et louisianaise. Il est nécessaire de préciser si la réalisation est écrite ou orale, dans un cotexte français ou anglais, car la relation graphèmes / phonèmes est atypique au regard de la norme du français standard. Le tableau montre une évolution probable, mais il faut noter que tous ces ethnonymes peuvent se retrouver en concurrence aujourd'hui dans le « *Cajun country* ».

Tableau 5

**Évolution chronologique des formes ethnonymiques
du signifiant originel « Acadien »**

Période acadienne Début de la colonisation XVIIᵉ siècle		Période acadienne XVIIᵉ et XVIIIᵉ siècles	Période louisianaise Fin du XVIIIᵉ et XIXᵉ siècles	Période louisianaise XXᵉ et XXIᵉ siècles
Réalisations ÉCRITES	- Acadien	- 'Cadien	- Acadien - 'Cadien	- **Cajun** (cotextes français et anglais) - **Cadjin** (cotexte français) - **Cadjun** - **Cadien** (fin XXᵉ et XXIᵉ siècles, cotexte français, mais parfois cotexte anglais)
Réalisations ORALES	- **Acadien** - [akadʒɛ̃]	- **Acadjin** - [akadʒɛ̃] - **'Cadjin** - [kadʒɛ̃]	- **Acadjin** - [akadʒɛ̃] - **'Cadjin** - [kadʒɛ̃]	- **Cajun** (cotexte anglais) [keidʒən] - **Cadjin** (cotexte français) [kadʒɛ̃] - **Cadjun ou Cajun** (contamination de « Cajun » dans les deux cotextes) [kadʒœ̃] ou [kaʒœ̃]

DE L'ACADIE ORIGINELLE À LA LOUISIANE FRANCOPHONE

Hétérogénéité et variation : perspectives sociolinguistiques, didactiques et anthropologiques, Paris, Michel Houdiard éditeur, p. 87-95.

Constitution of the State of Louisiana (1921). Baton Rouge, Louisiana, Ramires-Jones Priting Company.

CREAGH, Ronald (1988). *Nos cousins d'Amérique : histoire des Français aux États-Unis*, Paris, Payot.

FREUD, Sigmund ([1921] 1985). « Psychologie des foules et analyse du moi », *Essais de psychanalyse*, Paris, Petite Bibliothèque Payot.

GAUVIN, Karine (2004). « Analyse discursive de l'identité acadienne à l'aube du congrès mondial acadien », dans Denise Deshaies et Diane Vincent (dir.), *Discours et constructions identitaires*, Québec, Les Presses de l'Université Laval.

GONZALEZ, Marc (2010). « Comment nommer les "Cajuns" ? Re-dénomination ethnonymique, production de sens et d'identité en Louisiane francophone », Congrès mondial de linguistique française (CMLF), La Nouvelle-Orléans, [En ligne], [http://www.linguistiquefrancaise.org/articles/cmlf/pdf/2010/01/cmlf2010_000234.pdf].

GONZALEZ, Marc (2011). *Nominations ethnonymiques en Louisiane francophone : production d'identités et subjectivités poétiques,* thèse de doctorat en sciences du langage, Montpellier, Université Paul-Valéry, [En ligne], [http://www.theses.fr/2011MON30094].

GRIOLET, Patrick (1986). *Mots de Louisiane : étude lexicale d'une francophonie*, Göteborg, Acta Universitatis Gothoburgensis ; Paris, L'Harmattan Diffusion.

GUIDRY, Richard (1982). *C'est p'us pareil*, Lafayette, Center for Louisiana Studies, University of Southwestern Louisiana.

HENRY, Jacques (1991). « Pour une écriture du français louisianais », dans Jeanne Ogee (dir.), *En lutte pour l'avenir du français : actes de la XIVᵉ Biennale de la langue française*, Lafayette, [En ligne], [http://www.dutae.univ-artois.fr/biennale/biennale 1991/05/051/3-I.html] (15 novembre 2014).

HENRY, Jacques (1998). « From "Acadian" to "Cajun" to "Cadien" : Ethnic Labelization and Construction of Identity », *Journal of American Ethnic History*, vol. 17, n° 4 (été), p. 29-62.

JAMBON, Kirby (2006). *L'École Gombo : poésies*, Shreveport, Les Cahiers du Tintamarre.

LACAN, Jacques (1970). « Radiophonie », *Scilicet*, n° 2-3, Paris, Seuil, p. 55-99.

LE MENESTREL, Sara (1999). *La voie des Cadiens : tourisme et identité en Louisiane*, Paris, Belin.

MORSLY, Dalila (1993). « La production d'identité dans la parole », dans Paul Siblot et Françoise Madray-Lesigne (dir.), *Langage et praxis*, Montpellier, Presses de l'Université Paul-Valéry, Montpellier III, p. 192-201.

PAPEN, Robert A., et Keven J. ROTTET (1996). « Le français cadjin du bassin Lafourche : sa situation sociolinguistique et son système pronominal », dans Lise Dubois et Annette Boudreau (dir.), *Les Acadiens et leur(s) langue(s) : quand le français est minoritaire*, 2ᵉ éd. revue et corrigée, Moncton, Éditions d'Acadie, p. 233-252.

REED, Revon (1976). *Lâche pas la patate : portrait des Acadiens de la Louisiane*, Montréal, Éditions Parti pris.

SÉRIOT, Patrick (1997). « Faut-il que les langues aient un nom ? Le cas du macédonien », dans Andrée Tabouret-Keller (dir.), *Le nom des langues 1 : les enjeux de la nomination des langues*, Louvain- la-Neuve, Peeters, p. 167-190.

TABOURET-KELLER, Andrée (1997). *La maison du langage : questions de sociolinguistique et de psychologie du langage*, Montpellier, Presses de l'Université Paul-Valéry, Montpellier III.

TRÉPANIER, Cécyle (1993). « La Louisiane française au seuil du XXIe siècle : la commercialisation de la culture », dans Gérard Bouchard (dir.), *La construction d'une culture : le Québec et l'Amérique française*, avec la collaboration de Serge Courville, Sainte-Foy, Les Presses de l'Université Laval, p. 361-394.

VALDMAN, Albert (dir.) (2010). *Dictionnary of Louisiana French as spoken in Cajun, Creole, and American Indian communities*, Jackson, University Press of Mississippi.

WIJNANDS, Paul (1996). « Le lexique identitaire de l'acadianité dans les différentes régions de l'Acadie », dans Lise Dubois et Annette Boudreau (dir.), *Les Acadiens et leur(s) langue(s) : quand le français est minoritaire*, 2e éd. revue et corrigée, Moncton, Éditions d'Acadie, p. 157-173.

Une convergence entre la question sociale et la question nationale? Le parcours militant de Richard Hudon

Andréane Gagnon
Université du Québec à Montréal

CET ARTICLE REPREND UN CHAPITRE de notre thèse de maîtrise[1], qui s'appuyait principalement sur un entretien réalisé avec Richard Hudon, militant de longue date en Ontario français. Notre travail visait à montrer que la grève d'Amoco de 1980 représentait un cas de figure permettant d'analyser les rapports entre le social et le national à travers les modalités d'intervention de trois intellectuels durant et après cette grève : le politologue Serge Denis (publications scientifiques et militantes) ; l'animateur social Richard Hudon (animation sociale) ; et le poète, dramaturge, écrivain et comédien Jean Marc Dalpé (art théâtral).

Notre démarche méthodologique comprenait deux volets. D'une part, nous avons adopté une approche sociohistorique, alimentée par des recherches littéraires et dans les archives, qui nous a permis de situer les interventions des trois acteurs par rapport à la conjoncture historique. D'autre part, pendant les entretiens, nous avons emprunté une approche ethnosociologique inductive, inspirée des travaux de François Dubet, qui valorisent la « réflexivité provoquée et observée[2] » à l'échelle individuelle. De ces trois entretiens, celui que nous avons réalisé avec Richard Hudon, animateur social à Hawkesbury, nous a semblé représentatif d'un parcours politique singulier dans le contexte de l'Est ontarien des années 1980 : celui d'un militant à l'écoute des couches populaires, éminemment sensible aux rapports entre la question sociale et la question nationale (dont

---

[1] Andréane Gagnon, *Un cas de convergence entre question sociale et question nationale en Ontario français : la grève d'Amoco de 1980,* Département de sociologie et d'anthropologie, Université d'Ottawa, 2013.

[2] Nous pensons notamment à l'approche dite de l'« intervention sociologique », introduite par Alain Touraine. Cette méthode de recherche peut brièvement être décrite comme un plaidoyer pour la production de savoirs sociologiques sur l'action sociale développée à partir des échanges entre analyseurs et analysés. François Dubet, disciple de l'école d'Alain Touraine, a été influencé par cette méthode.

la convergence était visible au Québec au cours des années 1970). C'est donc l'analyse de cet entretien qui constituera ici l'essentiel de notre propos.

Dans la première partie de notre article, nous présenterons les écrits de Hudon et examinerons ses archives, lesquelles nous ont permis de comprendre les circonstances qui l'ont amené à jouer un rôle important pendant la grève d'Amoco, de même que dans de nombreux autres projets de « conscientisation » et d'éducation populaire des travailleuses et des travailleurs franco-ontariens depuis 1980. Dans la deuxième partie de notre article, nous analyserons les deux entretiens que nous avons réalisés avec lui.

Les archives de Richard Hudon : animation sociale, grève d'Amoco et autres projets sociétaux

Lorsque Richard Hudon, qui était titulaire d'un diplôme en développement et organisation communautaire du Collège Algonquin en 1975, devient animateur social   à l'établissement satellite de ce collège à Hawkesbury l'année suivante, il a déjà plusieurs années d'expérience dans ce domaine, ayant occupé des postes similaires (animateur et coordonnateur de projets communautaires) dans des organismes publics financés par les gouvernements fédéral et provincial, au Québec et dans l'Ouest canadien[3]. Si nous pouvons faire remonter la création du Département de l'éducation permanente du Collège Algonquin à la première moitié des années 1970, il est pour ainsi dire impossible de dater la naissance de son antenne à Hawkesbury, faute de traces ou d'archives[4]. Quoi qu'il en soit,

---

[3]   Voici l'information tirée de son *curriculum vitæ* : 1) Action sociale jeunesse, Hull, organisateur communautaire, 1968-1969 ; 2) Association canadienne-française de l'Alberta, région du Nord-Ouest, animateur et coordonnateur, 1971-1972 ; 3) Perspectives-Jeunesse, Outaouais québécois, chargé de projet et coordonnateur, 1972-1974 ; 4) Compagnie des jeunes Canadiens, Outaouais québécois, chargé de projets, 1974-1976.

[4]   Comme Linda Cardinal l'explique dans le rapport *C'est l'temps : le premier mouvement de revendication pour le droit à des services de justice en français en Ontario 1975 à 1977* : « Il n'existe pas, à notre connaissance, d'étude sur l'action du département d'éducation permanente du Collège Algonquin » (2011 : 12). Nous ajoutons à ce commentaire que nos nombreuses tentatives pour obtenir des renseignements retraçant l'historique de l'antenne du Collège Algonquin située à Hawkesbury ont été infructueuses, puisque les bibliothécaires des établissements du Collège et de la

menées par l'exécutif du syndicat et la mobilisation de la communauté de Hawkesbury durant la grève. Les tâches éducatives qu'a accomplies Hudon durant cette grève, à la demande de l'exécutif et des syndiqués, sont principalement les suivantes : 1) la production de documents didactiques ; 2) l'organisation de sessions de formation sur le fonctionnement des comités ; 3) la structuration d'un comité de grève ; 4) l'encadrement en vue de la mise en place d'un comité de presse ; 5) l'impression de matériel ; 6) la projection de films éducatifs[10]. Il va sans dire que l'implication de Hudon durant la grève n'est pas passée inaperçue chez les élites économiques et politiques de la ville. Alors que l'éditeur en chef et propriétaire de l'hebdomadaire *Le Carillon,* le tonitruant homme d'affaires André Paquette, accuse les « agents à tendance marxiste » de manipuler « les grévistes d'Amoco comme des marionnettes » (*Le Carillon*, 1980), le conseil municipal interpelle le directeur du Collège Algonquin pour connaître exactement le rôle d'un « animateur social » et jusqu'à quel « degré » il peut s'engager dans la communauté[11].

Les publications produites par Hudon durant la période où il occupe un poste au Collège Algonquin illustrent l'éclectisme des moyens par lesquels il s'est engagé auprès de la classe ouvrière de Hawkesbury et de la région de Prescott-Russell afin de pallier l'absence de matériaux pédagogiques de langue française offrant une « formation en relations ouvrières ». Quelques mois avant le déclenchement de la grève, Hudon participe ainsi à la traduction (de l'anglais au français) de la publication intitulée *Liste des risques pour les travailleurs des industries du textile et du vêtement.* Ce document venait combler l'absence d'information en français concernant le domaine du textile (les deux tiers du premier tirage ont d'ailleurs été achetés par « des syndicats du Québec avides d'informations en français concernant la sécurité au travail[12] »). Dans le cadre du projet de « recherche / action » *Algonquin face à la formation des*

---

[10]   Annexe XXI du rapport de Hudon et Villeneuve, *Ibid.*

[11]   « Council Wants to Meet with College President », *The Review*, 22 octobre 1980, CRCCF, Fonds Richard-Hudon, P126-1/8/2.

[12]   « Les risques dans le textile. Une deuxième édition par le Collège Algonquin », *Le Carillon*, 21 février 1981. Article inséré dans l'annexe X du rapport de Hudon et Villeneuve, *Algonquin face à la formation des travailleurs et travailleuses en relations ouvrières*, CRCCF, Fonds Richard-Hudon, P126-1/2/5.

travailleurs et travailleuses en relations ouvrières[13], réalisé en collaboration avec l'ancien ouvrier d'Amoco et futur directeur du Centre culturel du Chenail, André Villeneuve, Hudon et ce dernier exhortent le Collège à créer un programme de formation des travailleurs et travailleuses en « relations ouvrières » dans le but de « participer activement à l'avancement de la classe ouvrière[14] ». Dans un premier temps, le rapport *Algonquin face à la formation des travailleurs et travailleuses en relations ouvrières* présente le répertoire des industries actives dans la région de Prescott-Russell et les résultats d'une enquête menée au sein de ces dernières visant à déterminer les besoins des ouvriers et ouvrières en matière de formation. Les auteurs du rapport déplorent alors le manque de considération à l'égard d'une frange importante de citoyens de la province, soit les ouvrières et ouvriers franco-ontariens, dont le ministère de l'Éducation de l'Ontario ignore, selon eux, les besoins particuliers en ce qui concerne la formation. Comme le soulignent les auteurs, « il ne suffit pas de contribuer simplement à l'acquisition d'un métier, mais également à des conditions favorables pour l'exercer. Le travailleur a le droit de connaître et d'exercer ses droits en tant que travailleur et d'être traité comme citoyen à part entière[15] ». Le programme de « formation en relations ouvrières » qui est alors proposé reprend le modèle du *Centre for Labour Studies* du Collège Humber à Rexdale (Ontario), qui offre un certificat d'études après l'achèvement de cours en matière de sécurité, d'organisation syndicale, de droit du travail et de spécialisation de la main-d'œuvre. En guise de conclusion, le rapport présente une synthèse de l'intervention menée par Hudon et, par extension, par le Collège Algonquin durant la grève. En voici un extrait :

> Toute une population a été conscientisée aux manipulations d'une multi-nationale dans la vie de tous les jours de quelque 500 travailleurs et travailleuses. Ce type d'éducation populaire, de formation, appelez-la comme vous voulez, menace aussi bien les multinationales que l'élite locale. Ces gens ont prêté au

---

[13]   Tandis que le financement du projet *Algonquin face à la formation des travailleurs et travailleuses en relations ouvrières* a été validé par le Comité des activités créatrices de la section de l'Éducation permanente du Collège Algonquin à l'été 1979, le rapport *Algonquin face à la formation des travailleurs et travailleuses en relations ouvrières* n'a été achevé qu'en 1981 en raison du temps consacré par les responsables de ce projet à la grève d'Amoco.

[14]   Hudon et Villeneuve, *Algonquin face à la formation des travailleurs et travailleuses en relations ouvrières*, CRCCF, Fonds Richard-Hudon, P126-1/2/5, p. 2.

[15]   *Ibid.*, p. 55.

avons demandé de commenter les propos de Serge Denis tirés de l'ouvrage *Une communauté en colère*, selon lequel le leadership assuré en matière d'organisation syndicale par Hudon pendant la grève aurait dû déboucher sur l'institutionnalisation d'un conseil syndical régional à Prescott-Russell, dont la langue d'usage aurait été le français. Voici sa réaction :

> Dans les autres usines [de la région de Prescott-Russell] les syndiqués n'étaient pas amenés à soutenir les autres grévistes. Mais quand ils ont vu la structure de grève qui a été mise en place et les marches organisées [...], on a ramassé quelque chose comme 25 000 boîtes de cannage. Les autres travailleurs se disaient « mon Dieu ! » il y a quelque chose [qui se passe] [...].

> C'est la FTO [Fédération du travail de l'Ontario] qui accorde le statut d'un « conseil régional ». [...] Après les grosses grèves chez Amoco et ailleurs, ça se trouve d'être les Métallos qui ont tenté de créer, de mettre sur pied un conseil régional. Même aujourd'hui c'est les Métallos qui agissent encore à Prescott-Russell [...]. Ils ont continué à offrir des cours de formation [en anglais] pour ceux qui veulent représenter les accidentés. Il y a eu seulement un [représentant] qui est parfaitement bilingue [...]. Encore [à ce jour] il n'y a jamais de [conseil régional].

À la mention que la mission du *Journal des travailleurs d'Hawkesbury et la région* était de créer des liens entre les syndicats de la région et de rendre visibles les conditions de vie de la classe ouvrière à ceux qui la méconnaissaient, Hudon explique que

> [p]our contrer les journaux locaux, comment qu'on s'assure que la nouvelle soit pas contrôlée par Paquette [propriétaire du *Carillon*] qui [...] couchait avec la compagnie ? Une des tâches des syndiqués, la journée que le journal sortait : ils faisaient du porte à porte pour le distribuer. Ça faisait un exercice d'éducation populaire. Les trois, quatre mois durant lesquels la grève a duré c'était : c'est qui Amoco ? [on le montrait avec des organigrammes]. [On a voulu préciser] qui sont les vrais acteurs qui sont là-dedans.

> Ça l'a donné le ton, ça l'a été instrumental dans la création de l'union des assistés sociaux de Prescott-Russell. [...] [Leur] journal se nommait *Le journal Gen'arrache*. C'était influencé par ce qui se passait à Montréal.

Il est clair que, selon Hudon, les tentatives de créer des institutions ayant pour tâche d'énoncer et de faire connaître le point de vue de la classe populaire et ouvrière à Hawkesbury et dans Prescott-Russell ont eu des effets à court terme seulement.

Les tentatives d'alliance avec le Québec
dans les domaines associatif, syndical et militant

Lorsque la discussion porte sur les rapprochements qu'on pouvait faire entre la grève d'Amoco et l'activité syndicale militante au Québec au cours des années 1960-1970, Hudon répond en décrivant trois plans d'action provenant de la « base », auxquels il a été associé.

Le domaine associatif

> C'est en fonction des acteurs. Moi, quand j'étais à Hull je siégeais sur un comité de l'Association coopérative d'économie familiale [ACEF] […]. Une partie de ma formation m'a été donnée par les activistes et les gens du Québec qui étaient probablement tous alignés dans un groupe de gauche, soit les maoïstes, soit la Ligue communiste, etc. Les idées que moi je ramenais dans la pratique de l'éducation permanente à Algonquin étaient bien influencées par qu'est-ce que je vivais en tant que militant. [J'ai appris à l'ACEF] des atouts pour que la grève persiste et dure [comme par exemple celui] d'aller voir les cinq institutions financières [à Hawkesbury] et leur demander de suspendre tous les prêts hypothécaires pour la durée de la grève.

L'animateur relève ici l'importance des initiatives personnelles dans l'établissement de liens entre groupes et entre militants engagés dans la lutte pour la justice sociale ou penchant à gauche. L'expérience qu'a acquise Hudon en siégeant à plusieurs conseils d'administration d'associations québécoises et franco-ontariennes au cours des années 1970 lui a permis de se familiariser avec différentes stratégies militantes et politiques. Celles-ci lui ont souvent été transmises par des militantes et militants québécois de tendance radicale, « alignés », selon l'expression de Hudon.

Le domaine syndical

> Les syndicats en Ontario sont tous en anglais […]. C'est des codes de travail totalement différents. On a pris contact avec les travailleurs de GM [General Motors] à Saint-Jérôme [Sainte-Thérèse]. Ils nous ont donné des tactiques à utiliser durant la grève […]. Comme garrocher des clous à triangle en dessous les pneus des chars de police […]. On se mettait en dessous du camion […] et mystérieusement [il y avait] des crevaisons.

> [Notre objectif] était de s'assurer que la compagnie ne déménage pas les moulins […]. C'était de protéger leurs emplois en empêchant que la compagnie ne part pas de Hawkesbury avec toutes ses machines.

RH : [...] en Ontario français, ça n'existe plus. On la revendique plus, non ? [...] Pour nous, le nationalisme radical c'est de dire « c'est pour et par les francophones ». C'est pas un projet pensé en anglais et traduit en français. Pourquoi ce [projet] de formation en relations ouvrières [proposé dans le rapport *Algonquin face à la formation des travailleurs et travailleuses en relations ouvrières*] ? Il y a des cours qui s'offrent en anglais, mais [que faire] pour tenir compte de l'aspect philosophique [...] culturel et linguistique [...] des Franco-Ontariens ?

La réaction de Hudon immédiatement après la lecture d'extraits de son discours est très révélatrice. Dire que les Franco-Ontariennes et Franco-Ontariens sont des colonisés, victimes d'oppression, lui semble encore pertinent, mais qu'il ait prononcé le mot « nationalisme », cela l'étonne beaucoup. Nous pouvons noter, tantôt par ses hésitations, tantôt par sa demande de préciser ce que nous entendons par ce concept, que Hudon voulait éviter qu'on l'identifie au « mauvais » nationalisme, celui qui se manifeste « à outrance », pour reprendre ses mots. Ce type de nationalisme est la cible, selon notre compréhension des propos de Hudon, de Québécoises et Québécois (possiblement choqués par les insultes xénophobes proférées par Jacques Parizeau après le référendum de 1995) qui réprouvent le nationalisme « ethnique », ou d'anglophones antisouverainistes et francophobes.

Après avoir approuvé la définition plus ou moins improvisée que nous lui avons donnée de la question nationale, Hudon affirme que celle-ci ne se pose plus en Ontario français. Il revient ensuite à la question initiale et dévoile que le « nationalisme radical » qu'il défendait à l'époque était une manifestation du credo « c'est pour et par les Franco-Ontariens et Franco-Ontariennes », inspiré par l'approche pédagogique de Freire. Il semble que ce credo ait été le « roc » sur lequel ont reposé plusieurs initiatives visant à créer des institutions qui répondraient le plus authentiquement possible aux besoins de la population franco-ontarienne, surtout à ceux des milieux populaires.

La fin de l'animation sociale à Hawkesbury, le début de nouvelles perspectives associées à l'ACFO

Le prochain extrait des propos de Hudon, cités sans commentaires puisqu'ils sont suffisamment éloquents en eux-mêmes, permettent de restituer le fil chronologique des événements et de comprendre le souffle qui l'a poussé à s'investir dans de nouveaux projets après son licenciement du Collège Algonquin.

AG : Une année après la publication d'*Algonquin face à la formation des travailleurs et travailleuses en relations ouvrières* et la présentation de ton discours *Vivre en français en Ontario : une réalité ou une illusion ?* en 1981, tu as été congédié. Penses-tu qu'il existe un lien entre ces événements ?

HD : Nous étions treize animateurs qui avions perdu notre job sous le prétexte de la crise financière. C'était [une décision] politique... Hum, c'est quoi le thème de ta recherche encore ?

Après avoir présenté de nouveau le sujet de la recherche, nous lui avons demandé de décrire son expérience dans l'organisation, en collaboration avec l'ACFO, des six colloques régionaux des travailleurs et travailleuses, tenus simultanément le 11 juin 1983 et du colloque provincial qui a eu lieu à Sudbury les 17, 18, 19 juin 1983.

Ça, c'était une première, soit pour la défunte ACFO, parce que maintenant elle... [silence]. Les ACFO régionales étaient fondées initialement pour défendre le droit à l'éducation. [Nous avons introduit des questionnements tels que] c'est quoi la proportion des Franco-Ontariens qui sont syndiqués ? On ne pose jamais la question. Ceux qui sont syndiqués sont-ils bien desservis [en français] dans leurs syndicats ? C'est là [...], avec la gauche qui était présente dans certains groupes non gouvernementaux [...], qu'on a lancé l'idée [d'organiser ces colloques] [...]. Par la suite, l'ACFO [...] a mis de côté toutes les recommandations.

Cloutier, il voulait, mais écoute, c'était progauchiste [...] les recommandations qui ont sorti de ces colloques étaient [de nature] socialistes ! [...] C'est un peu la suite de l'éveil qui avait eu lieu à Amoco. [...]

Bénédiction inattendue, telle fut probablement la réaction de Hudon et des militants de gauche (affiliés à des organismes non gouverne-mentaux) au moment où ils ont réussi à obtenir un soutien financier de l'ACFO pour organiser des colloques qui visaient la participation de toutes les couches sociales constituant la classe ouvrière (les travailleurs aussi bien que les chômeurs et les assistés sociaux) afin qu'elles puissent exprimer leurs doléances, leurs besoins sur le plan institutionnel et en matière de reconnaissance vis-à-vis de l'ACFO (et, par extension, le pouvoir politique). Les participants aux colloques (les recommandations de tous les colloques régionaux ont été réunies sous forme de rapport soumis aux dirigeants de l'ACFO) ont réclamé principalement la création d'un « comité de travail permanent[27] » et la rédaction d'un « Manifeste

---

[27]   Louise Champagne-Roy, *Le printemps des travailleurs : rapport-synthèse des colloques régionaux et du colloque provincial sur la situation des travailleurs-travailleuses en*

moitié de la 6ᵉ année soit enseignée en anglais dans les écoles françaises. [Nous, les Franco-Ontariens], on s'est battus toujours pour avoir [des écoles francophones] [...]. Il y a une différence entre l'acquisition d'une langue seconde [et la bilinguisation] [...].

Tu vois, les Québécois essaient de mettre l'avancement individuel et personnel de leurs enfants [au premier plan]. Ils font une équation qu'être bilingues, ça l'assure l'avenir de leurs enfants s'ils possèdent les deux langues. Ils ne comprennent pas que la bilinguisation, c'est l'assimilation. C'est ça notre bataille [...].

Les Québécois ne voient pas du tout le danger de l'assimilation! On a gagné pour eux autres, Gauthier et compagnie ont gagné le droit pour que les fonctionnaires [puissent] travailler dans leur langue. Les francophones refusent et travaillent en anglais sous prétexte qu'ils avanceront pas [dans l'échelle salariale].

On observe également dans ces extraits la reprise du thème mentionné auparavant opposant les choix faits en fonction de l'« individualisme », qui renvoient à un comportement utilitaire surtout intéressé aux perspectives de carrière, et les choix faits en fonction de la collectivité, que Hudon semble associer à des comportements participant d'une forme de résistance. Dans les prochains extraits, cependant, Hudon change quelque peu de registre d'analyse, en insistant sur l'importance de l'éducation politique et de la transmission de l'histoire plutôt que sur les « choix » faits par les individus, selon ce que lui a enseigné son expérience personnelle. Il est clair que, pour lui, l'éducation populaire est primordiale afin que la population franco-ontarienne puisse intégrer ses droits à sa « psyché », au quotidien :

Moi, quand je représentais des gens à titre d'avocat populaire au niveau des accidentés du travail ou quand j'étais formateur à l'éducation des adultes, ou quand on était sur les piquets de grève chez Amoco et toutes les affiches étaient en anglais, première affaire [que je disais, c']était : « On enlève tout ça ou bien on en garde un peu en anglais, mais on apprend à en faire en français tout d'abord », et les gens disaient : « Mais ça va être tout croche » ; [je répondais :] « C'est correct, Mᵐᵉ Lemay va corriger tout ça au niveau » [...].

Je refusais de représenter les personnes en anglais. Lorsque les gens recevaient leurs réponses en français [de leurs demandes de compensation de Toronto], ils disaient : « Mais, comment ça les avocats nous disent que ça marche pas en français » [...].

Ça [réclamer des services juridiques en français], c'est un changement de mentalité.

La transmission de l'histoire

Afin de creuser davantage ce thème de l'éducation populaire, nous avons alors orienté la discussion sur la transmission de l'histoire et, plus précisément, celle des luttes politiques qui ont permis que les Franco-Ontariens et Franco-Ontariennes puissent se manifester dans les institutions publiques de leur société dans leur langue maternelle.

> AG : Peut-être que ça [la faible utilisation des services en français chez les Franco-Ontariens] s'explique par un manque de transmission de l'histoire des luttes qui ont mené aux acquisitions des lois encadrant les services en français en Ontario ?

> RH : Il faut qu'il y ait des gens qui donnent l'exemple. Ceux qui sont fiers [...]. Si on le fait pas tout le temps, on arrive pas à changer les mentalités, si on le fait plus et c'est naturel, lui il est prêt à le transmettre à ses enfants. Ça ne veut pas dire de ne pas parler en anglais, mais de savoir où tu as droit d'avoir des services en français. Ce n'est pas facile, c'est une bataille à vie [...].

> On avait créé un programme pour former les futurs alphabétiseurs à la Cité collégiale, mais ce programme a tombé [...].

> [Peut-être que le problème s'explique du fait que les alphabétiseurs étaient] forcés de se conscientiser, de reconnaître qu'il y a eu un génocide culturel, planifié par les anglophones qui ont fait par exprès de nous dénier l'accès au code de l'écrit. Quand tu sais ça là... Ils ont fait ça aux Amérindiens [...]. Et les gens y disent : « Ah moi, je ne touche pas à la politique. »

Pour Hudon, la « transmission » est donc un combat au quotidien que chaque membre de la communauté franco-ontarienne doit assumer en adoptant un comportement exemplaire – à la fois consciencieux et fier – dans le but d'exercer une influence sur son entourage. Une telle prise de conscience représente pour lui un facteur apparemment décisif, sur lequel repose la régénération de l'identité franco-ontarienne, compte tenu du fait que l'acquisition des droits relatifs aux services en français existe depuis seulement vingt à trente ans. Hudon n'est pas aveugle aux difficultés que cela suppose, puisqu'il relève avoir participé à une tentative d'« institutionnaliser » une formation[31] qui aurait exigé chez les futurs alphabétiseurs la mise en œuvre d'une « conscience politique », difficile à

---

[31]   Idéalement, ce programme aurait dû être offert à l'unique collège francophone situé à Ottawa, la Cité collégiale, dont l'ancêtre est le Collège Algonquin.

faire accepter par la communauté franco-ontarienne, qui fait l'autruche face à l'histoire de sa domination.

Dans le commentaire ci-dessous, Hudon considère avoir contribué à l'histoire des luttes des francophones de l'Ontario et de sa transmission (en offrant ses archives personnelles au CRCCF), même si les personnes qui occupent des positions d'autorité ne s'intéressent pas nécessairement à lui et, par extension, aux mouvements sociaux auxquels il a participé :

> C'est sûrement pas les gens en position d'autorité qui diraient : « C'est qui ce phénomène ? » [en parlant de lui-même]. J'suis pas un député comme le sénateur Gauthier, j'suis un brasseur de merde. Peut-être que l'acceptation de mes fonds d'archives au CRCCF a ouvert la porte aux autres [qui se sont engagés et qui possèdent également des archives qu'ils pourraient déposer].

Hudon avoue ensuite que le fait d'avoir discuté du rapport *Algonquin face à la formation des travailleurs et travailleuses en relations ouvrières* l'incite à vouloir se replonger dans ce document, afin de s'inspirer des éléments toujours pertinents, comme le besoin d'offrir des formations afin de s'assurer qu'il y ait des représentants et représentantes francophones au sein des syndicats en Ontario.

> RH : Dans le rapport *Algonquin* on avait démontré que les représentants syndicaux dans la région de Prescott-Russell, il y en a très peu. Là présentement [...], hier j'étais à Hawkesbury en train de poser des affiches parce qu'on est en train de repartir un groupe pour les accidentés du travail, on fait affaire avec mon ancienne clinique d'aide juridique et les Métallos. Le représentant aurait à gagner de voir ce rapport. Aujourd'hui, la Cité collégiale pourrait offrir une formation en représentation syndicale, en relations ouvrières, pour que les représentants syndicaux puissent obtenir une formation. Les syndicats offrent une formation [...], ils sont tous obligés de le suivre en anglais. Le besoin est encore là, il n'a pas été relevé.
>
> AG : Je te trouve très optimiste.
>
> RH : Ma volonté, je la retrouve peu à peu. Je l'ai perdue suite aux accusations[32]

---

[32] Hudon a été arrêté pour « obstruction » du chemin menant à l'usine d'Amoco dès le début du conflit. De plus, il a été visé par une injonction émise au deuxième mois du conflit (26 juin 1980), lui interdisant l'accès aux piquets de grève. Il a écopé d'une amende de 250 $ en Cour provinciale à L'Orignal, après plusieurs mois de discussions tendues avec son employeur, le Collège Algonquin, qui a finalement refusé de payer ses frais d'avocat et l'amende. Information tirée de « Richard Hudon écope d'une amende de 250 $ », 24 février 1980, Annexe XXXIII, Hudon et Villeneuve, *Algonquin*

[grève d'Amoco] et suite à ma perte d'emploi au gouvernement. Aujourd'hui, avec ce qui se passe en politique, le modèle qui nous est offert par Harper et compagnie, il décourage l'engagement. C'est pour cela que la grève étudiante est une grande surprise. Quand les organismes [associations] sont obligés d'avoir un cadeau en tirage pour faire venir les gens à leurs assemblées annuelles [il y a un réel problème].

Ce dernier commentaire laisse entendre que Hudon se prépare peut-être à se réinvestir dans le militantisme, pour qu'on offre, par exemple, une formation en « relations ouvrières » en langue française dans le comté de Prescott-Russell. Il semble que l'adage qui décrit le mieux l'attachement de Hudon envers les Franco-Ontariens et Franco-Ontariennes est : « Ce n'est pas gagné, mais ce n'est jamais perdu. »

Cet entretien nous est apparu très riche en réflexions à propos des éléments susceptibles d'inscrire une lutte politique dans la durée. Fort de son expérience de militant, Hudon souligne l'importance de créer des institutions destinées aux couches populaires franco-ontariennes dans un souci, certes, d'offrir des services éducationnels et juridiques en français, mais aussi dans l'optique de remédier aux défaillances éducationnelles (linguistiques et politiques) qui entravent l'épanouissement culturel des francophones de l'Ontario depuis plus d'un siècle. Hudon souligne ainsi l'importance d'acteurs-individus qui ont joué un grand rôle en tant que médiateurs dans le but de créer des alliances entre des organisations qui partageaient, selon eux, les mêmes objectifs.

Afin de comprendre pourquoi plusieurs activités militantes « avant-gardistes », telles, par exemple, la rédaction et la distribution de journaux par les travailleurs et travailleuses à Hawkesbury et dans la région de Prescott-Russell, n'ont pas eu de suites ou de répercussions plus importantes, on peut invoquer deux problèmes majeurs auxquels le conflit ouvrier de 1980, très localisé, a dû faire face : les difficultés relatives aux alliances et à l'accessibilité aux médias qui véhiculaient l'information relative à la grève et pertinente pour les grévistes. Sur ce dernier sujet, le témoignage de Hudon est percutant, en particulier quand il relate sa découverte de l'analphabétisme, visible au moment où les comités de grève organisent de multiples activités. Hudon insiste aussi beaucoup sur la difficulté de créer des liens avec des organismes syndicaux. La question des alliances, en effet, s'est butée à la fois à des clivages d'ordre linguistique d'abord

---

face à la formation des travailleurs et travailleuses en relations ouvrières, CRCCF, Fonds Richard-Hudon, P126-1/2/5, p. 55.

(la FTO n'offrait pas de services aux francophones à l'époque), ensuite d'ordre juridique (même si l'on souhaitait lier, comme les syndicats québécois, le social et le national, il a bien fallu constater que les lois du travail étaient différentes au Québec et en Ontario) et, finalement, d'ordre idéologique (ce qu'ont montré à la fois l'effarement des grévistes en réaction au prosélytisme des groupuscules québécois et la difficulté dans les milieux militants engagés de s'entendre sur la question des classes et de la lutte des classes).

Par ailleurs, nous avons pu observer à quel point le nationalisme était un sujet difficile à aborder pendant nos entretiens avec Hudon, en raison apparemment de l'intériorisation par ce dernier des connotations péjoratives désormais associées à ce thème dans les médias. Cela n'empêche cependant pas de relever l'attachement de Hudon à ce qu'il décrit comme un « nationalisme radical », qui n'est rien d'autre que l'association, dans un même mouvement, de préoccupations relevant à la fois de la question nationale (par exemple, créer des institutions proprement franco-ontariennes) et de la question sociale (la nécessité que ces institutions puissent répondre aux inégalités économiques et culturelles vécues par les francophones de l'Ontario).

En définitive, nos entretiens avec Hudon montrent, selon nous, toute la portée qu'il attribue à la grève d'Amoco, dont il fait un événement des plus significatifs, contribuant à l'édification d'une partie de l'histoire ouvrière des Franco-Ontariens et Franco-Ontariennes. Si cette appréciation semble aujourd'hui légitime, il est dès lors intéressant et pertinent de se demander pourquoi cette grève reste l'objet d'un désintérêt sinon d'un oubli chez ceux et celles qui s'intéressent aux études historiques et sociologiques qui portent sur les francophones de l'Ontario.

BIBLIOGRAPHIE

Archives

Université d'Ottawa, Centre de recherche en civilisation canadienne-française (CRCCF)
    Fonds Richard-Hudon, P-126

Livres et articles

ANDREW, Caroline, Clinton ARCHIBALD, Fred CALOREN et Serge DENIS (1986). *Une communauté encolère : la grève contre Amoco Fabrics à Hawkesbury en 1980*, Hull, Éditions Asticou.

BAGAOUI, Rachid, et Donald A. DENNIE (1999). « Le développement économique communautaire : nouveau départ pour le mouvement associatif franco-ontarien ? », *Reflets : revue d'intervention sociale et communautaire*, vol. 5, n° 1 (printemps), p. 75-94.

BOCK, Michel (2001). *Comment un peuple oublie son nom : la crise identitaire franco-ontarienne et la presse française de Sudbury (1960-1975)*, Sudbury, Éditions Prise de parole et Institut franco-ontarien.

BUREAU, Brigitte (1989). *Mêlez-vous de vos affaires : 20 ans de luttes franco-ontariennes*, Vanier, ACFO.

CARDINAL, Linda (2011). *C'est l'temps : le premier mouvement de revendication pour le droit à des services de justice en français en Ontario 1975 à 1977*, Chaire de recherche sur la francophonie et les politiques publiques, Ottawa, Université d'Ottawa.

FREIRE, Paulo (1972). *Conscientization*, Paris, Ecumenical Institute for the Development of Peoples (INODEP).

FREIRE, Paulo (1974). *Pédagogie des opprimés,* suivi de *Conscientisation et révolution*, Paris, François Maspero.

GRAND'MAISON, Jacques (1969). *Vers un nouveau pouvoir*, Montréal, Hurtubise HMH.

GUINDON, René, *et al.* (dir.) (1985). *Les francophones tels qu'ils sont : regard sur le monde du travail franco-ontarien*, Ottawa, ACFO.

HOTTE, Lucie, et Johanne MELANÇON (dir.) (2010). *Introduction à la littérature franco-ontarienne*, Sudbury, Éditions Prise de parole.

LABELLE, Gilles (2012). « Philosophie et politique : les "Thèses sur Feuerbach" de Marx », *Les nouveaux cahiers du socialisme*, n° 7 (hiver), p. 215-223, [En ligne], [http://www.cahiersdusocialisme.org/wp-content/uploads/NCS-7.pdf].

Le Carillon (1980). « Amoco : mise au point », 25 juin.

MAYO, Peter (2004). « Critical Literacy, Praxis, and Emancipatory Politics », *Liberating Praxis: Paulo Freire's Legacy of Radical Education Politics*, Westport, Praeger Publishers, p. 37-71.

Études littéraires
et écologie du minoritaire

Vincent Bruyère
Emory University

Domaine de recherche

UTOUR D'UN MÊME RADICAL (*oikeion*) qui nous revient dans son
opposition avec la sphère du politique et de la chose publique
(*politikon*), il en va de l'écologie dans sa relation à l'économie
(*oikonomikos*). À suivre Jean-François Lyotard dans « *Oikos* », écologie,
par opposition à économie désigne une relation non fonctionnelle, ou
du moins une *autre* relation avec l'idée de réserve. Cette opposition n'en
finira pas d'être commentée par ceux et celles qui se font, dans cette
nouvelle qualification géochimique de ce qui fait le présent, les historiens
de l'Anthropocène[1].

Il en va ainsi d'une écologie du minoritaire relativement à une scène
de capture – d'une double capture, en réalité –, déjà en place au XVIIᵉ
siècle dans les écrits de Jean de Brébeuf, où nous notons, premièrement,
la préservation d'une réponse et, ensuite, à l'issue de l'échange, une capture de la parole qui s'opiniâtre :

> Et quand nous leur preschons vn Dieu, Createur du Ciel & de la terre & de
> toutes choses : de mesme quand nous leur parlons d'vn Enfer & d'vn Paradis,
> & du reste de nos mysteres ; les opiniastres respondent, que cela est bon pour
> nostre Pays, non pour le leur ; que chaque Pays a ses façons de faire : mais leur

---

[1] Voir, par exemple, Karen Pinkus (2010), et Libby Robin et Will Steffen (2007 : 1699) :
« *The Anthropocene defines the momentous and* historical *change in circumstances
whereby the biophysical systems of the world are now no longer independent of the actions
of people. It is the Epoch dominated by humans. People have officially and geologically
changed the course of nature at a global scale. The idea of the Anthropocene demands an
integration of biophysical and human history, and provides the over-arching reason why
the history of people on Earth has become core business of this largely scientific group.* »

> ayant monstré par le moyen d'vn petit globe que nous auons apporté, qu'il n'y
> a qu'vn seul monde, ils demeuret sans replique (Brébeuf, 1636 : 120)[2].

Qu'elle ait eut lieu ou non, que l'histoire du didactisme missionnaire la valide et l'authentifie ou non, cette scène continue d'avoir lieu, au point de donner lieu. Extraite de la monumentale collection des *Relations des Jésuites de la Nouvelle France*, elle nous revient au seuil du littéraire sur la frange des arts oratoires et des arts administratifs, dans le corpus ambigu des récits de missionnaires que se partagent l'ethnohistoire et l'histoire de la littérature. Il s'agit d'une scène d'échange, ou plutôt de don, dans la mesure où, au dire du missionnaire, elle reste sans réponse, sans réplique. Mais qu'opposer aux rets du global et à ses icônes ?

Précisément, et à relire cette leçon de rhétorique que donne Brébeuf, ce qui reste inscrit dans l'absence de réplique forme un projet d'écriture. Plutôt que de commencer par parler de littérature, il sera d'abord question ici de cette projection, comme pour suspendre d'emblée avant de pouvoir même prétendre y revenir, mais non sans controverse, d'une part, tout ce qui fait qu'au Canada ou ailleurs – historiquement, constitutionnellement, institutionnellement, territorialement, économiquement et linguistiquement – il soit possible de parler de minorités culturelles, et de l'autre, tout ce qui fait qu'il soit possible de parler d'une minorisation littéraire sur la base de laquelle mettre en marche un processus de reconnaissance culturelle[3]. Cela ne reflète pas forcément un rejet du littéraire ou d'une certaine forme d'histoire littéraire, mais nous chercherons davantage à puiser dans la tension qui existe et persiste entre ce que l'histoire littéraire fait du travail de l'écriture et ce que l'écriture comme technologie du symbolique fait du discours de l'histoire. Une boucle se forme à l'intérieur de laquelle fonctionne aujourd'hui le discours des études littéraires. C'est ce que nous essaierons de voir d'une façon d'abord théorique en cherchant les bases d'une écologie du minoritaire, puis dans l'analyse de la segmentation dans certaines œuvres de la romancière acadienne France Daigle.

---

[2]   Sur ce même passage voir également Normand Doiron (1985).

[3]   Je fais dériver la notion de projet d'écriture de la remarque suivante de Jean-François Lyotard dans « *Oikos* » : « *Afterward, yes, when the work is written, you can put this work into an existing function, for example, a cultural function. Works are doomed to that, but while we are writing, we have no idea about the function, if we are serious* » (1993 : 100).

Il n'y aura donc pas d'état des lieux du minoritaire, mais seulement un effet de planétarité où se situe, comme en réserve, plutôt que comme une ressource, la réplique opiniâtre qui n'en finit pas de venir rendre la pareille au globe des Jésuites : une réservation en guise de réponse donc. Entre une théorie de la pluralité des mondes (« les opiniastres respondent, que cela est bon pour nostre Pays, non pour le leur ; que chaque Pays a ses façons de faire ») et l'unité cosmologique-eschatologique du globe, entre le moment de confrontation ethnohistorique qui est « documenté » par la *Relation* et le présent dans lequel l'absence de réplique nous revient comme projet historiographique, ethnologique et littéraire, il en va de l'opposition que dessine Gayatri Spivak dans la troisième partie de *Death of a Discipline* :

> *I propose the planet to overwrite the globe. Globalization is the imposition of the same system of exchange everywhere. In the gridwork of electronic capital, we achieve that abstract ball covered in latitudes and longitudes, cut by virtual lines, once the equator and the tropics and so on, now drawn by the requirements of Geographical Information Systems. [...] The globe is on our computers. No one lives there. It allows us to think that we can aim to control it. The planet is in the species of alterity, belonging to another system; and yet we inhabit it, on loan. It is not really amenable to a neat contrast with the globe. I cannot say "the planet, on the other hand." When I invoke the planet, I think of the effort required to figure the (im)possibility of this underived intuition* (2003 : 72).

En lieu et place d'une réplique, un « effort » reste à fournir comme travail de la différence. Il reste ce qui reste, et il ne cesse d'être fourni, ainsi que le montrent les anthropologues du global et de la modernité tardive, par les populations diasporiques ou déplacées qui, au quotidien, dans les trajectoires géopolitiques, esthétiques, sociales et économiques qui sont les leurs, et à l'échelle de la communauté hôte dans laquelle ces trajectoires s'insèrent et se définissent à la fois, font en sorte que l'imaginaire soit – sinon demeure – une force sociale (Appadurai, 1996)[4]. Une écologie du minoritaire lie donc une factualité de l'émergence – le fait de bégayer dans une langue (Parnet et Deleuze, 1977 : 10), d'écrire contre une politique de la langue qui fait en sorte, par exemple, qu'un

---

[4]   Appadurai rappelle ainsi combien sont liés l'État-nation et le fait minoritaire : « *The ethical question I am often faced with is, if the nation-state disappears, what mechanism will assure the protection of minorities [...]?* » (1996 : 19).

locuteur puisse n'avoir qu'une langue et que ce ne soit pas la sienne[5] – à un effet d'ancrage dans un état des lieux : « Écrire comme un chien qui fait son trou, un rat qui fait son terrier » (Deleuze et Guattari, 1975 : 33). Ou encore au fait de « demeurer sans réplique », comme au dehors du globe qu'on nous tend. L'ambition de cette écologie est d'articuler ce champ de force et ces efforts d'écriture en un domaine de recherche en études littéraires.

Conditions d'observation

Une littérature minoritaire arrive toujours trop tard, une fois qu'un discours de l'histoire littéraire a fait ses offices, c'est-à-dire une fois posées les questions (« qu'est-ce qu'une littérature minoritaire ? ») et déterminé l'ordre des choses littéraires et ses échelles (nationale, mondiale, minoritaire, etc.), une fois établis les schémas d'identification de groupes et de corpus (patrimonial, canonique, sacré, populaire, etc.). Réciproquement, une écologie du minoritaire correspondrait à une redistribution des questions et des réponses, des silences et des répliques venant par exemple, et pour ce qui est de la présente étude, qualifier un domaine de recherche. Elle s'attacherait alors à redéfinir la formation des continuités et discontinuités, externes et internes, et l'imbrication des seuils du minoritaire, du national, ou du global, et de leur pertinence à l'égard de la définition d'un domaine de recherche : quels seuils pour quelles réponses, pour quelle réponse acceptable ? Par extension : quelles questions pour quelle réorganisation du domaine des réponses et des seuils qui définissent ce domaine ?

Un modèle développementaliste isole des phases, des périodes, des auteurs, des écoles, des typologies, des institutions. C'est à cet assemblage que se reconnaît une histoire littéraire. Il y a alors littérature minoritaire une fois reproduite à plus petite échelle une généalogie du fait littéraire. C'est dans la mesure où est reproduit, adapté ou rejeté un protocole d'analyse historiciste et culturaliste qu'il y a, ou qu'il n'y a pas, par exemple, de littérature franco-ontarienne. La plus-value est assez décevante, deux options s'offrant alors : soit prouver la conformité d'un texte ou d'un ensemble de textes par rapport à une typologie, soit

---

[5]   Voir Jacques Derrida (1996).

l'inverse. Alternativement, Réda Bensmaïa note dans sa préface à la traduction américaine de *Kafka : pour une littérature mineure*, que : « *The concept of minor literature permits a reversal: instead of Kafka's work being related to some preexistent category or literary genre, it will henceforth serve as a rallying point or model for certain texts and "bi-lingual" writing practices that, until now, had to pass through a long purgatory before even being read, much less recognized* » (Bensmaïa, 1986 : xiv).

Du point de vue de son écologie, l'étude du fait minoritaire comme phénomène, inséparable d'une réflexion sur la catégorie de littérarité, prend la forme d'une provocation à travers laquelle il s'agirait de considérer ce qu'il en coûterait d'un point de vue anthropologique de repenser le statut culturel et historique de l'histoire littéraire ainsi que les unités de valeur qui lui confèrent une légitimité, tout comme ce qu'il en coûterait de ne plus pouvoir compter sur la co-implication entre le discours sur l'objet littéraire et les discours de subjectivation. La question est moins ici celle du potentiel médiateur ou du statut intermédiaire de l'objet littéraire que celle de la nature de la médiation à effectuer lorsqu'il ne peut plus s'agir pour le discours des études littéraires de restaurer un principe de continuité entre une conception de la destinée rationnelle de l'individu et l'objectivation collective de l'humanité à travers la réaffirmation des nationalismes culturels : « *Society is no longer organized in the interest of realizing cultural identity, which has now become an obstacle to the flow of capital rather than its vehicle* » (Readings, 1997 : 117).

Les études littéraires et les études culturelles telles que les institutions d'enseignement supérieur et de recherche tendent à les définir sont le produit d'une culture de la recherche. Comme telles, elles ont aussi à se définir par rapport à son système de sanctions morales et sociétales, tandis qu'elles *étaient* l'expression d'un projet de *Bildung*, organisées par un discours sur la formation du sujet de droit, membre d'une classe et reflet d'un idéal de participation culturelle. Plutôt que d'insister sur l'effet de rupture, ou pour couper court à une longue et délicate réponse à la critique qui soulignera que la recherche en études littéraires fait aussi, sinon d'abord, partie d'un projet d'enseignement, il faut souligner le fait que, dans un modèle de gouvernance dominé par les sciences sociales, une culture littéraire a été amenée à se définir, ne serait-ce que par défaut, par rapport à une géopolitique des aires culturelles, de même que par rapport à la politique (au sens cette fois où l'entend Jacques Rancière)

Dans le cas de l'*Histoire de la maison qui brûle*, on arrive mal à distinguer entre ce qui constitue l'histoire de la maison incendiée et le regard sur cette histoire, où chacun de ses moments est « vaguement suivi » d'un regard sur le fragment de l'histoire et sur sa fragmentation jusqu'à effacer, au risque du récit lui-même, la validité de la distinction entre narrativité et narration. Les vignettes astrologiques qui rythment *Pas pire*, tout comme les consultations du Yi King qui scandent *Petites difficultés d'existence*, assurent l'effet de différentiation entre ligne de vie et discours du récit biographique, en même temps qu'elles contribuent à la remise en question de l'effectuation de cette différence. Leur multiplication résout la question de l'autobiographique par une complication du rapport métafictionnel.

Cette intensification trouve son expression dans l'ouverture de *Pas pire*, à travers la juxtaposition entre, d'une part, le mouvement centrifuge qui positionne le sujet par rapport à des singularités (lieux et monuments nommés) et en fonction de turbulences (le vent) – une conjoncture qui se retrouve également dans « Tending Towards the Horizontal: Text » –, et, de l'autre, la vision cartographique / géographique d'un monde fait de surfaces descriptibles (l'embouchure de certains fleuves est deltaïque par projection), mais qui, en tant que fonctions d'une vue de nulle part, effacent délibérément l'appareil déictique qui le supporte. Entre les deux, une hypothèse : « Reflétant sans doute la nature et l'esprit des scientifiques qui les ont étudiés et décrits, les deltas comportent des aspects profondément humains » (Daigle, [1998] 2002 : 10). Ce raccord sert de point de passage entre fiction et réalité pour constituer la forme narrative du réel, non pas dans un rapport de dérivabilité – « *I cannot say "the planet, on the other hand."* » (Spivak, 2003 : 72) –, mais d'agencements. En cela, la segmentation du récit chez Daigle forme « *a complex gloss upon the word "meanwhile"* » (Anderson, 1991 : 25). C'est en ces termes que Benedict Anderson pense un certain classicisme du roman dans l'histoire de la dimension culturelle des nationalismes où la notion de simultanéité donne à un groupe, dispersé ou trop large, l'assurance non seulement d'une continuité dans le temps, mais aussi de la congruence des efforts et des activités de ses membres.

Invitation, visite, investissement, accompagnement, offrande, emprunt, promesse, pari, service rendu, jusqu'aux questions laissées sans réponses et aux frôlements des personnages qui se connaissent, se reconnaissent, ou s'ignorent, il faudrait, pièce à pièce, morceau par morceau, reconstituer les liens, les calculs, et les trajectoires, celle, par exemple, des diamants de Hans achetés en Hollande, revendus à San Francisco, resurgissant dans le sud de la France montés en broche pour nouer la relation entre un couple de Moncton et un peintre en fuite. Leur relation s'approfondit dans *Petites difficultés d'existence*, où la broche offerte permet d'acheter des tableaux qui serviront à leur tour de présents. Il ne s'agit que d'un parcours possible, partiellement reconstitué, imparfaitement poursuivi. À l'image du casse-tête de Hans qui décompose et recompose une peinture de Brueghel dans l'espace et dans le temps, d'un continent à l'autre, on entrevoit l'ampleur d'un travail de lecture. Mais à quel effet ? D'une scène d'échange à l'autre, à travers une hésitation entre l'intensification des effets de simultanéité et la question de ce qui contextualise l'effet de simultanéité, Daigle transforme l'effet de simultanéité en un milieu d'obligations : « Pour exister en toute légitimité, un espace n'a besoin que d'une seule chose : que l'on s'y meuve » (Daigle, [1998] 2002 : 54).

L'échange primordial ne fait pas scène. Dans l'histoire des formes de l'imaginaire social, l'effet de simultanéité n'est pas une propriété physique, mais le produit d'une modernité qui naturalise la simultanéité comme milieu homogène de réplicabilité.[9] Anderson laisse toutefois de côté la question de ce qui vient en premier, à savoir la technologie qui rend la simultanéité possible (la presse quotidienne, l'imprimé, le musée, l'atlas, le télégraphe, une politique de la langue, etc.), ou un désir sans sujet nommable d'être ensemble. Autrement dit, les structures de médiation sont à comprendre et à décrire comme projets *et* comme processus (Smail, 2008 : 104). Cette oscillation a valeur de commencement. Et pour revenir à ce qui a été décrit dans la section précédente comme condition d'observation : c'est au niveau de l'inscription de cette référence introuvable à un commencement dans une séquence narrative que devient possible l'analyse d'un certain nombre de mobilisations culturalistes et historicistes, ainsi que la mise en évidence d'un objet

---

[9] « *What has come to take the place of the mediaeval conception of simultaneity-along-time is, to borrow again from Benjamin, an idea of "homogeneous, empty time," in which simultaneity is, as it were, transverse, cross time, marked not by prefiguring and fulfilment, but by temporal coincidence, and measured by clock and calendar* » (Anderson, 1991 : 24).

littéraire auquel ces mobilisations critiques se rapportent. Cet objet sera donc historique et collectif en tant qu'il coexiste avec d'autres modèles d'organisation du temps et de l'action (historiographie, mythe, science-fiction, glaciologie, etc.). Par conséquent, il serait possible de dire que tout texte, imprimé ou non, roman comme relation missionnaire, et donc toute trajectoire biographique, voire toute géographie – et cela vaut pour Daigle et Brébeuf – est pris de façon rétrospective dans cette logique de médiation de l'effet de simultanéité, comme si à chaque fois, il s'agissait d'une intervention qui rejouait cette histoire, ainsi Daigle et Brébeuf par exemple. De la même façon, certains membres de la communauté aborigène de la côte nord-ouest de l'Australie « *treat the ancestral past as the geological material of the present* » (Povinelli, 2006 : 38). De même, le réaménagement touristique des rives et du courant de la rivière Petitcodiac par les Irving dans *Pas pire*, donne lieu à l'histoire acadienne (Daigle, [1998] 2002 : 93-95).

Coda

Un effort d'écriture est perceptible dans la relation d'un autre mission-naire jésuite. Jérôme Lalemant écrit au père André Castillon :

> Vn tremblement de terre de plus de deux cents lieuës en longueur, & de cent de largeur, qui font en tout vingt mille lieuës, a fait trembler tout ce païs, où l'on a veu des changements prodigieux ; des Montagnes abysmées, des Forests changées en des grands Lacs, des Riuieres qui ont disparu, des Rochers qui se sont fendus, dont les debris estoient poussez iusques au sommet des plus hauts arbres ; des tonnerres qui grondoient sous nos pieds, dans le ventre de la terre, qui vomissoit des flammes ; des voix lugubres qui s'entendoient auec horreur ; des Baleines blanches & Marsoüins qui hurloient dans les eaux : Enfin tous les Elements sembloient estre armés contre nous, & nous menaçoient d'un dernier mal-heur (1664 : 26).

L'événement tectonique laisse des traces et des dates. D'autres (Charlevoix et Marie de l'Incarnation) en parlent, différemment, chacun avec sa pro-pre version d'une rhétorique du courroux divin et de sa manifestation dans l'histoire (Berthiaume, 1982).

Pour Lalemant, le séisme est un événement de parole qui accomplit une parole : « Le Ciel & la Terre nous ont parlé bien des fois depuis vn an. [...] ces voix de l'air muettes & brillantes, n'estoient pas pourtant des paroles en l'air, puisqu'elles nous presagoient les conuulsions qui nous deuoient faire trembler, en faisant trembler la Terre » (1664 : 36). Le récit de cet événement conservé dans les *Relations des Jésuites de la Nouvelle France* est reconnaissable entre tous, au sens où il accomplit une simultanéité typologique :

> [T]he here and now is no longer a mere link in an earthly chain of events, it is simultaneously *something which has always been, and will be fulfilled in the future; and strictly, in the eyes of God, it is something eternal, something omnitemporal, something already consummated in the realm of fragmentary earthly event* (Erich Auerbach, cité par Anderson, 1991 : 24).

Cet accomplissement devient chez Lalemant ancrage dans un état des lieux : ancrage administratif quant à la fonction de relai la *Relation* elle-même, mais aussi intensément terrestre, à travers un autre relai, environnemental quant à lui. Une autre horizontalité – un autre « *meanwhile* » – est ainsi aménagée sur un mode mineur au sein d'une simultanéité de type médiéval, tandis que Lalemant écrit et que chantent les baleines.

BIBLIOGRAPHIE

ANDERSON, Benedict (1991). *Imagined Communities: Reflections on the Origin and Spread of Nationalism,* nouv. éd., London, Verso.

APPADURAI, Arjun (1996). *Modernity At Large: Cultural Dimensions of Globalization,* Minneapolis, University of Minnesota Press.

BENSMAÏA, Réda (1986). « Foreword: The Kafka Effect », traduit par Terry Cochran, dans Gilles Deleuze et Félix Guattari, *Kafka, Toward a Minor Literature,* traduit par Dana Polan, Minneapolis, University of Minnesota Press, p. ix-xxi.

BERTHIAUME, Pierre (1982). « Le tremblement de terre de 1663 : les convulsions du verbe ou la mystification du logos chez Charlevoix », *Revue d'histoire de l'Amérique française,* vol. 36, n° 3 (décembre), p. 375-387.

BRÉBEUF, Jean de (1636). *Relation de ce qui s'est passé aux Hurons, en l'année 1635, envoyée à Kébec au Père Le Jeune, par le Père Brébeuf,* dans Reuben Gold Thwaites, (dir.), *The Jesuit Relations and Allied Documents: Travels and Explorations of the Jesuit Missionaries in New France, 1610-1791,* vol. VIII : *Québec, Hurons, and Cape Breton, 1634-1635,* Cleveland, Burrows Brothers, 1896-1901.

CERTEAU, Michel de (1975). *L'écriture de l'histoire,* Paris, Gallimard.

COCHRAN, Terry (2007). « The Knowing of Literature », *New Literary History*, vol. 38, n° 1 (hiver), p. 127-143.

DAIGLE, France (1984). *Film d'amour et de dépendance : chef-d'œuvre obscur*, Moncton, Éditions d'Acadie.

DAIGLE, France (1985). *Histoire de la maison qui brûle : vaguement suivi d'un dernier regard sur la maison qui brûle*, Moncton, Éditions d'Acadie.

DAIGLE, France (1991). *La beauté de l'affaire : fiction autobiographique à plusieurs voix sur son rapport tortueux au langage*, Montréal, Nouvelle Barre du Jour ; Moncton, Éditions d'Acadie.

DAIGLE, France (1992). « Tending Towards the Horizontal: Text », *Tessera: Talking Pictures=Lire le visuel*, vol. 13 (hiver), p. 64-73.

DAIGLE, France (1993). *La vraie vie*, Montréal, Éditions de l'Hexagone ; Moncton, Éditions d'Acadie.

DAIGLE, France (1995). *1953 : chronique d'une naissance annoncée*, Moncton, Éditions d'Acadie.

DAIGLE, France ([1998] 2002). *Pas pire*, Montréal, Éditions du Boréal, coll. « Boréal compact ».

DAIGLE, France (2001). *Un fin passage*, Montréal, Éditions du Boréal.

DAIGLE, France (2002). *Petites difficultés d'existence*, Montréal, Éditions du Boréal.

DELEUZE, Gilles, et Félix GUATTARI (1975). *Kafka : pour une littérature mineure*, Paris, Éditions de Minuit.

DERRIDA, Jacques (1996). *Le monolinguisme de l'autre ou la prothèse d'origine*, Paris, Éditions Galilée.

DOIRON, Normand (1985). « "La Réplique du monde" », *Études françaises*, vol. 21, n° 2 (automne), p. 61-89.

HOTTE, Lucie (2002). « La littérature franco-ontarienne à la recherche d'une nouvelle voie : enjeux du particularisme et de l'universalisme », Lucie Hotte (dir.), *La littérature franco-ontarienne : voies nouvelles, nouvelles voix*, Ottawa, Le Nordir, p. 35-47.

LALEMANT, Hierosme (1664). *Relation de ce qvi s'est passé de plvs remarqvable avx missions des Pères de la Compagnie de Iesus en la Novvelle France, és années 1662 & 1663*, Paris, Sébastien Cramoisy, dans Reuben Gold Thwaites, (dir.), *The Jesuit Relations and Allied Documents: Travels and Explorations of the Jesuit Missionaries in New France, 1610-1791*, vol. XLVIII : *Lower Canada, Ottawas: 1662-1664*, Cleveland, Burrows Brothers, 1896-1901.

LYOTARD, Jean-François (1993). « *Oikos* (1988) », *Political Writings*, traduit par Bill Readings et Kevin Paul Geiman, Minneapolis, University of Minnesota Press, p. 96-107.

MILLER, Christopher L. (1990). *Theories of Africans: Francophone Literature and Anthropology in Africa*, Chicago, The University of Chicago Press.

PARÉ, François ([1992] 2001). « Conscience et oubli : les deux misères de la parole franco-ontarienne », *Les littératures de l'exiguïté*, Ottawa, Le Nordir, p. 163-178.

PARÉ, François (2004). « France Daigle : intermittences du récit », *Voix et images*, vol. 29, n° 3 (printemps), p. 47-55.

PARNET, Claire, et Gilles DELEUZE (1977). *Dialogues*, Paris, Flammarion.

PINKUS, Karen (2010). « Carbon Management: A Gift of Time? », *The Oxford Literary Review*, vol. 32, n° 1 (juillet), p. 51-70.

POVINELLI, Elizabeth A. (2006). *The Empire of Love: Toward a Theory of Intimacy, Genealogy, and Carnality*, Durham, Duke University Press.

RANCIÈRE, Jacques (2001). « Ten Theses on Politics », *Theory & Event*, vol. 5, n° 3, [n. p.], [En ligne], [http://muse.jhu.edu/journals/theory_and_event/v005/5.3ranciere.html] (9 juin 2014).

READINGS, Bill (1997). *The University in Ruins*, Cambridge, Harvard University Press.

ROBIN, Libby, et Will STEFFEN (2007). « History for the Anthropocene », *History Compass*, vol. 5, n° 5 (août), p. 1694-1719.

SMAIL, Daniel L. (2008). *Deep History and the Brain*, Berkeley, University of California Press.

SPIVAK, Gayatri Chakravorty (2003). *Death of a Discipline*, New York, Columbia University Press.

Les professionnels de la santé et des services sociaux intervenant auprès des francophones minoritaires : l'enjeu du capital social[1]

**Sébastien Savard, Isabelle Arcand, Marie Drolet,
Josée Benoît, Jacinthe Savard, Josée Lagacé**
Université d'Ottawa

MÊME SI LE FRANÇAIS est la langue officielle minoritaire au Canada, il est souvent difficile pour les francophones d'avoir accès à des services sociaux et de santé en français de qualité, et ces derniers ne répondent pas toujours aux besoins des clients francophones (Bouchard *et al.*, 2006). Cette difficulté à recevoir des services dans leur langue n'est pas sans conséquence pour les francophones en situation minoritaire. À titre d'exemple, mentionnons la faible satisfaction face aux services reçus (Bowen, 2001 ; Santé Canada, 2007 ; Consortium national de formation en santé, 2012), les lacunes observées dans les suivis médicaux (Anderson *et al.*, 2003) et le niveau de risque plus grand d'être admis à l'hôpital (Bowen, 2001 ; Drouin et Rivet, 2003). De plus, les erreurs de diagnostic et leurs répercussions sur les traitements (adhésion des clients, choix du traitement, etc.) sont plus fréquentes parmi les clients qui ne reçoivent pas de services dans la langue de leur choix (Bowen, 2001 ; Santé Canada, 2007 ; Drouin et Rivet, 2003 ; Groupe de travail sur les services de santé en français, 2005), et ces derniers sont plus susceptibles d'être confrontés à des réactions négatives aux médicaments, n'ayant pas parfaitement saisi les consignes du professionnel de la santé (Bowen, 2001 ; Drouin et Rivet, 2003).

Les professionnels de la santé et des services sociaux francophones en situation minoritaire vivent également certaines difficultés dans l'exercice de leurs fonctions. L'une des plus importantes difficultés est de ne pas être en mesure d'utiliser leur propre langue au travail (Beaulieu, 2010). Des travaux récents ont mis en évidence d'autres défis auxquels sont confrontés ces professionnels de la santé et des services

---

[1]   Cet article présente les résultats d'une recherche financée par le Consortium national de formation en santé (CNFS), volet Université d'Ottawa.

cette compétence, ce qui peut entraîner un problème notable dans le maintien des effectifs. Pour faire face à ces conditions de travail plus lourdes, les intervenants bilingues vont chercher du soutien auprès de leurs pairs surtout et affrontent les défis en mettant en place des réseaux de collaborateurs entre intervenants (Verdinelli et Biever, 2009a).

Les défis que doivent relever les professionnels de la santé et des services sociaux bilingues ainsi que les stratégies qu'ils retiennent pour y faire face soulèvent des questions liées à trois dimensions : les rapports existant entre les intervenants francophones et bilingues et les populations minoritaires ; l'intégration des services offerts à cette communauté ; et les relations qui existent entre les professionnels bilingues à l'intérieur d'une organisation et entre les organisations répondant aux besoins des populations linguistiquement minoritaires. C'est pourquoi nous avons décidé d'étudier plus particulièrement ces questions dans notre recherche en nous inspirant du cadre d'analyse du capital social (Coleman, 1988 ; Putnam, Leonardi et Nanetti, 1993) pour orienter notre réflexion.

Le capital social

Le politologue américain Robert Putnam est l'auteur ayant le plus contribué à populariser le concept et le modèle théorique du capital social. Selon lui, le capital social serait défini par « les caractéristiques d'organisations sociales, telles que les réseaux, normes et confiance, qui facilitent la coordination et la coopération en vue de produire un bénéfice mutuel » (1995 : 67 ; nous traduisons). Pour Putnam, donc, les communautés qui s'en sortent le mieux sont celles qui favorisent et valorisent l'engagement citoyen et où des normes centrées sur la confiance et la réciprocité se sont développées. Dans les communautés où les gens ont davantage tendance à se regrouper et à s'associer, par exemple, dans des organismes communautaires, les membres participent d'autant plus à la vie démocratique de leur communauté et se mobilisent plus facilement pour faire face aux défis et aux enjeux auxquels est confrontée leur collectivité.

Putnam a mis au jour deux dimensions autour desquelles se construit le capital social d'une communauté, soit le *bonding*, qui réfère aux liens et relations qui existent entre les membres d'une même communauté, et le *bridging*, qui correspond aux relations qu'une communauté entretient avec d'autres communautés ou avec des institutions situées à l'extérieur de la communauté. À l'intérieur des relations de type *bridging*, on retrouve également les liens entre la communauté et le pouvoir politique, comme le gouvernement local et l'État central. À la lumière de cette catégorisation, une communauté qui jouit d'un capital social élevé est une communauté qui, d'une part, se distingue par des liens forts et dynamiques entre les membres qui y évoluent, ce qui est permis et facilité par la présence de normes sociales solidaires intenses, partagées et solidifiées par un niveau de confiance mutuelle important ; d'autre part, des liens multiples, diversifiés et productifs avec des communautés et des institutions situées à l'extérieur de la communauté enrichissent le capital social d'une collectivité en permettant de tirer profit de ressources absentes de la communauté.

À l'instar de Putnam, d'autres auteurs ont contribué au développement et au renouvellement de modèles théoriques liés au capital social. Petri Ruuskanen (2001), entre autres, propose un modèle qui répond en partie à une question ou à une tension souvent soulevée, surtout suite aux écrits de Putnam, concernant ce qui appartient aux déterminants (ou causes) du capital social ou à ses effets. En d'autres termes, la cohésion sociale, l'implication citoyenne dans les organismes bénévoles et la confiance mutuelle sont-elles des déterminants du capital social ou plutôt des effets ou des résultats de celui-ci ? Ruuskanen (2001) suggère d'envisager le capital social comme une notion composée de trois éléments : les déterminants, les mécanismes et les retombées du capital social. Pour sa part, Laurence Martin-Caron (2013) présente dans son texte une figure qui reprend ces dimensions (voir la figure 1). On comprend donc, à la lumière de cette dernière, qu'il existe des sources du capital social qui relèvent des individus (micro) alors que d'autres appartiennent à la communauté visée (méso), de même qu'à la société qui englobe ces deux entités (macro). Par conséquent, les individus, les communautés et les sociétés peuvent présenter des intensités variables de certaines composantes faisant fluctuer le niveau de capital social présent chez un individu ou dans une communauté. Les composantes sont différentes lorsqu'elles sont associées à des sources individuelles, communautaires ou sociétales. Selon ce même modèle, certains mécanismes vont contribuer au développement du capital social, autant des individus que des communautés. Ces mécanismes permettent de créer et d'entretenir la confiance entre les membres et entre la communauté et les autres communautés et ils favorisent également le développement de canaux de communication permettant d'accéder à de l'information de qualité sur les enjeux et possibilités qui se présentent aux individus et aux communautés. De plus, le capital social développé grâce à ces mécanismes va générer des retombées importantes pour les individus et les communautés pour ce qui est de l'accès à des ressources et à des occasions de croissance, mais également en ce qui a trait à la création de climats favorables à la collaboration et au soutien mutuel.

Figure 1
Modèle de Ruuskanen

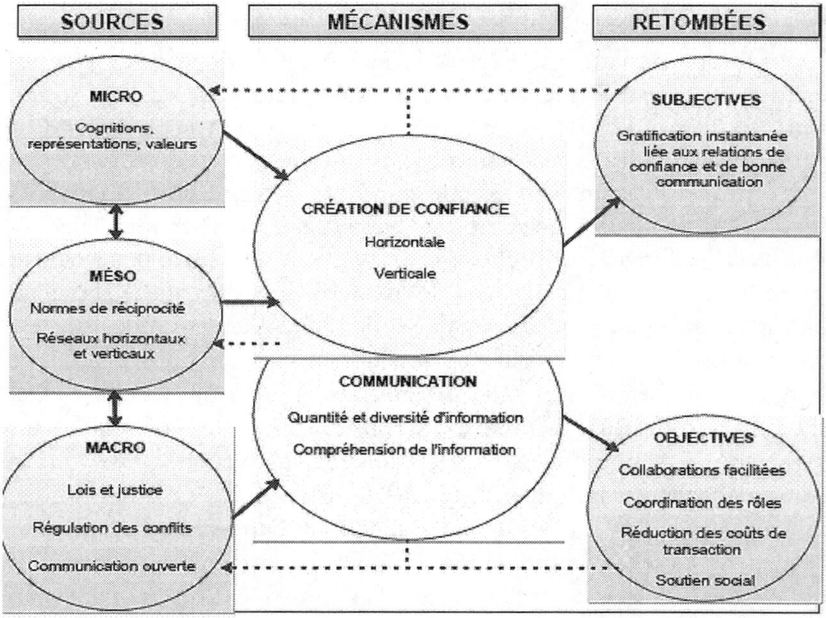

Source : Martin-Caron, 2013 : 15; modèle inspiré de Ruuskanen (2001 : 146).

Méthodologie

À l'automne 2011, nous avons pris contact avec 21 organismes offrant des services sociaux ou de santé en français dans l'Est ontarien dans le but d'inviter des professionnels francophones bilingues à participer à cette étude. Quarante-trois professionnels ont participé à l'étude, 21 œuvrant dans le domaine de la santé et 22 dans le domaine des services sociaux.

Les diverses professions représentées sont la réadaptation, le travail social, les sciences infirmières, la nutrition, la psychologie et la gestion. Ces intervenants travaillent également dans divers milieux, comme le milieu hospitalier, les centres de santé communautaire et le milieu scolaire. Huit groupes d'entretien ont été réalisés auprès de ces intervenants, soit quatre avec des intervenants en enfance jeunesse et quatre avec des intervenants œuvrant auprès d'aînés. Chacun regroupait entre trois et dix participants parmi les diverses professions.

Ces groupes d'entretien étaient animés par un chercheur secondé par une associée de recherche qui assurait la continuité du processus ainsi que par une assistante de recherche chargée de la prise de notes sur le terrain. Tous les entretiens duraient 90 minutes. Le groupe d'entretien s'est révélé un choix avantageux dans la mesure où il a favorisé la discussion entre les participants à partir de questions ouvertes et nous a permis de vérifier si les participants avaient une compréhension commune de leur rôle et s'ils vivaient des expériences similaires (Geoffrion, 2009). Une grille de discussion avait été préparée par l'équipe de recherche et portait sur les éléments suivants : les services offerts par les organismes où travaillent les professionnels, les défis qu'ils rencontrent pour offrir des services en français, les réussites qu'ils perçoivent dans leurs interventions, la disponibilité et l'adaptation d'outils d'évaluation et d'intervention en français, l'aiguillage et le réseautage avec d'autres milieux, de même que les éléments qui distinguent leur pratique auprès des clients francophones. Cette grille a pu fournir une structure au groupe d'entretien en proposant des thèmes de discussion, tout en étant assez flexible pour laisser émerger d'autres idées.

Les entretiens étaient enregistrés sur bande audio, puis retranscrits de façon intégrale. Les transcriptions étaient ensuite importées dans le logiciel d'analyse *N-Vivo 9* (QSR International, 2012), qui facilite l'analyse de contenu, c'est-à-dire l'examen systématique des données d'entrevues de façon à comprendre le sens qu'accordent les participants de la recherche à leur quotidien et à leur expérience (Krippendorff, 2012). Deux assistantes de recherche étaient chargées de codifier les données des groupes d'entretien selon une procédure préétablie, soit : 1) la lecture de 20 % des transcriptions ; 2) une discussion dans le but de déterminer les thèmes et sous-thèmes émergents (Paillé et Mucchielli, 2008) ; 3) la validation des thèmes et sous-thèmes avec le groupe de recherche qui regroupe six professions différentes de la santé et des services sociaux; 4) le développement d'une liste de codes (forme abrégée des thèmes et sous-thèmes) et leur définition; 5) la validation de la liste de codes avec le groupe de recherche; et 6) la codification des données. C'est ainsi que la grille de catégories a été établie selon la méthode dite interjuges et par consensus. Les résultats ont été analysés de manière déductive et inductive, en scrutant chaque groupe d'entretien, puis en réalisant des comparaisons entre les groupes. La méthode d'interprétation des données a suivi celle prescrite par Michael Huberman et Matthew Miles (1991).

À l'instar d'autres recherches qualitatives et même si la saturation des données a été atteinte, une généralisation théorique doit être faite avec précaution (Pires, 1997), vu le nombre de participants et surtout les spécificités de chaque milieu linguistique minoritaire. Cependant, le consensus qui ressort nettement entre les groupes d'entretien et entre les professions ainsi que la concordance avec les principaux écrits sur le sujet accroissent la validité de cette étude (Laperrière, 1997).

Résultats

Les résultats portent sur les liens de collaboration que bâtissent les professionnels rencontrés avec leurs collègues de travail et leurs partenaires. Plus spécifiquement, nous présenterons le contexte de prestation de services de santé en milieu minoritaire, les défis et les facilitateurs associés à la création et au maintien de liens de collaboration entre les membres de la communauté des intervenants bilingues évoluant en contexte francophone minoritaire.

Contexte de prestation de services en milieu linguistique minoritaire

Les intervenants rencontrés sont confrontés à de nombreuses difficultés liées au fait qu'ils occupent un poste bilingue en milieu francophone minoritaire. Entre autres, ils mentionnent le manque de services offerts en français ou de professionnels en mesure d'offrir ces services. Cette insuffisance se fait sentir de façon générale en contexte francophone minoritaire et particulièrement dans certaines régions de l'Ontario. On explique que, dans certains cas, les services et les ressources disponibles en anglais n'ont pas leur équivalent en français. Les services en français étant plus rares, ils sont également moins connus et sous-utilisés par les clients francophones. « Ils sont francophones, ils se sentent minoritaires, ils se sentent isolés [...] y'en a des services qui existent, mais ils ne les connaissent pas. Les gens les sous-utilisent, ceux qui existent » (P-41 jeunes[2]). Dans certains cas, en raison de l'insuffisance de services disponibles, les intervenants mentionnent qu'ils doivent souvent placer leurs clients francophones sur des listes d'attente qui sont longues alors que dans d'autres cas, les services, programmes et outils ne sont tout simplement pas disponibles en français. « C'est un défi constant [...] (P-06 aînés). Parce qu'il n'y a pas de services pour les francophones (P-02 aînés), il n'y a pas de programmes dans l'Ouest » (P-04 aînés). Les usagers doivent donc se déplacer sur des distances plus ou moins longues, ce qui est difficile, voire impossible pour certains clients, surtout dans les régions éloignées et non desservies par les transports en commun. Les participants soulignent que ces carences sont particulièrement importantes pour les soins et les services spécialisés. Dans certaines régions, il est difficile de trouver du personnel avec une formation de pointe pouvant répondre aux besoins de la population anglophone majoritaire. Trouver des professionnels possédant ce niveau de compétence tout en étant en mesure d'offrir des services à la population francophone se révèle souvent encore plus difficile.

L'isolement professionnel semble être une réalité vécue par plusieurs professionnels occupant des postes bilingues ou francophones. Le fait que les services soient souvent structurés en fonction des communautés linguistiques expliquerait en partie cette situation. Le fonctionnement en parallèle rendrait plus difficile la création de liens et de partenariats informels avec des professionnels anglophones. Dans certains organismes ou, encore, dans certaines régions, ils ne bénéficient pas de la présence d'une équipe ou de collègues francophones sur lesquels bâtir un réseau institutionnel ou local ou pour profiter d'un partage de ressources en français. Les participants relatent des situations, particulièrement en région éloignée, où ils n'ont pas accès aux services requis en français et se sentent parfois pris au dépourvu. L'importance de développer et de maintenir des partenariats et des réseaux efficaces dans le but de desservir les populations francophones de l'Ontario ressort ainsi comme un enjeu

---

[2]   Pour identifier les participants tout en protégeant leur anonymat, nous indiquons le numéro associé à chacun d'entre eux, de même que la clientèle avec laquelle ils travaillent.

majeur : « Moi je ne peux pas travailler sans mes contacts » (P-09 aînés). Dans le même sens, plusieurs d'entre eux disent apprécier la formation d'équipes multidisciplinaires, plutôt que le travail en vase clos, puisque celles-ci permettent le partage d'opinions et d'idées diverses. « Plus on échange sur des dossiers, pis on a des différents intervenants ou profes-sionnels, on a plus de chances de trouver des idées pis d'essayer des choses, mettre ça en place. Ça, ça aide beaucoup (P-24 jeunes). [...] Je pense que ça réduit le temps aussi » (P-25 jeunes).

Défis associés à la création et au maintien de partenariats

Dans un contexte où les organismes, les services, les professionnels et les bénévoles francophones sont peu nombreux, il devient particulièrement important de faciliter l'accès aux ressources disponibles en français et d'encourager les échanges entre les fournisseurs de services à la population francophone. Cependant, les intervenants rencontrés indiquent qu'ils doivent faire face à des contraintes dans l'atteinte de ces objectifs. D'abord, ils soulignent que le réseautage se doit d'être une partie intégrante de leur travail ; développer un réseau avec le personnel de domaines connexes pour bien s'acquitter de leurs tâches est au cœur de leur fonction, et ils notent à plusieurs reprises qu'ils ont la responsabilité de soutenir le réseautage de leurs clients en les orientant vers les services communautaires adéquats en français. Cela dit, pour les professionnels, connaître les nouveaux services et ceux qui existent déjà et faire la promotion des services qu'ils offrent auprès de la clientèle et auprès des professionnels des programmes connexes sont des défis quotidiens : « On connaît mal les ressources qui sont disponibles dans nos régions » (P-04 aînés). Plusieurs participants aimeraient promouvoir davantage les programmes qu'ils offrent, mais ne disposent pas des ressources financières et du temps pour le faire. Ils disent également manquer d'outils complets et conviviaux pouvant faciliter le partage d'information sur les services qu'ils offrent et ceux offerts par leurs partenaires : « Souvent, la travailleuse sociale va donner de l'information sur ce qu'elle connaît, donc pas sur ce qui représente les vrais services en communauté. [...] Il y a autre chose, mais il n'y a pas de documents clairs pour les services en français pour différentes clientèles » (P-21 aînés). Ce manque de visibilité et de connaissance des services et des programmes représente un obstacle à la création de partenariats entre les professionnels francophones ou bilingues et nuit à l'intégration des services destinés aux francophones. L'expérience vécue par la clientèle

L'insuffisance de services et de professionnels francophones incite les intervenants à chercher sans cesse à localiser d'autres professionnels francophones dans l'espoir d'élargir leur réseau de partenaires en mesure de soutenir la prestation de services en français. « On se cherche entre nous autres, les francophones, donc souvent, quand je veux quelque chose, j'appelle d'autres organismes » (P-16 aînés). Ce lien privilégié entre francophones permet de contourner certaines contraintes administratives pouvant amoindrir la qualité des services requis ou la rapidité d'accès à ces services : « Est-ce que je peux t'appeler directement ? Je n'ai pas à passer à travers le (nom de l'organisme qui coordonne les services à domicile) pis tout le processus qui est long de même. Sachant ça, moi je rassure mon client » (P-06 aînés).

Ce sentiment d'appartenance et de solidarité serait également à l'origine de la confiance mutuelle sur laquelle se bâtissent les partenariats entre francophones. L'efficacité et la fiabilité qui caractérisent les partenariats semblent être des éléments centraux du réseautage francophone. « Je connais quelqu'un à ce centre qui parle français. Je vais l'appeler et elle va m'aider. Tu peux compter sur ça » (P-09 aînés).

Le sentiment d'engagement et de responsabilité entretenu par les intervenants francophones apparaît également comme un facteur qui contribue à la création de liens entre eux. Ces derniers se sentent personnellement responsables d'offrir des services de qualité, dans leur langue, à leurs clients francophones. Ils utilisent leurs contacts afin d'assurer à leurs clients une transition fluide vers les services appropriés. « Faire un contact personnel, je suis toujours plus à l'aise de référer quand je sais où est-ce que j'envoie la personne, pis que je sais quelle sorte de services ils vont recevoir » (P-06 aînés). Ils n'hésitent pas à défendre les besoins d'un client référé par un partenaire, même si ce dernier ne satisfait pas parfaitement aux critères de services. « Elle m'appelle parce qu'on se connaît. Pis là elle me dit : "Ben coudonc, ce client-là il a 49 ans, justement, il est francophone il ne rentre pas dans aucun critère pour les programmes, mais il a besoin de services. Est-ce que c'est correct ?" » (P-12 aînés).

Discussion

La collaboration entre les intervenants et les organisations offrant des services aux jeunes et aux aînés francophones vivant en contexte minoritaire apparaît, à la lumière des propos tenus par les participants à notre étude, comme étant un facteur de réussite essentiel pour répondre aux besoins spécifiques de cette clientèle. Le développement du capital social à l'intérieur de la communauté des intervenants sociaux et de santé francophones et bilingues représente donc un objectif à poursuivre, autant pour ces professionnels que pour l'ensemble des institutions et des acteurs responsables du bien-être des communautés francophones vivant en situation minoritaire. L'analyse de l'information partagée par les participants permet de constater que la communauté des intervenants sociaux et de santé francophones et bilingues possède des atouts importants pour soutenir et consolider son capital social, mais en même temps, elle fait face à des défis et à des contraintes qui peuvent entraver l'atteinte de cet objectif. Pour faire l'analyse de ces forces et de ces faiblesses, faisons appel au modèle développé par Ruuskanen (2001) qui, rappelons-le, a le mérite de distinguer les éléments qui constituent les sources du capital social, aux niveaux micro, méso et macro social, des mécanismes qui permettent de le structurer et de l'enrichir.

Globalement, en se rapportant au modèle de Ruuskanen (2001), on peut constater que les intervenants francophones et bilingues possèdent plusieurs forces et atouts qui relèvent des sources du capital social, c'est-à-dire des ressources à l'intérieur desquelles cette communauté peut puiser pour développer et enrichir son capital social. Au niveau micro, plusieurs intervenants semblent être guidés par des valeurs centrées sur la collaboration, l'éthique de travail et la volonté de contribuer au mieux-être du client ou de l'usager. Le désir de travailler pour la collectivité, d'être un acteur pour la communauté francophone minoritaire est manifeste dans les réponses des participants à l'étude. Les intervenants francophones et bilingues sont bien conscients des difficultés spécifiques aux francophones en situation minoritaire ; ils désirent compenser le manque de ressources et de moyens par une implication et un engagement soutenus.

Les normes de réciprocité et de solidarité entre francophones, de même que le sentiment d'appartenance qui anime les intervenants constituent une source importante de capital social à l'échelle mésosociale. Ce sont ces valeurs qui alimentent la vision que les intervenants entretiennent de leur rôle et de leurs responsabilités dans la réponse aux besoins des populations francophones. La communauté des intervenants francophones et bilingues est bien consciente que l'ensemble des membres a avantage à répondre positivement aux demandes de soutien provenant des autres membres, car éventuellement ils auront besoin du même type de soutien. Les règles du jeu sont assez claires : « Je te soutiens dans la recherche de services adaptés à tes clients, quitte à déroger à quelques règles ou procédures administratives et, en échange, tu pourras compter sur le même genre de soutien lorsque tu auras besoin de services offerts par notre organisation. » En contrepartie, une réponse négative pourrait avoir pour conséquence qu'un intervenant soit identifié comme une personne non collaborative et soit exclu du réseau de collaboration interprofessionnelle et interorganisationnelle. C'est ce qui semble se produire avec les professionnels et les organisations qui refusent de partager les outils d'évaluation en français qu'ils ont développés. Le sentiment d'appartenance non seulement à la communauté des intervenants francophones et bilingues, mais également à la communauté francophone minoritaire apparaît être le lien qui motive et soutient la mise en place et le maintien d'un tel système fondé sur la réciprocité. Ce sentiment d'appartenance est également à l'origine du sentiment de confiance qui existe manifestement entre les membres du collectif et qui, selon des auteurs comme Robert Putnam, Robert Leonardi et Raffaella Nanetti (1993), James Coleman (1988) et T. K. Ahn et Elinor Ostrom (2008), se veut la pierre angulaire sur laquelle se construit le capital social d'une communauté.

Les sources et ressources pouvant alimenter le capital social ne se trouvent pas uniquement chez les membres ou dans la communauté, mais également dans les structures et les institutions qui régulent, au niveau macro, le fonctionnement de la communauté et de l'ensemble des communautés qui évoluent plus largement dans le système de santé en Ontario. À ce niveau, on retrouve des éléments qui soutiennent le développement du capital social de la communauté des intervenants francophones et bilingues rencontrés dans le cadre de notre recherche. Les principaux éléments sont : 1) la loi de 1986 sur les services en français de l'Ontario, qui garantit aux francophones vivant dans 25 régions désignées (où vivent 85 % des francophones en Ontario) de recevoir des services dans leur langue de la part des ministères et organismes publics de la province ; 2) les Réseaux des services de santé en français, comme celui de l'est de l'Ontario, qui jouent un rôle de conseiller auprès des

Réseaux locaux d'intégration des services de santé (RLISS)[3] sur les mesures et politiques à mettre en place pour améliorer l'offre et la qualité des services de santé en français dans la région ; 3) la Société santé en français (SSF), qui a un rôle important à jouer en ce qui concerne la concertation entre les organisations préoccupées par la santé des communautés francophones ; 4) le Consortium national de formation en santé (CNFS), avec son mandat de favoriser l'accès à des programmes de formation en français aux professionnels et futurs professionnels de la santé et des services sociaux destinés à travailler avec les populations francophones minoritaires. Ce sont les principaux dispositifs pouvant, à partir de liens de type *bridging*, être des sources de capital social importantes pour les intervenants francophones et bilingues, en validant, justifiant, appuyant leurs demandes et leurs revendications et en fournissant des ressources pour améliorer leurs capacités à répondre aux besoins des populations francophones.

Mais si les intervenants francophones et bilingues possèdent des atouts et des ressources pour développer et maintenir leur capital social, certains aspects de leur situation doivent davantage être considérés comme des écueils ou des limites. En se référant toujours au modèle de Ruuskanen (2001), c'est au niveau des mécanismes permettant l'activation du capital social que se trouvent les facteurs défavorables. En effet, il ressort des entretiens réalisés avec les intervenants francophones et bilingues que ces derniers ont très peu accès à des lieux ou à des structures quelconques leur permettant de se rencontrer, d'échanger de l'information, d'établir des alliances et de créer des réseaux entre professionnels travaillant avec les enfants, les familles et les aînés francophones minoritaires. Cette insuffisance de moyens favorisant la concertation, l'expression de la solidarité et le développement de liens de confiance alimente chez les intervenants l'impression d'être démunis et, de ce fait, de ne pouvoir répondre adéquatement aux besoins de leurs clients. Ce sentiment peut, à son tour, devenir un facteur de démotivation non négligeable à l'égard de leur travail. L'absence de tels mécanismes va également entraver ou, à tout le moins, ralentir sérieusement le processus d'intégration des nouveaux intervenants francophones et bilingues dans leur poste. Étant donné que les départs et les arrivées dans ces postes sont relativement fréquents, la

---

[3]   Agences régionales responsables du financement et de la coordination des services et des organisations publiques et communautaires de santé.

difficulté de créer rapidement un réseau de collaborateurs offrant des services aux communautés francophones peut avoir des effets négatifs sur le capital social. La mise en place de mécanismes de concertation et de collaboration regroupant les intervenants francophones et bilingues offrant des services à une même population (aînés, enfants, personnes ayant des problèmes de santé mentale, etc.) faciliterait certainement la création de relations de confiance, la communication efficace d'information sur les services offerts par chacun, les critères d'accès à ces services et leurs modes de fonctionnement, et améliorerait la qualité des soins et des services offerts aux populations francophones minoritaires du territoire. Ces mécanismes devraient faire l'objet d'ententes entre les organismes concernés afin que la participation à ces structures soit intégrée dans la charge de travail des intervenants et ne soit pas perçue comme une tâche qui s'ajoute à un emploi du temps déjà surchargé.

Il existe des organisations d'intervenants francophones au niveau provincial (Regroupement des intervenants francophones en santé et services sociaux de l'Ontario, comité francophone de l'Association des travailleuses sociales et travailleurs sociaux de l'Ontario, etc.), mais leur contribution et leur action semblent davantage se déployer au niveau provincial ou national que local. Les propos des participants laissent croire que c'est sur ce terrain que la nécessité d'avoir accès à un réseau de partenariats éprouvé serait le plus profitable. Ces organisations auraient probablement avantage à se déployer de façon plus marquée sur les différents territoires afin d'accentuer leur contribution en réponse aux besoins des populations francophones en situation minoritaire.

Conclusion

Dans le cadre de cet article, nous avons pu voir que l'accès à des services sociaux et de santé en français soulève des enjeux fondamentaux pour les populations francophones vivant en situation minoritaire. Nous avons également montré que les professionnels francophones et bilingues ayant pour mandat d'offrir de tels services évoluent dans des contextes qui génèrent des difficultés qui leur sont particulières. Pour faire face à ces réalités difficiles, créer des liens de collaboration solides entre les intervenants francophones et bilingues qui évoluent dans les différentes organisations d'un même territoire apparaît comme la stratégie la plus efficace. Consolider et accroître le capital social de la communauté des intervenants francophones et bilingues représentent donc des objectifs à poursuivre, à la fois par les intervenants et par les différentes institutions qui sont préoccupées de la qualité des services offerts aux francophones.

Cependant, le développement du capital social des intervenants ne peut se substituer aux interventions sur les structures qui génèrent les iniquités et les inégalités sociales auxquelles sont confrontées les communautés francophones minoritaires ; il ne peut que compléter ce type d'interventions. Le capital social ne doit pas non plus être utilisé comme une façon économique d'intervenir pour régler des problèmes comme les difficultés d'accès des communautés minoritaires aux services de santé et de services sociaux. Il pourrait, en effet, être considéré plus économique d'encourager les francophones à se soutenir mutuellement plutôt que de favoriser l'investissement public dans des programmes sociaux et des services qui leur sont destinés. Retenir ou encourager des stratégies centrées sur l'accentuation du capital social ne signifie pas exclure les concepts de pouvoir et de choix politiques de l'analyse des dynamiques de marginalisation et des stratégies pour y répondre. Le développement du capital social passe par l'investissement public et privé et non uniquement par le bénévolat et l'implication volontaire de la communauté (Kawachi, Subramanian et Kim, 2008).

On reproche par le fait même au modèle de capital social d'entretenir une nostalgie improductive à propos des anciennes formes de vie communautaire et des valeurs propres aux communautés rurales. Il faut s'assurer de favoriser le type de capital social dont a vraiment besoin la communauté visée (*bonding* ou *bridging*). Il faut aussi que les efforts pour stimuler le capital social ne se fassent pas au détriment d'un groupe (par exemple, les nouveaux arrivants francophones) et au profit d'un autre (les francophones canadiens « pure laine », par exemple).

BIBLIOGRAPHIE

AHN, T. K., et Elinor OSTROM (2008). « Social Capital and Collective Action », dans Dario Castiglione, Jan W. van Deth et Guglielmo Wolleb (dir.), *The Handbook of Social Capital*, New York, Oxford University Press, p. 70-100.

ANDERSON, Laurie M., *et al.* (2003). « Culturally Competent Healthcare Systems: A Systematic Review », *American Journal of Preventive Medicine*, vol. 24, n° 3, supplément (avril), p. 68-79.

BEAULIEU, Denise (2010). *Balayage environnemental : formation et collaboration interprofessionnelle en santé et en français*, Gatineau, L'Alliance pour la collaboration interprofessionnelle en français (ACIF), [En ligne], [http://cnfs.net/fr/download.php?id=676].

BOUCHARD, Louise, *et al.* (2006). « Capital social, santé et minorités francophones », *Revue canadienne de santé publique*, vol. 97, supplément 2 (mai-juin), p. S17-S21.

BOUCHARD, Pier, et Sylvain VÉZINA (2009). *L'outillage des étudiants et des nouveaux professionnels : un levier essentiel à l'amélioration des services de santé en français : rapport final de recherche, avec la collaboration de Christine Paulin et Michèle Provencher*, Ottawa, Consortium national de formation en santé ; Moncton, Université de Moncton (Département d'administration publique).

BOUDREAU, Annette, et Lise DUBOIS (2008). « Représentations, sécurité / insécurité linguistique et éducation en milieu minoritaire », dans Phyllis Dalley et Sylvie Roy (dir.), *Francophonie, minorités et pédagogie*, avec la collaboration de Véronique d'Entremont, Ottawa, Les Presses de l'Université d'Ottawa, p. 145-175.

BOWEN, Sarah (2001). *Language Barriers in Access to Health Care*, Ottawa, Health Canada, cat. n° : H39-578 / 2001E, [En ligne], [http://www.hc-sc.gc.ca/hcs-sss/pubs/acces/2001-lang-acces/index-eng.php] (20 septembre 2012).

BOWKER, Peta, et Barbara RICHARDS (2004). « Speaking the Same Language? A Qualitative Study of Therapists' Experiences of Working in English with Proficient Bilingual Clients », *Psychodynamic Practice,* vol. 10, n° 4 (novembre), p. 459-478.

CIOFFI, Jane R. N. (2003). « Communicating with Culturally and Linguistically Diverse Patients in an Acute Care Setting: Nurses' Experiences », *International Journal of Nursing Studies*, vol. 40, n° 3 (mars), p. 299-306.

COLEMAN, James S. (1988). « Social Capital in the Creation of Human Capital », *American Journal of Sociology*, vol. 94, supplément, p. S95-S120.

CONSORTIUM NATIONAL DE FORMATION EN SANTÉ (2012). *Reference Framework: Training for Active Offer of French-Language Health Services*, Ottawa, Consortium national de formation en santé.

DROLET, Marie, *et al.* (2014). « Health Services for Linguistic Minorities in a Bilingual Setting: Challenges for Bilingual Professionals », *Qualitative Health Research*, vol. 24, n° 3 (mars), p. 295-305.

DROUIN, Jeanne, et Christine RIVET (2003). « Training Medical Students to Communicate with a Linguistic Minority Group », *Academic Medicine,* vol. 78, n° 6 (juin), p. 599-604.

ENGSTROM, David W., Lissette M. PIEDRA et Jong WON MIN (2009). « Bilingual Social Workers: Language and Service Complexities », *Administration in Social Work,* vol. 33, n° 2, p. 167-185.

GEOFFRION, Paul (2009). « Le groupe de discussion », dans Benoît Gauthier (dir.), *Recherche sociale : de la problématique à la collecte des données*, 5ᵉ éd., Québec, Presses de l'Université du Québec, p. 391-414.

GROUPE DE TRAVAIL SUR LES SERVICES DE SANTÉ EN FRANÇAIS (2005). *Services de santé pour la communauté franco-ontarienne : feuille de route pour une meilleure accessibilité et une plus grande responsabilité*, sur le site du ministère de la Santé et des Soins de longue durée de l'Ontario, [En ligne], [http://www.health.gov.on.ca/fr/common/ministry/publications/reports/flhs_06/flhs_06f.pdf] (9 février 2012).

HUBERMAN, A. Michael, et Matthew B. MILES (1991). *Analyse des données qualitatives : recueil de nouvelles méthodes*, traduit de l'anglais par Catherine De Backer et Vivian Lamongie de l'association ERASME, Bruxelles, De Boeck.

JOHNSON, Maree, *et al.* (1999). « Bilingual Communicators within the Health Care Setting », *Qualitative Health Research*, vol. 9, n° 3 (mai), p. 329-343.

KAWACHI, Ichiro, S. V. SUBRAMANIAN et Daniel KIM (dir.) (2008). *Social Capital and Health*, New York, Springer.

KRIPPENDORFF, Klaus (2012). *Content Analysis: An Introduction to Its Methodology*, 3ᵉ éd., Thousand Oaks, Sage.

LAPERRIÈRE, Anne (1997). « Les critères de scientificité des méthodes qualitatives », dans Jean Poupart *et al.* (dir.), *La recherche qualitative : enjeux épistémologiques et méthodologiques*, Montréal, Gaëtan Morin éditeur, p. 365-389.

MARTIN-CARON, Laurence (2013). *Recension des écrits sur le capital social et sa mesure*, Québec, Université Laval, Chaire de recherche Marcelle-Mallet sur la culture philanthropique, Cahier n° TA1301.

MITCHELL, Penny, Abd MALAK et David SMALL (1998). « Bilingual Professionals in Community Mental Health Services », *Australian and New Zealand Journal of Psychiatry*, vol. 32, n° 3 (juin), p. 424-433.

PAILLÉ, Pierre, et Alex MUCCHIELLI (2008). *L'analyse qualitative en sciences humaines et sociales*, 2ᵉ éd., Paris, Armand Colin.

PIRES, Alvaro (1997). « Échantillonnage et recherche qualitative : essai théorique et méthodologique », dans Jean Poupart *et al.* (dir.), *La recherche qualitative : enjeux épistémologiques et méthodologiques*, Montréal, Gaëtan Morin éditeur, p. 113-169.

PUTNAM, Robert David, Robert LEONARDI et Raffaella Y. NANETTI (1993). *Making Democracy Work: Civic Traditions in Modern Italy*, Princeton, Princeton University Press.

PUTNAM, Robert David (1995). « Bowling Alone: America's Declining Social Capital », *Journal of Democracy*, vol. 6, n° 1 (janvier), p. 65-78.

QSR International (2012). *NVivo 9* [logiciel], sur le site *QSR International*, [http://www.qsrinternational.com/products_previous-products_nvivo9.aspx] (9 février 2012).

RUUSKANEN, Petri (2001). « Trust on the Border of Network Economy », *Social Capital and Trust*, Jyväskylä, SoPhi.

Santé Canada (2007). *Pour un nouveau leadership en matière d'amélioration des services de santé en français : rapport au ministre fédéral de la Santé*, Ottawa, Comité consultatif des communautés francophones en situation minoritaire.

Verdinelli, Susana, et Joan L. Biever (2009a). « Experiences of Spanish/English Bilingual Supervisees », *Psychotherapy: Theory, Research, Practice, Training*, vol. 46, n° 2 (juin), p. 158-170.

Verdinelli, Susana, et Joan L. Biever (2009b). « Spanish-English Bilingual Psychotherapists: Personal and Professional Language Development and Use », *Diversity and Ethnic Minority Psychology*, vol. 15, n° 3 (juillet), p. 230-242.

Césaire et Haïti, des apports à évaluer

Jean Jonassaint

Syracuse University

EUX DES GRANDS TEXTES DE CÉSAIRE sont entièrement consacrés à Haïti : l'un, *La Tragédie du Roi Christophe* (1961-1963, 1970), à l'Haïti indépendante et divisée ; l'autre, *Toussaint Louverture : la Révolution française et le problème colonial* ([1961] 1981)[1], à l'Haïti coloniale, autrement dit Saint-Domingue, en lutte pour son indépendance, ou pour reprendre un célèbre passage du *Cahier d'un retour au pays natal* (1939, 1960), en quête d'être ce lieu « où la négritude se mit debout pour la première fois et dit qu'elle croyait à son humanité » (Césaire, 1994 : 23)[2].

Quel plus bel hommage à Haïti ! D'un coup de dés, Césaire crédite Haïti d'une double première : 1) être une part intrinsèque de la description-définition d'un néologisme qui fera date, « négritude » ; 2) être un lieu où à jamais l'histoire mondiale prend un tournant radical : celui de l'entrée magistrale de la « négraille » dans l'humanité.

---

[1] Selon Kora Véron et Thomas Hale, la date de la première publication du *Toussaint Louverture* serait 1960, non 1961. Ils notent également que l'édition de 1962 a été revue et augmentée, mais ne disent mot de celle de 1981 comme si elle était conforme à 1962. Or, une note au moins de l'édition de 1981, qui reproduit une lettre de R. Bourgeois à l'auteur de novembre 1968, tend à montrer que les textes de 1962 et 1981 ne concordent pas en tout point. Voir Véron et Hale (2013, vol. 1 : 319) ; Césaire (1981 : 192-193).

[2] Par commodité, nous nous référons au volume, *La Poésie* (1994), pour tous les textes poétiques de Césaire, sauf pour certains poèmes initialement publiés en revue qui ont subi des transformations assez significatives dans leur état postérieur (nouveau titre, réécriture, insertion complète ou partielle dans un autre texte, par exemple).

Sans aller aussi loin que Hénock Trouillot qui revendique le Martiniquais comme écrivain haïtien[3], nous devons reconnaître qu'avec ces vers, Haïti trouve en lui un exceptionnel coryphée en terre antillaise qui rend aussi un vibrant hommage, bien que par endroits, ambigu[4], à Henry Christophe, notamment à sa citadelle dont il présente le projet d'édification en des termes sublimes à la dernière scène, la septième, de l'acte I de *la Tragédie* :

> [...] *Regardez*, Besse. *Imaginez*, sur cette peu commune plate-forme, tournée vers le nord magnétique, cent trente pieds de haut, vingt d'épaisseur les murs, chaux et cendre de bagasse, chaux et sang de taureau, une citadelle ! Pas un palais. Pas un château fort pour protéger mon bien-tenant. Je dis la Citadelle, la liberté de tout un *peuple*. Bâtie par le *peuple* tout entier, hommes et femmes, enfants et vieillards, bâtie pour le *peuple* tout entier ! Voyez, sa tête est dans les nuages, ses pieds creusent l'abîme, ses bouches crachent la mitraille jusqu'au large des mers, jusqu'au fond des vallées, c'est une ville, une forteresse, un lourd cuirassé de pierre... Inexpugnable ! Besse, inexpugnable ! Mais oui, ingénieur, à chaque *peuple* ses monuments ! À ce *peuple* qu'on voulut à genoux, il fallait un monument qui le mît debout. Le voici ! Surgie ! Vigie ! [...]
>
> *Regardez*... Mais *regardez* donc ! Il vit. Il corne dans le brouillard. Il s'allume dans la nuit. Annulation du négrier ! La formidable chevauchée ! Mes amis, l'âcre sel bu et le vin noir du sable, moi, nous, les culbutés de la grosse houle, j'ai vu l'énigmatique étrave, écume et sang aux naseaux, défoncer la vague de la honte !

---

[3]   Voir Trouillot (1968 : [3]), qui écrit d'entrée de jeu dans sa préface : « Aimé Césaire, par certaines de ses productions, pourrait être considéré comme un écrivain haïtien. Il est même plus haïtien que plus d'un de nos grands écrivains, anciens ou contemporains ».

[4]   Pour Maximilien Laroche, c'est le personnage même de Césaire qui est ambigu, voir Laroche (1973). Pour ma part, je soutiens que le *Christophe* traduit surtout les rapports ambivalents de Césaire avec Haïti et les Haïtiens, lui qui n'hésitera pas des années plus tard, revenant sur la genèse de cette pièce et son séjour en Haïti, à affirmer dans ses entretiens avec Françoise Vergès : « J'ai rencontré des intellectuels, souvent très brillants, mais c'étaient de vrais salopards ». Au-delà de cette phrase plutôt choquante, c'est tout le commentaire sur Haïti, les Haïtiens et Christophe qu'il faudrait questionner, voir Césaire (2005 : 52-63).

Que mon *peuple*, mon *peuple noir*[5],
salue l'odeur de la marée de l'avenir (Césaire, 1963 : 65-66)[6].

Tout cela est du connu, du trop su même. Nous ne faisons que le rappeler brièvement. La part sur laquelle insister, c'est la dette de Césaire envers Haïti, non celle à un pays qui le transforma et détermina, en partie, son parcours politique et littéraire. Cela aussi, c'est du connu[7]. Lilian Pestre de Almeida, en conclusion de son ouvrage sur Césaire et Haïti, synthétise bien cette doxa quand elle écrit :

> Haïti marque la création césairienne en tant qu'ensemble de thèmes, de sujets historiques, de personnages (Toussaint, Christophe, Dessalines), de figures types (le hougan, le zombi, le marron, le Béké, le colon, le révolté), de paysages également (les cayes, la raque, les champs de cannes, la mer en furie, l'Artibonite, l'habitation, la Citadelle, le pèlerinage de Limonadè). Haïti est présente, dans son œuvre, par sa place et sa forme sur les cartes géographiques : une grande gueule d'où est parti le cri qui a ébranlé le continent. Par la présence, le plus souvent occulte, des loas du vaudou (les Marassa, Eshou ou Legba, Ogoun, Shango, Loko, Baron-Samedi, les guédés...) et des figures des contes populaires (Yé, Colibri, Le Bœuf Poisson Armé...) (2010 : 197).

Dans cette longue liste d'influences ou de confluences, aucune référence aux écrivains haïtiens, aux écrits haïtiens (en langue française ou haïtienne), comme si Haïti n'avait point de littérature, comme si Césaire avait pu s'imprégner de l'histoire haïtienne simplement en respirant l'air frais des mornes, en écoutant les chants du vent ou des oiseaux, comme si ce pays n'avait pas de discours sur lui-même, hormis quelques « contes populaires ». Pourtant, il y a une dette césairienne envers les littératures d'Haïti, tant en langue haïtienne que française, mais elle n'a pas été étudiée, sinon occultée par Césaire lui-même, et ses nombreux commentateurs

---

[5]   Au passage, notons que l'expression « peuple noir » renvoie implicitement à l'article 14 de la Constitution de 1805 qui fait de tous les Haïtiens des Noirs qu'importent leurs origines : « Toute acception de couleur parmi les enfants d'une seule et même famille dont le chef de l'État est le père, devant nécessairement cesser, les Haïtiens ne seront désormais connus que sous le nom générique de Noirs ». Voir Linstant de Pradine (1886 : 49).

[6]   Les italiques sont de nous. À moins de différences notoires entre les textes de 1963 et 1970 de *la Tragédie*, nous citons la première édition publiée en volume de 1963 plus proche des intentions initiales de Césaire.

[7]   Voir, entre autres, l'ouvrage assez récent de Lilian Pestre de Almeida (2010); la biographie de Romuald Fonkoua (2010), ou l'article de Kora Véron (2013).

qui, généralement, ignorent ou méconnaissent les littératures haïtiennes[8], mais surtout sont plus soucieux des résonances européennes que caribéennes. Papa Samba Diop, dans ses « Remarques finales » sur cette œuvre poétique, nous donne une des preuves les plus évidentes de cette occultation des corpus caribéens par les exégètes de Césaire, comme si, pour eux, avec lui naissaient *ex-nihilo* les littératures de la Caraïbe. En effet, bien que conscient que le « [...] le réel martiniquais est toujours constitutif de cette poésie. Qu'elle s'indigne, s'interroge ou espère », Diop ne donne comme sources ou inspirations césairiennes que des « auteurs français des XIXe et XXe siècles », entre autres Charles Baudelaire, André Breton, Paul Claudel, José María de Heredia, Victor Hugo, Leconte de Lisle, Stéphane Mallarmé, et Arthur Rimbaud (Diop, 2010 : [183]).

Sur l'indigénisme de Brouard à Césaire : aveuglement critique ou silence stratégique ?

La question se pose, et s'imposerait même une *critique de la critique*. En effet, de ce vaste réseau intertextuel francophone, il y aurait lieu de questionner du moins les rapports de Césaire avec les poètes de *La Revue indigène* (1927-1928), plus particulièrement Philippe Thoby-Marcelin, et surtout Carl Brouard dont un vers d'un des plus célèbres poèmes, « Vous », se retrouve dans « En guise de manifeste littéraire » (1942) qui, me semble-t-il, par endroits fait écho à cette *poéthique* haïtienne[9]. Curieux et assoiffé de lecture comme il le fut, il est fort à parier que Césaire connaissait *La Revue indigène* dont la collection complète se trouvait et se trouve encore à la Bibliothèque nationale à Paris, une revue pionnière du début du XXe dont le projet esthétique trouve écho, entre

---

[8]   À titre d'exemple, rappelons que dans une entrevue le 29 septembre 2010 à Paris, Lilyan Kesteloot me signalait que, quand elle fit sa grande thèse, *Les Écrivains noirs de langue française : naissance d'une littérature* (1963), elle-même ne connaissait des littératures de la Caraïbe que les textes des Césaire, Damas, et quelques autres publiés dans l'*Anthologie de la poésie nègre et malgache de langue française* de Léopold Sédar Senghor (1948) ; et ceux présentés par Léon-Gontran Damas dans *Latitudes françaises I. Poètes d'expression française : 1900-1945* (1947).

[9]   Voir entre autres : Brouard, « Vous » (1927 : 72), repris dans *Pages retrouvées* (1963 : 20) ; Césaire « En guise de manifeste littéraire » (1942 : [7]-12), intégré partiellement dans la version dite définitive du *Cahier*, mais repris intégralement dans *La Poésie* (1994 : 59-[65]).

autres, dans « *Lucioles* in Martinique [1937], *Trinidad* and *The Beacon* in Trinidad [1931], *The West Indian Review* in Jamaica, and the column "Ideales de una Raza" that appeared in the Cuban daily paper *El Diario de la Marina* [1928] »[10], comme le rappelaient Kevin Meehan et Marie Léticée dans leur présentation de cette publication (2000 : [1377]). L'hypothèse d'un Césaire lecteur de *La Revue indigène* est d'autant plus plausible que lors de son voyage en Haïti (1944), il était proche de Pierre Mabille qui ne pouvait ignorer ce périodique, et encore moins *Les Griots* (1938-1940) et deux de ses principaux collaborateurs, Carl Brouard et Magloire-Saint-Aude. Il serait donc étonnant que Césaire n'ait point butiné dans ces poésies-là d'autant, comme il le confirme lui-même dans ses entretiens avec Vergès, qu'il a rencontré François Duvalier, l'un des fondateurs de cette dernière publication qui cessa de paraître seulement quatre ans avant son séjour haïtien[11].

Que Césaire ait lu ou non Brouard importe peu. L'important est de souligner qu'entre autres la révolte du Martiniquais – dont la formule lapidaire de 1942, « La *Fin du monde*, parbleu ! », comme seule réponse aux urgences de son temps, donne toute l'ampleur – rejoint celle, tout aussi radicale, du poète haïtien en 1927 avec son « debout![12] / pour le grand coup de balai », donc s'inscrit dans un réseau poétique caribéen, notamment haïtien. Césaire, lui-même, le rappelle dans son texte, quand en quête d'une définition de soi, le poète insiste sur sa posture avant tout de *hougan*, figure centrale de la mythologie vodou haïtienne. Que Césaire, en 1942, s'identifie au « hougan » haïtien plutôt qu'au « quimboiseur » antillais n'est sûrement pas un hasard, comme ce n'est probablement pas sans raison qu'il ne retient pas ce vers dans *Cahier* en 1960. Ce n'est ni le lieu ni le temps d'analyser la suppression de la référence au « hougan », en revanche, il importe de rappeler qu'entre 1942 et 1960, il y a l'avènement au pouvoir en Haïti du Dr. François Duvalier (1957), qui était de plus en plus perçu comme hougan ou, selon certains, voulait être

---

[10]   Les dates de création des revues données entre crochets sont de nous.

[11]   Voir Césaire (2005 : 56). À noter également un changement assez significatif de la poésie césairienne après son séjour haïtien, les textes sont généralement courts, ramassés et plus hermétiques, tout le contraire du *Cahier*, autre rapprochement à faire avec la poésie haïtienne des Brouard, Magloire-Saint-Aude et Thoby-Marcelin.

[12]   À noter, ce vers d'un mot de Brouard, « debout! », est repris deux fois par Césaire dans *Cahier*, sans l'exclamation, dans une séquence qui paraphrase encore la révolte brouardienne, voir *La Poésie* (1994 : 54-55).

reconnu comme tel. Qu'importe, cette appropriation ou revendication de la culture sacrée populaire haïtienne, là encore, remonte déjà à Carl Brouard dont Césaire, aux vers suivants, paraphrase le « Nous / qui aimons tout / tout / l'église, / la taverne / l'antique / le moderne / la théosophie, / le cubisme » en ces termes : « Car nous voulons tous les démons / Ceux d'hier, ceux d'aujourd'hui / Ceux du carcan ceux de la houe / Ceux de l'interdiction, de la prohibition, du marronnage ». Puis deux strophes plus loin, il fait encore écho au poète haïtien, transformant son « nous / qui écrivons nos vers les plus tendres dans des bouges » en « Nous chantons les fleurs vénéneuses éclatant dans des prairies furibondes » (Brouard, 1927 : 72 ; Césaire, 1942 : 8-9).

Par ailleurs, soulignons qu'en plus des poèmes aux loas du vodou[13], présentant la revue *Les Griots*, Brouard, ce « mauvais garçon » de la bourgeoisie haïtienne, alliant pratique et théorie, écrivait : « Nous remîmes en l'honneur l'assôtor et l'açon. Nos regards nostalgiques se dirigèrent vers l'Afrique douloureuse et maternelle. [...] Aux splendeurs orientales de l'antique Saba, nous rêvions de mêler la raison latine[14], et que de ce mélange conforme au génie de notre race naquit une civilisation intégralement haïtienne. Mais cette civilisation originale, où donc pouvions-nous la puiser, si ce n'est dans le peuple ? » (1938 : 2). Le programme ainsi défini par Brouard en 1938 offre des similitudes évidentes avec celui mis en œuvre par Césaire quelques années plus tard dans la revue *Tropiques* (1941-1945)[15], mais surtout à travers son œuvre créatrice depuis le premier état publié de *Cahier d'un retour au pays natal* (1939) jusqu'au dernier d'*Une tempête d'après « la Tempête » de Shakespeare : Adaptation pour un théâtre nègre* (1976). Ce dernier titre en soi tout un programme qui, encore une fois, faut-il le rappeler, renvoie

---

[13]   Voir entre autres : Brouard, « Hymne à Erzulie », « Ayda Ouedo » et « Dialogue des dieux », *Pages retrouvées* (1963 : 23-24, 78, 81-82).

[14]   Coïncidence ou non, cette formule de Brouard sera reprise un an plus tard en ces termes, « L'émotion est nègre, comme la raison hellène », par le grand ami et complice de Césaire dans l'aventure de la négritude, Léopold Sédar Senghor dans « Ce que l'homme noir apporte » (1939 : 295).

[15]   Autre point commun, plutôt troublant, cette fois : Brouard publie *Les Griots* grâce au soutien de son père, maire de Port-au-Prince, et Césaire *Tropiques*, à partir des numéros 6-7 (1943), à l'Imprimerie du Gouvernement, avec deux exceptions en 1944 et 1945, les numéros 11 et 13-14 à l'Imprimerie officielle. Ces mariages obscurs de la « révolte » avec le « pouvoir », ne faudrait-il pas les questionner ?

à l'essai de Brouard, introduit dans le texte shakespearien un personnage mythique, le « dieu-diable nègre » Eshu (acte III, scène 3), qui n'est pas sans rapport avec le vodou haïtien, notamment la paillardise des guédés.

Un autre exemple d'une éminente filiation césairienne à Brouard se retrouve dès l'ouverture de « Réponse à Depestre poète haïtien (Éléments d'un art poétique) » (1955b), renommé « Verbe marronner » (1976), où Césaire écrit : « [...] et moi je me souviens comme ivre / du chant dément de Boukman accouchant ton pays / aux forceps de l'orage ». D'une part, nommer Depestre *poète haïtien*, jusqu'à un certain point, marque une reconnaissance d'une poésie haïtienne, donc une poétique haïtienne propre avec laquelle Césaire convie Depestre de renouer dans deux vers ancrés dans l'histoire d'Haïti : « marronnons-les Depestre marronnons-les » et « au fait est-ce que Dessalines mignonnait à Vertières » (Césaire, 1955b : [113], 114). D'autre part, la référence à Boukman fait écho certes à la mythologie du personnage historique, le hougan du Bois-Caïman, l'homme qui lança la révolte générale des esclaves dominguois en 1791. Par ailleurs, elle renvoie également à celui du « Cantique de Boukman » de Brouard (1939) dont la première strophe décrit bien les *forceps de l'orage* qu'évoque Césaire. En effet, le poète haïtien écrivait : « De sombres nuages courent sur le firmament noir comme nos visages. Des sabres d'or et de feu scintillent. Un dieu puissant roule d'énormes pierres sur le dôme du ciel. Les grandes eaux sont déchaînées et la tempête furieuse tord, déracine les figuiers maudits, les mapous gigantesques » (Brouard, 1939 : 530-531 ; 1963 : 90-91).

Le réseau transtextuel caribéen ainsi exposé serait à explorer encore plus, notamment au niveau de la relation du Césaire des *Armes miraculeuses* (1946) avec le Magloire-Saint-Aude du *Dialogue de mes lampes* (1941), dont Césaire reprend là encore un vers d'un mot, « Silence », titre même du poème que Breton choisit pour illustrer ce que devrait être la poésie dans un article du *Figaro littéraire* en date du 13 septembre 1947 intitulé « Poèmes de Magloire-Saint-Aude présentés par André Breton », texte repris en 1953 dans *La Clé des champs* (1953) sous le titre de « Magloire-Saint-Aude »[16].

---

[16] Pour l'historique du commentaire sur Magloire-Saint-Aude, nous suivons une note de Marie-Claire Dumas dans le volume III de la Pléiade des *Œuvres complètes* de Breton (1999 : 1375-1376). Voir aussi Césaire, « Les pur-sang », *La Poésie* (1994 : 73), originalement publié sous le titre, « Fragments d'un poème », *Tropiques*, n° 1 (1941 : 12).

De même, il faudrait approfondir le questionnement ici esquissé sur les rapports du texte césairien avec la poésie haïtienne des années 1920-1940 – dont la querelle Césaire/Depestre (1955-1956) est fort probablement la trace la plus évidente, et aussi la plus commentée, même si la plupart des commentateurs font l'impasse sur la référence de Césaire à une *poéthique* haïtienne en rupture avec la française[17], ce qui implique qu'il en savait quelque chose. Une telle recherche pourrait également s'étendre au dialogue du Martiniquais avec d'autres poètes caribéens, notamment le Damas de *Pigments* (1937) qui, dans l'édition de 1962 de ce recueil, dédie à Césaire « Solde », un poème où l'on retrouve déjà les accents du fameux nègre du tramway du *Cahier*, notamment par son leitmotiv : « J'ai l'impression d'être ridicule »[18]. Un autre ouvrage de Léon-Gontran Damas qui, bien qu'il s'agisse de récits, de reportages ethnographiques plus précisément, n'est pas sans rapport avec une certaine poésie césairienne, est *Retour de Guyane* (1938)[19], publié juste avant la première édition de *Cahier d'un retour au pays natal* (1939). Non seulement les deux titres ont en commun le mot « retour », ils s'équivalent d'un point de vue herméneutique, et s'inscrivent dans ce paradigme du questionnement de l'espace national après un séjour à l'étranger qu'on retrouve également dans les romans de tradition haïtienne dès 1901 avec *Thémistocle-Épaminondas Labasterre* de Frédéric Marcelin, dont *Gouverneurs de la Rosée* de Jacques Roumain (1944) est la version la plus achevée et aussi la plus connue[20]. Il importerait également d'analyser les rapports de Césaire avec Saint-John Perse dont il cite *Vents* dans *Une saison au Congo* par la voix de [Dag] Hammarskjöld, le secrétaire de l'ONU de l'époque qui,

---

[17]   Voir entre autres Maryse Condé (2001); Anne Douaire-Banny (2011); Romuald Fonkoua (2010 : chapitre VI).

[18]   Voir Césaire (1994 : 36-38), Damas, « Solde », Pigments (1937 : [n.p.] ; 1962 : 39-40). Ce dialogue, bien que centré ici sur le strict plan de l'écriture, a eu également une dimension personnelle. Césaire ayant été ami, sinon proche, de plusieurs intellectuels et artistes de la Caraïbe : Alejo Carpentier, Léon-Gontran Damas, René Depestre, Bertene Juminer, Wifredo Lam, Jacqueline et Lucien Lemoine, René Ménil, Derek Walcott, pour ne citer que ceux-là.

[19]   De cet ouvrage de Damas, jugé « trop révolutionnaire », selon Clément Mbom : « plusieurs exemplaires (environ 400) sont rachetés par l'administration de la Guyane pour être jetés au feu » (1979 : 167).

[20]   Voir, entre autres, Jonassaint (2003).

selon Roger Little, fut le traducteur en suédois de *Chronique* et l'un des principaux promoteurs de la candidature du blanc créole guadeloupéen pour le prix Nobel en 1960[21], mais surtout à qui il rend hommage, encore une fois, par un recours à une symbolique haïtienne, titrant son tombeau, « Cérémonie vaudou pour Saint-John Perse » (1976), comme il le fit en 1958 dans son « Mémorial de Louis Delgrès », autre colosse de l'espace guadeloupéen, citant en exergue un extrait de la « Proclamation aux Haïtiens » du 28 avril 1804 de Dessalines[22].

Explorant des indices de cet aveuglement, comment ne pas se demander pourquoi les commentateurs de Césaire n'ont point noté que la réplique de Christophe à Martial Besse citée plus haut reprend l'esprit d'une lettre de Christophe à Leclerc en avril 1802 reproduite dans le *Toussaint Louverture* ? Pour mémoire, rappelons un extrait où l'on retrouve la même insistance sur la notion de *peuple*, la même interpellation de l'avenir transformateur initiée par un impératif :

> *Considérez*, citoyen général, les heureux effets qui résulteront de la plus simple exposition de ces lois aux yeux d'un *peuple* jadis écrasé sous le poids des fers, déchiré par le fouet d'un barbare esclavage, excusable sans doute d'appréhender les horreurs d'un pareil sort ; d'un *peuple*, enfin, qui, après avoir goûté les douceurs de la liberté et de l'égalité n'ambitionne d'être heureux que par elles, et par l'assurance de n'avoir plus à redouter les chaînes qu'il a brisées...
>
> *Songez* que ce serait perpétuer ces maux jusqu'à la destruction entière de ce *peuple*, que de lui refuser la participation de ces lois nécessaires au salut de ces contrées. Au nom de mon pays, au nom de la mère-patrie, je les réclame, ces lois salutaires, et Saint-Domingue est sauvée (Césaire, 1981 : 301-302)[23].

Plus encore, se pose la question du silence des rares commentateurs du *Toussaint Louverture*[24] : nul ne mentionnant qu'il est en bonne part un

---

[21] Voir : Césaire, acte I, scène 12, *Une saison au Congo* ([1966] 1973 : 45-46) ; Saint-John Perse, Vents III, 5, *Œuvres complètes* (1972) ; Little (1990).

[22] Pour une analyse des enjeux intertextuels des tombeaux de Césaire, voir entre autres la communication de Delphine Rumeau au colloque Césaire de Cerisy en 2013, « Du monument au rituel, les poèmes funéraires d'Aimé Césaire » (2014).

[23] Les italiques sont de nous.

[24] Dans son article, « Aimé Césaire, l'Histoire et la Révolution : pour une lecture composite de *Toussaint Louverture* », Aliko Songolo (2008 : 121, note 10) soutient n'avoir recensé que « quatre études entièrement consacrées » à cette œuvre, et trois autres l'abordant partiellement. C'est, des ouvrages de Césaire, un des rares d'une

savant montage de textes des révolutionnaires haïtiens, en tout premier lieu, Louverture lui-même dont l'une des phrases les plus célèbres donnent son titre au dernier chapitre : « CAR SES RACINES SONT NOMBREUSES ET PROFONDES » ? Ni Florian Alix, qui note avec justesse que l'œuvre est une « mise en scène des différents discours sociaux » (2014 : 95), ni Gloria Nne Onyeoziri qui décrit bien une part de l'architecture de l'œuvre, écrivant :

> [...] plutôt que de nous présenter des séquences narratives en tant que telles, Césaire, par un procédé d'hypercorrection [...] met l'accent sur des documents ou des textes cités, s'écartant ou se retirant fréquemment, pour que ces textes parlent pour eux-mêmes. Ainsi, les documents qu'il nous présente jouent le rôle des voix de l'autre qui parle à travers lui. Il n'apparaît lui-même que dans une forme de didascalie. En s'écartant ainsi, Césaire, dans le rôle d'un dramaturge, n'assume pas toujours la responsabilité d'établir les liens entre les textes ou les documents ; souvent il les laisse créer eux-mêmes les liens ou montrer eux-mêmes les relations en forme de dialogues (1992 : 89).

Cette masse de citations ne saurait cependant passer inaperçue : Onyeoziri signale même deux bonnes séquences, l'une reprenant quatre pages d'un discours de Viefville des Essarts et l'autre deux d'un article de Marat[25] ; mais elle ne va pas au bout de son raisonnement. Il en est de même de E. Anthony Hurley qui souligne justement : « This "history" [*Toussaint Louverture*] is [...] relatively dispassionate, almost sober. In it, Césaire relies heavily on documentation, or written records, and only occasionally do his editorial comments manifest the intensity of his other works » (2004 : 203). En effet, pour mémoire, notons que dans la troisième partie de l'ouvrage, la plus imposante en volume (176 pages sur 345), des dix-huit chapitres, douze ont plus de 50 % de citations ; quant aux six autres, dans les chapitres 1, 4 et 5, on recense plus de 75 % de citations d'acteurs tant des révolutions française que dominguoise, et dans les chapitres 6, 14 et 15, comme dans la conclusion, plus de 25 % de citations. Par ordre d'apparition, elles sont notamment de Necker, Viefville des Essarts, Vaublanc, Pastoret, Polverel, Grégoire, Marat, Boukman, l'Abbé Raynal, Toussaint Louverture, Jean-François, Moïse, Sonthonax, Chanlatte, Dufay, Levasseur (de la Sarthe), Cambon, Danton, le père Duchesne, Boissy d'Anglas, Pamphile de Lacroix, Christophe, Leclerc,

---

fortune plutôt médiocre : il n'a pas été traduit en anglais, et n'a pas été repris dans le volume Césaire de la collection « Planète libre » aux éditions du CNRS en 2013.

[25]   Voir Onyeoziri (1992 : 89) ; Césaire (1981 : 172-175 ; 188-190).

Rochambeau, Dessalines[26], en plus des textes des divers gazettes, et penseurs ou historiens tels que Schœlcher, Marx, Lénine, C. L. R. James, Ardouin, et fort probablement, bien que jamais donné en référence, le tome XXV des *Archives parlementaires de 1787 à 1860* sous la direction de M. J. Mavidal et M. E. Laurent (1886).

Par ailleurs, combien de lecteurs ont prêté attention au dialogue qu'institue Césaire avec les historiens haïtiens dont atteste entre autres la dernière phrase de son *Toussaint* : « C'est pourquoi l'Intercesseur mérite bien le nom que lui donnent ses compatriotes d'aujourd'hui : le Précurseur … » (Césaire, 1981 : 345) ? Un autre exemple fort éloquent de ce dialogue, qui montre bien son actualité et sa contemporanéité dans la pensée de Césaire, nous est donné dans ces cinq courts paragraphes d'une phrase chacun comme des répliques d'une conversation :

> Il est de mode aujourd'hui chez les Haïtiens de diminuer Toussaint, pour grandir Dessalines.
>
> Il ne saurait être question de nier les mérites de Dessalines ni les lacunes de Toussaint.
>
> Mais on peut clore le débat d'un mot : au commencement aurait point eu de Dessalines, cette continuation.
>
> Bien sûr la situation historique de Toussaint est malaisée, comme celle de tous les hommes de transition.
>
> Mais elle est grande, irremplaçable : cet homme comme nul autre constitue une articulation historique (Césaire, 1981 : 331).

Enfin, combien parmi les césairiens ont reconnu que son théâtre, qui puise à moult sources savantes ou populaires (Shakespeare, l'histoire haïtienne ou congolaise, le vodou, etc.), d'abord historique, malgré l'indétermination des lieux et des époques de *Et les chiens se taisaient* (1956) et *Une tempête* (1968), s'inscrit dans une double tradition caribéenne : celle du théâtre patriotique haïtien, qui remonte à 1804 avec *La Mort du général Lamarre* d'Antoine Dupré[27], et celle des écrivains de

---

26 Voir Césaire (1981), respectivement les pages [171], 172, 182, 183, 187, 188, 197, 200-201, 211, 212, [215], 216, 218, 219, 220, 244, 259, 301, 304, 335, 338, 339.

27 Voir, entre autres, Robert Cornevin (1973 : 260-269), qui donne un tableau chronologique fort éclairant de la production théâtrale haïtienne des xixe et xxe siècles ; et Gustave d'Alaux, qui souligne dans une note : « L'histoire du théâtre haïtien remonte de fait à l'avénement de Dessalines. Dès cette époque, les jeunes gens de Port-au-Prince composaient et jouaient des mélodrames qui avaient pour sujet les principaux épisodes de l'expédition Leclerc. Tout ce que nous savons de ces essais, probablement informes, c'est qu'ils étaient applaudis avec fureur. Le favori en titre de Dessalines, le colonel Germain Frère, ajoutait encore à l'enthousiasme des spectateurs

la Caraïbe toute langue confondue de puiser à même l'histoire d'Haïti, notamment les figures de Christophe et Toussaint, pour nourrir tant leurs créations (poésie, théâtre, récit) que leurs essais dont témoignent les titres suivants : *The Black Jacobins: Toussaint L'Ouverture and the San Domingo Revolution* de C. L. R. James (1938), *El Reino de este mundo* de Alejo Carpentier (1949), *Henri Christophe* de Derek Walcott (1950), *Toussaint Louverture, le Napoléon noir* de Raphaël Tardon (1951), *Monsieur Toussaint* d'Édouard Glissant (1961).

Des sources littéraires haïtiennes du texte césairien

Aussi, proposons-nous de dresser un premier bilan provisoire de cet apport littéraire haïtien, l'état actuel de nos recherches permettant difficilement de remonter à la genèse des textes césairiens, ou de déterminer le statut des emprunts (citations, paraphrases ou pastiches). En effet, jusqu'à maintenant, nous n'avons accès à aucun cahier ou carnet de notes préparatoires, seulement quelques manuscrits ou tapuscrits (plutôt incomplets)[28]. Et ce n'est ni la part connue de sa correspondance avec des éditeurs ou traducteurs, ni les nombreuses entrevues publiées qui nous informeront pleinement sur la fabrique du texte césairien (« fabrique » au sens pongien du terme[29]). Il y a donc tout un champ à explorer avant d'arriver à une connaissance satisfaisante de la *poéthique* césairienne

---

en se promenant dans la salle la tête chargée d'un énorme bonnet à poil, où se lisait en lettres rouges : Haïti tombeau des Français » (1852 : 943).

[28] Au mieux de mes connaissances, en plus de quelques poèmes, les seuls tapuscrits retracés sont ceux du *Cahier d'un retour au pays natal*, en ligne sur le site de l'Assemblée nationale française ; « Le Rebelle » (première version de *Et les chiens se taisaient*) dans le fonds Yvan Goll à la Bibliothèque municipale de Saint-Dié-des-Vosges ; *La Tragédie du Roi Christophe* (acte III, et quelques ajouts et corrections, des actes II et III), *La Tragédie du Roi Christophe* (une version télévisuelle et une radiophonique dont les statuts sont ambigus), *Une saison au Congo*, et *Une tempête*, dans les fonds Jean-Marie Serreau de la Bibliothèque nationale à Paris et Michel Leiris à la Bibliothèque Jacques Doucet. Dans tous les cas, il s'agit d'états des textes qui ne correspondent pas tout à fait aux éditions en volume. Nous profitons de l'occasion pour remercier le personnel de ces deux dernières institutions, notamment Mmes Marie-Dominique Nobecourt Mutarelli, Brigitte Finot, et Danielle Chamaillard, MM. Joël Huthwohl et Philippe Blanc, qui ont facilité grandement nos recherches sur Césaire.

[29] Voir Francis Ponge, qui soutient que le « *fait de l'écriture* (de 1a production, création textuelle, scripturale) *est la lecture d'un texte du Monde* » (1971 : 22).

— *poéthique* avec un *h* pour signifier la part d'éthique et d'esthétique qui sous-tend toute écriture véritable. Mais, si l'on se fie aux propos de Daniel Maximin au colloque du Centenaire de Césaire à Fort-de-France le vendredi 28 juin 2013 (repris à Cerisy, le 10 septembre de la même année), rappelant que Césaire, jusqu'à sa retraite de la vie politique, détruisait systématiquement ses manuscrits sitôt le texte dactylographié, une telle entreprise est-elle vraiment possible? Il est fort probable que nous n'aurons jamais accès à ces avant-textes, ou même à des copies ou épreuves d'imprimerie (corrigées ou non).

Alors comment comprendre, par exemple, pourquoi Césaire attribue-t-il à Christophe un règlement édicté par Toussaint, d'abord en 1963 dans la bouche d'un « crieur public » à la scène 4 de l'acte II; puis, en 1970, par la voix d'un « Royal-Dahomet » (acte II, scène 1)[30]? Sur ce détournement d'un authentique texte historique, nous voilà pour l'heure incapable de donner une réponse fondée, ou même de proposer une hypothèse satisfaisante. De même, il est difficile d'expliquer la logique du passage d'un annonceur civil des textes de 1961 et 1963 de *la Tragédie* à un porte-parole militaire de l'édition dite définitive de 1970.

Rodney E. Harris, s'appuyant sur le *Henri Christophe dans l'histoire d'Haïti* de Vergniaud Leconte (1931), justifie la présence de ce personnage furtif du « crieur public », en raison de la véracité historique (1973 : 115), mais n'explique pas le passage dans une édition ultérieure à un annonceur militaire, le « Royal-Dahomet ». De même, il ne dit mot de l'anachronisme d'attribuer un règlement de Toussaint à Christophe, ni non plus de celui de citer, avec quelques variantes dans la ponctuation, des extraits de la romance d'Ourika d'Ulric Guttinguer, écrite après la mort de Christophe dans l'édition de 1970, contrairement à l'édition de 1963 dont les six vers chantés par Isabelle sont probablement de Césaire à partir de fragments de lieux communs littéraires repris entre autres d'Homère,

---

[30] Voir Césaire, *La Tragédie du Roi Christophe* (1963 : 93-94); *La Tragédie du Roi Christophe* (1970 : 76); *Toussaint Louverture* (1981 : 271-273); Ardouin, *Études sur l'histoire d'Haïti* (1853 : 249-255). Il existe quatre états publiés de *La Tragédie du Roi Christophe* : dans la revue *Présence africaine* (1961-1963), aux éditions Présence africaine (1963 et 1970), et aux éditions Désormeaux (1976); mais il n'y a de différence significative qu'entre les textes publiés par Présence africaine en 1963 et 1970, aussi nous ne référons qu'à ces deux éditions.

de Platon et de Voltaire que nous soulignons en note[31]. Or, ces exemples contredisent justement la thèse de la « scrupuleuse » « fidélité aux détails précis » chez Césaire[32] qui renforce des anachronismes dans l'édition dite définitive plutôt que de les corriger. De plus, ce règlement faussement attribué à Christophe offre une vision erronée de sa politique agraire, dont la « Loi concernant la culture » du *Code Henry* (1812) exposait les principes directeurs qui furent des plus progressistes de son temps, et probablement même d'aujourd'hui, si l'on se rapporte aux articles 1, 3, 6 (sur les obligations des propriétaires et fermiers envers les agriculteurs, notamment celles de subvenir aux besoins des travailleurs handicapés ou trop vieux pour travailler), 4, 5 (sur les hôpitaux d'habitation agricole et les soins de santé), 34, 35 et 52 (sur l'usage des terres agricoles dans une double perspective écologique et économique, et sur la planification des récoltes)[33].

Ces réserves faites, certains témoignages de collaborateurs de Césaire, certains documents d'archives, certains croisements de ses textes avec ceux de contemporains ou précurseurs haïtiens, nous donnent à penser à au moins cinq influences ou sources haïtiennes majeures : le baron de Vastey, secrétaire du Roi Christophe, auteur, entre autres, du *Système colonial dévoilé* (1814), et également personnage de sa *Tragédie* ; Anténor Firmin, homme politique, qui donna en 1885 *De l'égalité des races humaines : anthropologie positive*, une savante réfutation des thèses racistes

---

[31]   Voir Césaire, acte II, scène 5, *La Tragédie du Roi Christophe* : « Pourquoi m'avez-vous conduite à ce <u>rivage fatal</u>/Où mon sang est un crime et <u>ma douleur un mal</u>/Loin de tous ces frimas/Sous nos <u>heureux climats</u>/Là, le soir, retirée dans <u>ma pauvre chaumière</u>/Des enfants, du moins, eussent <u>embrassé leur mère</u> » (1963 : 100) ; Césaire, acte II, scène 2, *La Tragédie du Roi Christophe* (1970 : 81-82) ; Guttinguer, « Ourika, romance », *Mélanges poétiques* : « Enfant de la noire Guinée,/D'un ciel brûlant lointaine fleur,/Ourika, fille infortunée,/Déplorait ainsi son malheur :/France, ô toi qui m'avais charmée,/Toi que saluaient mes transports ;/Tu me cachais que sur tes bords/Je ne serais jamais aimée. [...] Blanche couleur, couleur des anges,/Mon âme était digne de toi ; O Dieu puissant, que de louanges,/Si tu l'avais faite pour moi ! Mais pour l'oubli tu m'as formée ;/D'Ourika termine le sort. / C'est un si grand bien que la mort/Pour qui ne peut pas être aimée » (1825 : 123, 125).

[32]   Voir Harris (1973 : 119-120).

[33]   Quoique largement diffusée aujourd'hui, puisqu'en ligne librement, cette loi reste peu connue et difficile d'accès, étant dans l'ensemble du *Code Henry* qui, malheureusement dans ces versions électroniques, en plus d'une numérotation complexe, n'a ni index ni table des matières (voir entre autres http://archive.org/details/codehenry00hait).

du comte Arthur de Gobineau ; B. Ardouin dont il cite ou commente à maintes reprises les *Études sur l'histoire d'Haïti* (1853-1860) ; Toussaint Louverture dont il cite divers écrits, notamment ses *Mémoires* selon l'édition de Saint-Remy (des Cayes) ; les chants vodou repris ici et là dans *la Tragédie du Roi Christophe*, ou plus largement toute une oraliture haïtienne (ou caribéenne)[34], de l'ouverture de la pièce avec la gaguère et son langage propre, au prologue, jusqu'à l'avant dernière scène de l'acte III, la huitième de l'édition dite définitive, dont la première didascalie précise : « *Entre Hugonin, en habit et haut-de-forme, tenue classique de Baron-Samedi, le dieu de la mort haïtien* » (Césaire, 1970 : 147)[35]. Certains de ces textes haïtiens trouvent échos tant dans les œuvres sur Haïti (*la Tragédie, Toussaint Louverture, Le Rebelle*[36]) que dans une œuvre fort éloignée de la première république noire comme *Une saison au Congo* ([1966] 1973). Dans cette pièce sur le leader congolais Patrice Lumumba, détournant un proverbe haïtien, « krayon bondié pa gen gòm », Césaire met dans la bouche de Mokutu, cette phrase : « Mais le Crayon de Dieu lui-même n'est pas sans gomme » (1973 : 113) – plausible clin d'œil au titre du roman de Philippe Thoby-Marcelin et Pierre Marcelin, *Le Crayon de Dieu* (1952). La prégnance de la langue haïtienne semble si forte dans le texte césairien qu'elle aveugle presque. Ainsi, un commentateur comme Raphaël Confiant, de bonne ou mauvaise foi, n'arrive pas à voir comment cette œuvre était travaillée par des discours populaires de la Caraïbe, même quand il exhibe un vocabulaire français des plus recherchés ou rares, qui n'est pas sans lien avec cette idée du « grand nègre savant » par sa seule maîtrise d'un français plutôt académique[37]. Mais c'est peut-être dans *Discours sur le colonialisme* ([1950] 1955a) que la

---

[34] Par endroits, il est difficile de décider ce qui est de l'ordre de la Caraïbe, du moins des Antilles dites françaises et d'Haïti, de ce qui est strictement haïtien, et Césaire joue parfois sur les deux plans fusionnant avec une touche personnelle apports traditionnels haïtiens et martiniquais. Par exemple, le combat de coqs dans le pitt martiniquais fut aussi populaire que dans la gaguère haïtienne.

[35] Dans la première édition en volume de *la Tragédie*, Césaire ne fait pas référence à Baron Samedi, ni n'évoque l'haïtianité du costume d'Hugonin. De plus, la didascalie est entre parenthèses tout à la fin de la scène 10 pour annoncer sa clôture et l'ouverture de la onzième (Césaire, 1963 : 156).

[36] Dans ce texte inédit que Césaire réécrit sous le titre de *Et les chiens se taisaient* (1956), le personnage central, n'est nul autre que Toussaint Louverture ; voir Alex Gil (2010).

[37] Voir Confiant ([1993] 2006), 3ᵉ partie, « Césaire entre deux langues et trois pays ». Pour des études élaborées récentes sur la question linguistique dans l'œuvre de Césaire, voir entre autres Lambert-Félix Prudent (2010) ; André Thibault (2010).

pensée et une certaine rhétorique haïtiennes semblent les plus présentes. Car, comment remettre en cause le colonialisme, notamment en langue française, sans retrouver les accents de ceux qui les premiers donnèrent au terme « colonial » son sens moderne, comme ils le firent pour « indigène » et « indépendance », je nomme les auteurs de l'épopée de 1804 et leurs descendants immédiats, les Haïtiens du XIXᵉ siècle[38]? *Discours* sera notre point de départ, étant le plus ancien, et un des moins cités des textes césairiens en rapport avec Haïti.

Ce qui frappe d'abord, c'est la similitude des titres de Vastey, *Le Système colonial dévoilé* (1814), et de Césaire, *Discours sur le colonialisme* ([1950] 1955). Quatre mots et particules pour aboutir à une même stratégie : insister sur le côté systémique du colonialisme, sur sa singulière indissociabilité ou indivisibilité : *le* colonialisme / *le* système colonial, non un colonialisme ou un système colonial parmi d'autres. Le clin d'œil à de Vastey est encore plus évident au chapitre 12 du *Toussaint Louverture*, intitulé « La logique d'un système », chapitre qui se ferme sur une citation de généraux de l'Armée indigène proclamant l'Indépendance de Saint-Domingue, le 28 novembre 1803 après la capitulation de l'armée française : « Au nom des Noirs et des Hommes de couleur, l'indépendance de Saint-Domingue est proclamée. Rendus à notre dignité primitive, nous avons assuré nos droits ; nous jurons de ne jamais céder à aucune puissance de la terre... » (Césaire, 1981 : 339).

Une parenthèse s'impose ici. Césaire ne donne pas ses sources, mais la conformité du texte cité avec la version de M. Placide-Justin nous permet de penser que sa source n'est autre que l'ouvrage de ce dernier, *Histoire politique et statistique de l'île d'Hayti, Saint-Domingue* (1826), qui se trouve tant à la Bibliothèque Schœlcher de Fort-de-France qu'à la Bibliothèque nationale de Paris. Comme des prédécesseurs qui ont repris cette proclamation dite du 20 novembre 1803, suite à sa première publication, du moins en français, dans l'édition du 25 février 1804 du *Mercure de France*[39], Césaire a tenu à y imprimer sa touche propre :

---

[38]   Sur l'apport haïtien dans la modernisation de ces termes, voir Jonassaint, *Contre Vulgate* (à paraître, 2015).

[39]   Voir sous la rubrique, « Nouvelles diverses », « Proclamation rendue de par Dessalines, Christophe et Chervaux [sic], chefs de Saint-Domingue, au nom du peuple noir et des hommes de couleur de S. Domingue », *Le Mercure de France* (5 Ventose An XII), p. 469-471.

les capitales à « Noirs » et « Hommes de couleur » qui sont les seules différences avec le texte de Placide-Justin[40].

Les rapports du texte césairien au Baron de Vastey ne s'arrêtent pas au *Système colonial dévoilé*. À la fois comme personnage fictif de *la Tragédie* et intellectuel organique du régime christophien, de Vastey tient une place importante dans la vie et l'œuvre de Césaire. Selon feue Jacqueline Lemoine[41], le Martiniquais se retrouvait dans Vastey qu'il « aimait beaucoup » qui est, avec Métellus, un personnage qui parle en son nom dans *la Tragédie*. Il a même acheté un « livre de Vastey dans une vente aux enchères, il l'a payé très cher... [...] Je ne me rappelle pas du titre du livre que Césaire nous a montré, mais de façon fugace. On n'a pas travaillé sur le livre... Il s'en est servi pour écrire la pièce... C'est pour cela qu'il colle tellement à l'histoire »[42]. Cet attachement de Césaire à de Vastey nous semble confirmé par le témoignage de Malik Noël-Ferdinand au colloque de Cerisy (2013) sur sa rencontre avec le dramaturge pour obtenir l'autorisation de traduire en « créole » *la Tragédie*, comme mémoire de maîtrise. Césaire, pour vérifier son habilité à entreprendre cette traduction, lui demande alors d'interpréter Christophe, et lui Vastey, mais en donnant leurs répliques en « créole ».

Une trace fort évidente de cette inspiration par de Vastey, est la réplique du personnage Vastey, à la scène 3 de l'acte I (scène d'ailleurs trop souvent mal interprétée, de nombreux commentateurs confondant ironique et comique), à un courtisan au sujet des « titres ronflants, duc de la Limonade, duc de la Marmelade, comte de Trou Bonbon », qui amuseraient les Français :

VASTEY (*ironique*)

> Homme de peu de foi! Allons! Le rire des Français ne me gène pas. Marmelade, pourquoi pas? Pourquoi pas Limonade? Ce sont des noms à vous remplir la bouche! Gastronomiques à souhait. Après tout les Français

---

[40]   Des historiens haïtiens comme Thomas Madiou et Linstant de Pradine doutent de l'authenticité de ce texte, voir Jonassaint (à paraître, 2015).

[41]   Jacqueline Lemoine (1923-2011), née Scott, a créé le rôle de Madame Christophe dans les mises en scène de Jean-Marie Serreau tant à Salzbourg (1964) qu'à l'Odéon de Paris (1965). C'est également elle qui a tenu ce rôle dans la représentation de la pièce au premier Festival mondial des arts nègres à Dakar (1966).

[42]   Extrait d'une entrevue téléphonique de Jacqueline Lemoine de Dakar avec Jean Jonassaint à Syracuse, New York, le 22 septembre 2010.

ont bien le duc de Foix et le duc de Bouillon ! Est-ce plus ragoûtant ? Il y a des précédents, vous voyez ! (Césaire, 1963 : 33)

Dans ce passage, Césaire reprend à sa manière l'un des arguments du baron de Vastey contre Malouet sur l'état de la société haïtienne après l'indépendance, assumant avec cette logique implacable qui fut la sienne sa fierté de la monarchie haïtienne, et l'importance formelle de ses titres :

> [...] Détrompez-vous, M., de la fausse opinion que vous vous êtes faite du peuple haytien ; depuis vingt-cinq ans nous avons brisé les entraves qui comprimaient nos facultés ; ce peuple n'est plus celui que vous avez connu jadis ; nous nous appelons maintenant Monsieur, nous avons un grand Roi, que nous chérissons ; des Princes, des Ducs, des Comtes, des Barons, des Chevaliers, des Officiers Généraux, des Administrateurs, des Juges, etc. (Baron de J.L. Vastey, 1814 : 23-34)

Un autre nœud de transtextualité (au sens genettien du terme) entre textes césairiens et haïtiens, c'est *Cahier* qui, avec *La Tragédie du Roi Christophe*, est considéré par plusieurs comme l'un des deux plus importants textes littéraires de Césaire. Raphaël Confiant affirme même :

> [...] On peut aussi considérer qu'il existe deux pics, deux zéniths dans [le] parcours [littéraire de Césaire] : d'abord le miracle du *Cahier* en 1939, ensuite celui de *La tragédie du Roi Christophe* en 1963. Non que ses autres œuvres soient inférieures à ces deux monuments, mais bien parce qu'en ces deux occasions-là il a su mobiliser l'essentiel de son génie littéraire et que ce sont probablement les deux textes qui franchiront l'épreuve de la postérité ([1993] 2006 : 161-162).

Nous connaissons tous les vers que Césaire a consacrés à Toussaint, ils sont admirables, émouvants, comme nous connaissons bien l'importance de l'histoire haïtienne dans l'œuvre du Martiniquais. Ce qui est sans doute ignoré, c'est du moins l'hypothèse que je formule : ces vers ont été probablement inspirés, du moins en partie, par Anténor Firmin, notamment son quinzième chapitre de *De l'égalité des races humaines* (1885), improprement titré « Rapidité de l'évolution dans la race noire ». En fait, c'est une présentation fort lyrique, donc poétique, des « acteurs de l'Indépendance d'Haïti », plus particulièrement du plus grands d'entre tous, selon Firmin, « Toussaint-Louverture », auquel il consacre la 3e partie de ce chapitre, soit 16 pages sur 34. Et l'objectif de ce recours à l'histoire haïtienne n'a d'autre but que de prouver hors de tout doute l'égalité des races humaines, et a fortiori l'humanité des Noirs.

Pour soutenir notre hypothèse, deux courts extraits, l'un qui introduit le portrait de Toussaint (dont une gravure le représentant se trouve intercalée entre les pages de garde et de titre, elle est la seule de l'ouvrage avec celle de l'empereur Faustin 1er entre les pages 298-299)[43], l'autre qui le ferme.

Le premier :

> [...] Mais au-dessus de tous, de Dessalines lui-même [qui vient juste avant Christophe, à qui Firmin accorde beaucoup plus de place tout de même], il y a un autre nom plus grand, plus vénérable, à jamais glorieux et illustre, dans les annales de l'île d'Haïti qu'il a couverte de ses lauriers ; cependant plus glorieux et plus illustre encore, pour *avoir fourni la preuve la plus éloquente, la plus évidente de la supériorité native de la race noire*. Je veux nommer *Toussaint-Louverture* (Firmin, 1885 : 545)[44].

Le second :

> [...] Plus d'un exemple s'offrirait à ma plume et viendrait démontrer que partout où *les noirs*[45] ont pu se constituer en société, quelque élémentaire que soit leur organisation politique et religieuse, ils manifestent le germe de toutes les grandes qualités qui, pour grandir et s'étendre, n'attendent qu'une transformation heureuse. Mais à quoi bon ! Après la figure de Toussaint-Louverture, toutes les autres deviennent insignifiantes et s'éclipsent par l'éclat même qu'elle projette. Conservons au *premier des Noirs*[46], le titre qu'il a choisi comme le plus beau et le plus expressif. Sa gloire appartient à *l'humanité noire entière*[47]. Elle suffit amplement pour enorgueillir et ennoblir tous les descendants de la *race africaine*, dont il a démontré à un si haut point les merveilleuses aptitudes (Firmin, 1885 : 559) !

L'équivalence, sinon l'amalgame, Haïti / Afrique, Haïtien / race africaine / Noirs, établit plus haut par Firmin, se retrouvera des décennies plus tard dans une des plus fameuses répliques que Césaire met dans la bouche de Christophe, à la scène 6 de l'acte I :

---

[43] À noter que l'ouvrage en ligne sur Gallica ne reproduit pas ces gravures ; par contre, elles se trouvent dans le volume de la Bibliothèque Schœlcher sous la cote : 306 [5] FIR FL.

[44] Les italiques sont de nous.

[45] Les italiques sont de nous.

[46] Ces italiques sont de Firmin.

[47] Ces italiques sont de nous. À noter, au passage, que cette idée d'une humanité africaine ou noire, qui se retrouve, entre autres, dans *Le Système colonial dévoilé* du baron de Vastey (1814), et le *Manifeste du Roi* de Christophe (1814), remonte aux premiers textes fondateurs haïtiens de 1804.

> Pauvre Afrique! Je veux dire pauvre Haïti! C'est la même chose d'ailleurs.
> Là-bas la tribu, les langues, les fleuves, les castes, la forêt, village contre village,
> hameau contre hameau. Ici nègres, mulâtres, griffes, marabouts, que sais-je, le
> clan, la caste, la couleur, méfiance et concurrence, combats de coq, de chiens
> pour l'os, combats de poux (Césaire, 1963 : 52)!

Certes, pour l'instant, je n'ai d'autre preuve formelle que Césaire a eu toutes les chances de lire Firmin que le fait irréfutable qu'un exemplaire de *De l'égalité des races humaines* se trouvait (et se trouve encore) tant à la Bibliothèque nationale de Paris qu'à la Bibliothèque Schœlcher de Fort-de-France qu'il fréquentait. Pour étayer ma thèse, hormis la place que tous deux accordent explicitement ou implicitement à l'Homme de Bréda, je ne dispose que des mots-clés qui se retrouvent dans leurs textes respectifs : « Toussaint », bien sûr, cette référence à une « humanité noire » née de l'Indépendance d'Haïti, mais surtout leur rapport à « Renan », ou à d'autres humanistes européens, qui oscille entre une admiration implicite et une déception affichée.

On peut se demander pourquoi Firmin plutôt que Schœlcher, par exemple? D'une part, la place accordée à Christophe et à Toussaint par les deux Caribéens est la même. D'autre part, j'aime à penser qu'avec un grand-père diplômé de Saint-Cloud, l'année même où Firmin publie son grand ouvrage, en plus d'épouser la fille du consul haïtien de Saint-Pierre en Martinique[48], trop de coïncidences s'accumulent pour écarter une possible influence consciente ou non de Firmin sur le jeune Césaire.

Cette intuition est d'autant plus fondée que dans *Discours sur le colonialisme*, Césaire cite et critique Renan avec le même scepticisme (ou étonnement) que Firmin le faisait en 1885, au chapitre 13 de *De l'égalité des races humaines*, « Préjugés et Vanités »[49]. En outre, le long passage du *Discours* qui fait une critique de certains penseurs européens[50] semble calqué, en partie du moins, sur ce chapitre de Firmin. Si le penseur haïtien enfile citations puis commentaires, Césaire, lui, opte pour l'alternance citations/commentaires, suivant ainsi le modèle des *Notes à M. le Baron V. P. Malouet* de Vastey (1814). Par contre, tous deux tendent vers un même but : montrer, preuves à l'appui que, face à la question noire,

---

[48]   Je remercie Madame Dominique Taffin, directrice des Archives départementales de la Martinique, de m'avoir communiqué ces informations qui ont été confirmées par la suite, en partie, par le récent documentaire de Jean-François Gonzalez, *La Parole d'Aimé Césaire, « belle comme l'oxygène naissant »* (2013).

[49]   Voir respectivement, Césaire (1955a : 14-15); Firmin (1885 : 477-482).

[50]   Césaire (1955a : 11-23).

toutes ces belles têtes qu'elles se nomment Florenne, Gobineau, Hegel, Kant, Mannoni ou Renan, se perdent dans le marasme des préjugés de leur temps. Par ailleurs, ce modèle d'une série de citations suivie et/ou précédée de commentaires – qu'on retrouve déjà en 1883 dans le magistral contre-discours de Louis-Joseph Janvier, *La République d'Haïti et ses visiteurs (1840-1882), réponse à M. Victor Cochinat, de la* Petite Presse, *et à quelques autres écrivains* – que Césaire écarte en 1955 dans *Discours*, il l'adopte en 1960-1961 dans son *Toussaint Louverture* pour présenter et commenter certains passages déterminants de la constitution louverturienne de 1801 qu'il reprend de B. Ardouin[51]. Ici les preuves sont formelles. Césaire a lu Ardouin avec qui, il dialogue dans cet ouvrage, et à qui il emprunte même sans guillemets, avec ou sans modifications, des paragraphes entiers.

Ainsi, réfutant une proposition d'Ardouin, sans la citer explicitement ni donner la référence, il écrit :

> Il est stupide, comme le fait l'historien haïtien Ardouin, de s'appuyer sur les termes volontairement diplomatiques du préambule pour nier la portée révolutionnaire de la constitution louverturienne. Le fait est que, pour la première fois, Saint-Domingue prenait conscience d'elle-même et le proclamait [...] (Césaire, 1981 : 281).

Par contre, dans la citation suivante, tout ce qui vient après les deux points de la deuxième phrase n'est que reprise mot à mot ou presque, sans guillemets et sans référence, d'un passage de l'historien haïtien[52] :

> Les rapports avec la France? L'anecdote suivante indique comment Toussaint les concevait : Les *Mémoires* de Pamphile de Lacroix rapportent des extraits d'un compte rendu remis au ministre de la Marine par le colonel Vincent, sur ce qui se passa entre lui et le gouverneur, au sujet de la constitution coloniale. Vincent lui ayant fait de vives représentations sur la publication de cet acte avant qu'il eût été[53] soumis au gouvernement français :
>
> « Il m'écouta avec attention, dit Vincent, surtout quand je lui demandai ce que pourrait faire le gouvernement français, aujourd'hui qu'aux termes de la

---

[51] Voir, respectivement, Césaire (1981 : 279-282) et Ardouin (1853 : 357-377).

[52] Voir, respectivement, Césaire (1981 : 282) et Ardouin (1853 : 382). Pour les variantes typographiques entre les deux textes, nous soulignons une fois. Par contre, pour les différences relevant de la forme de l'expression, nous soulignons deux fois et donnons en note le texte original de B. Ardouin.

[53] Le texte intégral d'Ardouin : « Il paraît que ce colonel lui fit de vives représentations sur la publication de cet acte, avant de l'avoir soumis au gouvernement français, et encore plus sur son impression » (1853 : 382).

constitution, il n'aurait plus personne à nommer ni à envoyer dans la colonie. Il me répondit que le gouvernement enverrait des *commissaires* pour parler avec lui. Plutôt[54] *des chargés d'affaires, des ambassadeurs...* » (Césaire, 1981 : 282)[55].

Par les deux points qui précèdent le passage, Césaire implicitement laisse entendre qu'il s'agit d'un emprunt, mais cette imprécision porte à penser à une paraphrase de l'anecdote plutôt qu'à une citation. Enfin, dans un autre exemple fort intéressant du dialogue avec Ardouin, Césaire écrit :

Toussaint gênait donc. Alors, disparaître, pour unir. Disparaître pour ressouder.

Ici Ardouin a flairé la vérité :
« Si l'on considère... que Rigaud et Toussaint Louverture avaient fourni leur carrière, terminé leur mission, on reconnaîtra que le sacrifice de ces deux personnages devenait d'une utilité capitale au salut de leurs frères » (Césaire, 1981 : 312-313 ; Ardouin, 1854 : 167)[56].

Dans ce dernier extrait du *Toussaint Louverture*, Césaire cite et commente Ardouin. Plus important encore, il s'en inspire pour sa lecture de la déportation de Toussaint, et le titre qu'il donne à ce quinzième chapitre de son ouvrage, « Le sacrifice », mot qui revient à maintes reprises dans l'analyse d'Ardouin de ce fait historique[57], est un terme central dans le vodou haïtien. En effet, le rituel (ou « service ») par excellence du fidèle pour son loa se nomme avant tout « sacrifice », à la fois l'offrande aux loas et la violence sur soi qu'imposent les rituels. Bien sûr, la notion de sacrifice se retrouve tant dans les discours païens, chrétiens que vodoüiques, d'où une difficulté réelle à faire la différence entre les diverses traditions, la part de l'un ou de l'autre dans le choix des termes. Mais, sa fréquence et sa polyvalence dans l'espace haïtien, et plus encore l'importance accordée à la cérémonie du Bois-Caïman par Césaire dans le déclenchement de la « révolution nègre »[58] nous permettent de penser que le sens haïtien prime sur les autres, d'autant plus qu'il englobe tout à la fois l'offrande

---

54   Le texte original se lit comme suit : « — Dites plutôt *que l'on veut* qu'il vous envoie des chargés d'affaires, des ambassadeurs... » (Ardouin, 1853 : 382).

55   À noter que le dernier paragraphe de la citation, avec des variantes typographiques, se retrouve effectivement dans l'ouvrage de Pamphile de Lacroix (1819 : 25).

56   À noter que dans son ouvrage, Ardouin souligne tant l'expression *le sacrifice de ces deux personnages* que le syntagme *d'utilité capitale*.

57   Voir Ardouin (1854 : 166-168).

58   Césaire (1981), troisième partie, chapitre II, « Apprentissage ».

aux dieux (de la tradition païenne), la cérémonie religieuse même du service aux loas, jusqu'au don de soi (chrétien) pour le salut des autres.

La boucle est bouclée. Le savant rejoint le populaire ; le sacré, le profane ; l'Amérique, l'Afrique. Cette totalité dans la titrologie, malgré les emprunts divers, ou peut-être même à cause de cette multiplicité génétique, est la *poéthique* même d'Aimé Césaire, celle qui semble fonder son travail d'écriture qui est encore et toujours *réécriture d'un texte du monde*, comme il l'a confié au poète québécois Paul Chamberland dans le film de Jean-Daniel Lafond, *La Manière nègre ou Aimé Césaire, chemin faisant* (1991).

> [...] Il est clair que ma poésie paraît aux gens très obscure ! C'est pas vrai ! elle est montée entièrement du sol.
> [...]
> Il faut la clé ! [...] Mais il est clair que mes clés sont là... *(il montre la mer, le promontoire dénudé sous le vent.)*
>   [...]
> Il y a des poèmes qui sont tout simplement des transcriptions de paysages. [...]
> Alors voilà ce que j'ai écrit après une promenade et vous allez voir que c'est presque un compte rendu ! (*Il lit.*) :
> « C'est trop peu de dire que je parcours
> jour et nuit ce domaine
> C'est lui qui me requiert et me nécessite
> gardien :
> s'assurer que tout est là
> intact, absurde,
> lampe de fée
> cocon par besoin terreux
> et que tout s'enflamme soudain d'un sens inaperçu
> dont je n'ai pu jamais infléchir en moi le décret » (Lafond, 1993 : [228]-229).

Les grands hommes eux aussi lisent[59] : pour une approche transtextuelle du corpus césairien

Au terme de cette traversée de l'œuvre qui révèle ses relations trans-textuelles avec des corpus haïtiens et caribéens, certains lecteurs sceptiques se demandent pourquoi cette insistance sur la part haïtienne plutôt que caribéenne ? D'autres plus cyniques peuvent trouver étonnant que la question du plagiat ne soit pas posée dans cette étude comme

---

[59] J'emprunte ce sous-titre à ma collègue Christiane Achour qui a eu l'amabilité de commenter en ces termes une version antérieure de ce travail. Ce texte a aussi

dans d'autres sur ces écrits césairiens qui se construisent largement sur l'appropriation ou la transformation de fragments de textes divers : emprunts, calques, réécritures, clins d'œil, contre discours... étant au cœur de cette *poéthique*. Sur ce plan, son théâtre, qui réécrit notamment *La Tempête* de Shakespeare, met en scène des figures politiques (Toussaint Louverture, Henri Christophe et Patrice Lumumba), est exemplaire. Voulant se coller à l'histoire qu'il relate, comme pour créer l'illusion d'un réel historique, même au prix d'anachronismes, il reprend intégralement ou presque des fragments des textes populaires ou littéraires (anciens ou contemporains) qu'il met dans la bouche de ses personnages, comme le montre entre autres Harris en analysant les sources écrites d'un passage de la scène 7 du troisième acte de *La Tragédie du Roi Christophe*, « le tête-à-tête entre Christophe et Richard ».

> [...] Cole raconte seulement la trahison de ce dernier et « the conspiracy of the generals ». Leconte, lui, n'en parle pas. Mais nous trouvons cette dernière entrevue présentée chez Vandercook de la même façon ou presque que chez Césaire. Comparons les deux textes pour constater la fidélité avec laquelle Césaire utilise ses sources ou pour montrer la force de la tradition orale :
>
> VANDERCOOK :
> Richard, I wondered if you would come. I am flattered that you are still afraid of me...
> CÉSAIRE :
> Monsieur le Comte de la Bande du Nord, je me demandais si vous seriez venu. À la bonne heure![60] Je me flatte de penser que vous pouviez encore me craindre...
> VANDERCOOK :
> And before you go, damn [your dirty yellow soul], you may get on your knees and kiss your master's hand!
>
> CÉSAIRE :
> Mais avant de partir, maudit, mettez-vous à genoux et embrassez les mains de votre maître !

bénéficié des commentaires et suggestions d'autres collègues et amis que je remercie vivement : Catherine Benoît, Asselin Charles, Lélia Lebon, Cléo Pace, François Paré et Ernstpeter Ruhe. Enfin, ce travail n'aurait pu se faire sans le soutien de l'Institut d'Études Avancées de Nantes dont j'ai été un des résidents 2013-2014, et Syracuse University, notamment le personnel du prêt interbibliothèque (Interlibrary Loan) de la Bird Library.

60   Pour montrer les différences entre les deux textes, nous soulignons les ajouts de Césaire, et mettons entre crochets les syntagmes de Vandercook qui n'ont pas été repris dans *la Tragédie*.

Après le départ de Richard :

VANDERCOOK :

Christophe said to Vastey [...] It is a sound principle of warfare, Pompée, to concentrate all the enemy's forces in one place. By midnight that treacherous[61] swine will [have taken all his men to] join the St. Marc troops...

CÉSAIRE :

Mon cher Vastey, c'est un des saints principes de la guerre de concentrer sur un seul point toutes les forces ennemies. Avant minuit, ce pourceau de traître aura rejoint les autres et cela vaut mieux ainsi (Harris, 1973 : 117-118).

Répondre aux questions posées plus haut n'est pas aussi simple qu'on pourrait penser. S'il est clair que les essais de Césaire se rattachent à une époque révolue où le fait de citer ou de paraphraser sans le signaler ou le spécifier soit courant, il l'est moins d'affirmer que son théâtre bien que s'abreuvant aux sources classiques ne soit pas moderne. Il doit donc être évalué en fonction des exigences de la critique actuelle. Aussi, peut-on s'étonner que Harris donne à penser que les propos du « tête-à-tête » entre Christophe et Richard, rapportés par John W. Vandercook dans *Black Majesty*[62], relèvent de l'historique plutôt que de l'imaginaire, et de fait considère cet emprunt césairien à Vandercook comme une fidélité aux sources plutôt qu'une appropriation d'un texte littéraire, une histoire déjà fiction ? Cette biographie illustrée de Christophe par un jeune « explorateur » et « reporteur » américain[63] n'est pas, à proprement parler, une étude historique, comme il le signale lui-même dans son court avant-propos, « Foreword » : *This is not a "work of reference"*. De plus, comment cet auteur pourrait-il savoir ce qui s'est dit en privé entre deux personnages dont l'un, Richard, n'avait aucun intérêt à le rapporter; l'autre, Christophe, allait mourir quelque temps après comme son confident et témoin du moment, de Vastey ? On voit bien l'une des difficultés : rapporter des faits historiques implique de puiser à des sources dites historiques. Mais le récit de l'Histoire est déjà histoire / fiction (les travaux de Jean-Pierre

---

[61] Dans le texte original de Vandercook, nous lisons « traitorous » non « treacherous », Harris a dû faire une erreur en copiant la citation, ou consulter une autre édition de l'ouvrage; voir *Black Majesty: The Life of Christophe, King of Haiti* (1928 : 189).

[62] Vandercook (1928 : 187-189).

[63] Selon une note à la fin du volume, Vandercook est dans la jeune vingtaine quand il publie *Black Majesty*.

Faye, entre autres, l'ont montré depuis fort longtemps)[64], et à ce jeu, plus d'un (écrivains, critiques, lecteurs) se laissent prendre. Ainsi, à part Roger Little, combien de commentateurs de *La Tragédie du Roi Christophe* ont souligné l'anachronisme de la scène autour d'*Ourika* de Madame de Duras, un roman écrit, selon Little en 1821-1822, publié pour la première fois en 1823 (Little, 1992 : 14)[65], dans une mise en scène de la vie d'un personnage historique décédé en 1820? Mais Little ne va pas au-delà du constat, il ne questionne pas cette dissonance. Pourtant, pour beaucoup moins, il ne sera pas aussi mesuré ni avec Yambo Ouologuem ni avec Calixthe Beyala dont il questionne d'entrée de jeu les plausibles plagiats ou vols[66]. Ce silence sur les enjeux poéthiques des emprunts césairiens se retrouve aussi dans les travaux de Lilian Pestre de Almeida qui, comme me l'ont encore confirmé nos échanges lors du Colloque Césaire de Fort-de-France en 2013, en est consciente[67], comme si les critiques craignaient de lever un lièvre à tuer leur poule aux œufs d'or. À moyen ou long terme, cette révérence extrême sert-elle l'œuvre? Quel est son impact sur le développement du champ des études caribéennes, et francophones en général? Autres questions auxquelles, à cette étape de mes travaux césairiens, je ne répondrai pas non plus, laissant à d'autres, selon leurs perspectives propres, de défendre l'hypothèse qui sied mieux à leurs convictions. Du débat, surgira sans doute une masse d'idées ou de trouvailles nouvelles qui nourrira d'inédites pistes de recherche à venir dont certaines communications au Colloque Césaire de Cerisy de 2013, notamment de jeunes chercheurs européens et caribéens (je pense plus particulièrement à Florian Alix, Nicolas Hossard, Malik Noël-Ferdinand, Delphine Rumeau)[68], donnent déjà un avant-goût. C'est là un souhait, pour l'avenir, contre le ronron de la vulgate qui n'a cessé de sacrer quelques vaches, oubliant que l'objet d'une critique moderne, rigoureuse, n'est pas l'homme ou la femme écrivain, mais le texte et ses relations avec d'autres

---

[64] Voir notamment Faye (1972 :15, 20, 23-24).

[65] Pour ma part, je n'ai pu retracer qu'un volume de 1824 publié à Paris chez Ladvocat, et un autre non daté, probablement plus ancien de l'Imprimerie royale, peut-être la première édition, car le volume de 1826 de Ladvocat est présentée comme la troisième édition.

[66] Voir Little (1999) et (2006).

[67] Voir, entre autres, Pestre de Almeida (1975, 1986, 2010).

[68] Voir leurs communications dans *Présence africaine,* n° 189 (2014), « Parole due », numéro spécial sous la direction de Romuald Fonkoua et Anne Douaire-Banny.

textes, non pour donner sens aux propos qu'ils sous-tendent ou non, mais surtout pour montrer d'où et comment ils surgissent du continuum des langages du monde. C'est, du moins, le pari que j'espère avoir soutenu ici.

BIBLIOGRAPHIE

ALAUX, Gustave d' (1852). « La littérature jaune », *Revue des deux mondes*, t. 15 (septembre), p. [939]-967.

ALIX, Florian (2014). « Vérité subjective et tentation du roman dans *Toussaint Louverture* d'Aimé Césaire », *Présence africaine*, n° 189, p. 87-96.

Anonyme ([s.d.]). *Ourika*, Paris, de l'Imprimerie royale.

ARDOUIN, B. (1853). *Études sur l'histoire d'Haïti*, t. 4, Paris, Dézobry et E. Magdeleine.

ARDOUIN, B. (1854). *Études sur l'histoire d'Haïti*, t. 5, Paris, Dézobry et E. Magdeleine.

BARON DE J. L. VASTEY (1814). *Notes à M. le Baron de V. P. Malouet,... en réfutation du 4ᵉ volume de son ouvrage, intitulé* Collection de mémoires sur les colonies, et particulièrement sur Saint-Domingue, etc., *publié en l'an X*, Cap Henry, chez P. Roux, imprimeur du Roi.

BARON DE VASTEY (1814). *Le Système colonial dévoilé*, Cap Henry, chez P. Roux, imprimeur du Roi.

BRETON, André (1999). *Œuvres complètes*, t. III, Paris, Gallimard, coll. « Bibliothèque de la Pléiade ».

BROUARD, Carl (1927). « Vous », *La Revue Indigène*, n° 2, p. 71-72.

BROUARD, Carl (1938). « Doctrine de la nouvelle école », *Les Griots*, n° 1, p. 2.

BROUARD, Carl (1939). « Le Cantique de Boukman », *Les Griots*, n° 4, p. 530-531.

BROUARD, Carl (1963). *Pages retrouvées : œuvres en prose et en vers*, Port-au-Prince, Éditions Panorama, [En ligne], [http://ufdcimages.uflib.ufl.edu/UF/00/09/53/11/00001/Pagesretrouv.pdf] (27 juillet 2014).

CARPENTIER, Alejo (1949). *El Reino de este mundo*, México, E.D.I.A.P.S.A.

CÉSAIRE, Aimé (1941). « Fragments d'un poème », *Tropiques*, n° 1, p. [9]-23.

CÉSAIRE, Aimé (1942). « En guise de manifeste littéraire », *Tropiques*, n° 5, p. [7]-12.

CÉSAIRE, Aimé ([1950] 1955a). *Discours sur le colonialisme*, Paris, Présence africaine.

CÉSAIRE, Aimé (1955b). « Réponse à Depestre poète haïtien : éléments d'un art poétique », *Présence africaine*, n° 1-2, p. [113]-115.

Césaire, Aimé (1963). *La Tragédie du roi Christophe*, Paris, Présence africaine.

Césaire, Aimé ([1963] 1970). *La Tragédie du roi Christophe*, Paris, Présence africaine.

Césaire, Aimé ([1966] 1973). *Une saison au Congo*, Paris, Seuil.

Césaire, Aimé ([1969] 1976). *Une tempête d'après « la Tempête » de Shakespeare : Adaptation pour un théâtre nègre*, Paris, Seuil.

Césaire, Aimé ([1961] 1981). *Toussaint Louverture : la Révolution française et le problème colonial*, Paris, Présence africaine.

Césaire, Aimé (1994). *La Poésie*, Paris, Seuil.

Césaire, Aimé (2005). *Nègre je suis, nègre je resterai : entretiens avec Françoise Vergès*, Paris, Albin Michel.

Christophe, Henry (1814). *Manifeste du Roi*, Cap-Henry, chez P. Roux.

Code Henry (1812). Cap-Henry, chez P. Roux, [En ligne], [http://archive.org/details/codehenry00hait] (20 juillet 2011).

Condé, Maryse (2001). « Fous-t-en Depestre, laisse dire Aragon », *The Romanic Review*, vol. 92, n° 1-2, p. [177]-185.

Confiant, Raphaël ([1993] 2006). *Aimé Césaire: une traversée paradoxale du siècle*, Paris, Écriture.

Cornevin, Robert (1973). *Le Théâtre haïtien des origines à nos jours*, Montréal, Leméac.

Damas, Léon-Gontran (1937). *Pigments*, Paris, G.L.M.

Damas, Léon-Gontran ([1937] 1962). *Pigments*, Paris, Présence africaine.

Damas, Léon-Gontran (1947). *Latitudes françaises I : poètes d'expression française, 1900-1945*, Paris, Seuil.

Damas, Léon-Gontran (1938). *Retour de Guyane*, Paris, José Corti.

Diop, Papa Samba (2010). *La Poésie d'Aimé Césaire : propositions de lectures*, Paris, Honoré Champion.

Douaire-Banny, Anne (2011). « Sans rimes, toute une saison, loin des mares : enjeux d'un débat sur la poésie nationale », 20 mai, sur le site *Pierre Campion*, [http://pierre.campion2.free.fr/douaire_depestre&cesaire.htm] (1ᵉʳ décembre 2013).

Duras, Mᵐᵉ la duchesse de ([1824] 1826). *Ourika*, 3ᵉ éd., Paris, chez Ladvocat.

Faye, Jean-Pierre (1972). *Théorie du récit : introduction aux langages totalitaires. Critique de la raison, l'économie narrative*, Paris, Hermann.

Firmin, Anténor (1885). *De l'égalité des races humaines : anthropologie positive*, Paris, F. Pichon.

Fonkoua, Romuald (2010). *Aimé Césaire (1913-2008)*, Paris, Perrin.

Gil, Alex (2010). « Découverte de l'Ur-texte de *Et les chiens se taisaient* », dans Marc Cheymol et Philippe Ollé-Laprune (dir.), *Aimé Césaire à l'œuvre*, Paris, Éditions des archives contemporaines, p. [145]-156.

Glissant, Édouard (1961). *Monsieur Toussaint*, Paris, Seuil.

GONZALEZ, Jean-François (2013). *La Parole d'Aimé Césaire, « belle comme l'oxygène naissant »*, film documentaire, Production CNDP Scéren/CRDP Martinique, Édition du Centenaire, 2x52 minutes.

GUTTINGUER, Ulric (1825). *Mélanges poétiques*, 2ᵉ éd., Paris, Auguste Udron, libraire.

HARRIS, Rodney E. (1973). *L'Humanisme dans le théâtre d'Aimé Césaire : étude de trois tragédies*, Sherbrooke, Naaman.

HURLEY, E. Anthony (2004). « Césaire's *Toussaint Louverture*: A Revolution in Question », *Présence africaine*, n° 169, p. [199]-209.

JAMES, C. L. R. (1938). *The Black Jacobins: Toussaint L'Ouverture and the San Domingo Revolution*, London, Secker and Warburg; New York, Dial Press.

JANVIER, Louis-Joseph (1883). *La République d'Haïti et ses visiteurs (1840-1882) : réponse à M. Victor Cochinat (de la Petite presse) et à quelques autres écrivains*, Paris, Marpon et Flammarion.

JONASSAINT, Jean (2003). « For a Caribbean Intertext: On Some Readings of Maryse Condé's *Crossing the Mangrove* », dans Georges van den Abbeele et Tyler Stovall (dir.), *French Civilization and Its Discontents: Nationalism, Colonialism, Race*, Lanham, Lexington Books, p. 147-171.

JONASSAINT, Jean (2015). « Des textes fondateurs », *Contre Vulgate (des lieux dits Caraïbes)*, à paraître.

KESTELOOT, Lilyan (1963). *Les Écrivains noirs de langue française : naissance d'une littérature*, Bruxelles, Université libre de Bruxelles, Institut de sociologie.

LACROIX, Pamphile de (1819). *Mémoires pour servir à l'histoire de la révolution de Saint-Domingue*, t. II, Paris, Pillet aîné.

LAFOND, Jean-Daniel (1993). *La Manière nègre ou Aimé Césaire, chemin faisant : Genèse d'un film*, Montréal, L'Hexagone, coll. « Itinéraires ».

LAROCHE, Maximilien (1973). « *La Tragédie du roi Christophe* du point de vue de l'histoire d'Haïti », *Études littéraires*, vol. 6, n° 1, p. 35-47.

LECONTE, Vergniaud (1931). *Henri Christophe dans l'histoire d'Haïti*, Paris, Berger-Levrault.

LECONTE, Vergniaud ([1931] 2004). *Henri Christophe dans l'histoire d'Haïti*, Cap-Haïtien et Port-au-Prince, Rotary Club du Cap-Haïtien et Imprimerie Deschamps.

LITTLE, Roger (1990). « Césaire, Hammarskjöld and an Unattributed Quotation in *Une saison au Congo* », *French Studies Bulletin*, vol. 35, p. 13-17.

LITTLE, Roger (1992). « A Further Unacknowledged Quotation in Césaire: Echoes of *Ourika* », *French Studies Bulletin*, vol. 43, p. 13-16.

LITTLE, Roger (1999). « Condé, Brontë, Duras, Beyala: Intertextuality or Plagiarism? », *French Studies Bulletin*, n° 72, p. 13-15.

LITTLE, Roger (2006). « Reflections on a Triangular Trade in Borrowing and Stealing: Textual Exploitation in a Selection of African, Caribbean, and European Writers in French », *Research in African Literatures*, vol. 37, n° 1, p. 16-27.

MAVIDAL, M. J., et M. E. LAURENT (dir.) (1886). *Archives parlementaires de 1787 à 1860 : recueil complet des débats législatifs et politiques des Chambres françaises, imprimé par ordre du Sénat et de la Chambre des députés. Première série (1787 à 1799)*, t. XXV : *13 avril au 11 mai 1791*, Paris, Dupont.

MBOM, Clément (1979). *Le Théâtre d'Aimé Césaire ou la Primauté de l'universalité humaine*, Paris, Fernand Nathan.

MEEHAN, Kevin, et Marie LÉTICÉE (2000). « A Folio of Writing from *La Revue Indigène* (1927-28): Translation and Commentary », *Callaloo*, vol. 23, n° 4, p. 1377-1390.

ONYEOZIRI, Gloria Nne (1992). « Le *Toussaint* d'Aimé Césaire : réflexions sur le statut d'un texte », *L'Esprit créateur*, vol. 32, n° 1, p. 87-96.

PESTRE DE ALMEIDA, Lilian (1975). « Rire haïtien, rire africain : le comique dans *La Tragédie du Roi Christophe* de Césaire », *Présence francophone*, n° 10, p. [59]-71.

PESTRE DE ALMEIDA, Lilian (1986). « Ariettes retrouvées, contes recréés : quelques aspects de la création chez Césaire dans ses rapports avec l'oralité », *Meta : journal des traducteurs/Meta: Translators' Journal*, vol. 31, n° 3, p. 272-290.

PESTRE DE ALMEIDA, Lilian (2010). *Aimé Césaire: une saison en Haïti*, Montréal, Mémoire d'encrier, coll. « Essai ».

PLACIDE-JUSTIN, M. (1826). *Histoire politique et statistique de l'île d'Hayti, Saint-Domingue; écrite sur des documents officiels et des notes communiqués par Sir James Barskett agent du gouvernement britannique dans les Antilles*, Paris, Brière, libraire.

PONGE, Francis (1971). *La Fabrique du Pré*, Genève, Skira, coll. « Les sentiers de la création ».

PRADINE, Linstant de (1886). *Recueil général des lois et actes du gouvernement d'Haïti, depuis la proclamation de son indépendance jusqu'à nos jours*, t. 1 : *1804-1808*, 2ᵉ éd., Paris, A. Durand – Pédone-Lauriel.

« Proclamation rendue de par [sic] Dessalines, Christophe et Chervaux [sic], chefs de Saint-Domingue, au nom du peuple noir et des hommes de couleur de S. Domingue » (1804). *Le Mercure de France*, n° CXXXIX (5 Ventôse An XII = 25 février 1804), p. 469-471.

PRUDENT, Lambert-Félix (2010). « Aimé Césaire : contribution à la construction de la langue martiniquaise », dans Marc Cheymol et Philippe Ollé-Laprune (dir.), *Aimé Césaire à l'œuvre*, Paris, Éditions des archives contemporaines, p. [21]-45.

RUMEAU, Delphine (2014). « Du monument au rituel, les poèmes funéraires d'Aimé Césaire », *Présence africaine*, n° 189, p. 27-38.

SAINT-JOHN PERSE (1972). *Œuvres complètes*, Paris, Gallimard, coll. « Bibliothèque de la Pléiade ».

SENGHOR, Léopold Sédar (1939). « Ce que l'homme noir apporte », dans S.E. le Cardinal Verdier *et al.*, *L'Homme de couleur*, Paris, Plon, p. 291-313.

SENGHOR, Léopold Sédar (1948). *Anthologie de la poésie nègre et malgache de langue française*, Paris, Presses universitaires de France.

Songolo, Aliko (2008). « Aimé Césaire, l'Histoire et la Révolution : pour une lecture composite de *Toussaint Louverture* », *Présence africaine*, n° 178, p. 115-121.

Tardon, Raphaël (1951). *Toussaint Louverture, le Napoléon noir*, Paris, Bellenand.

Thibault, André (2010). « L'œuvre d'Aimé Césaire et le "français régional antillais" », dans Marc Cheymol et Philippe Ollé-Laprune (dir.), *Aimé Césaire à l'œuvre*, Paris, Éditions des archives contemporaines, p. [47]-85.

Thoby-Marcelin, Philippe, et Pierre Marcelin (1952). *Le Crayon de Dieu*, Paris, La Table Ronde.

Trouillot, Hénock (1968). *L'Itinéraire d'Aimé Césaire*, Port-au-Prince, Imprimerie des Antilles.

Vandercook, John W. (1928). *Black Majesty: The Life of Christophe, King of Haiti*, New York, Harper & Brothers.

Vastey, voir Baron de J. L. Vastey ou Baron de Vastey.

Véron, Kora (2013). « Césaire at the Crossroads in Haiti: Correspondence with Henri Seyrig », *Comparative Literature Studies*, vol. 50, n° 3, p. 430-444.

Véron, Kora, et Thomas A. Hale (2013). *Les Écrits d'Aimé Césaire : biobibliographie commentée (1913-2008)*, 2 volumes, Paris, Honoré Champion.

Walcott, Derek (1950). *Henri Christophe: A Chronicle in Seven Scenes*, Bridgetown, Advocate Co.

Walcott, Derek (2002). *The Haitian Trilogy, Plays: Henry Christophe/Drums and Colours/The Haitian Earth*, New York, Farrar, Straus and Giroux.

Recensions

Christian Flaugh, *Operation Freak: Narrative, Identity and the Spectrum of Bodily Abilities,* **Montréal, McGill-Queen's University Press, 2012, 327 p.**

Dans cet ouvrage, Christian Flaugh propose une analyse de quatre romans célèbres de la littérature de la francophonie publiés dans les années 1980 : *Les têtes à Papineau* de Jacques Godbout (Québec), *L'enfant de sable* et *La nuit sacrée* de Tahar Ben Jelloun (Maroc) et *Moi, Tituba sorcière… Noire de Salem* de Maryse Condé (Guadeloupe). L'auteur entame une réflexion concernant les rapports entre identification et récit dans le cadre culturel de chaque roman ; il se demande comment les humains peuvent être identifiés ou s'identifier en tant que *monstres* et *bizarreries (freaks)* et devenir des êtres marginaux, des parias, et pourquoi, en tant que déviants, ils mettent en échec l'ordre culturel établi.

Dès la première page, la citation en exergue de Rosemarie Garland Thomson cherche à donner le ton : les *monstres* sont des produits de la perception, ils sont la conséquence d'une relation comparative dans laquelle ceux qui ont la maîtrise du discours social et le sens des représentations mobilisent le semblant de vérité du corps pour se placer eux-mêmes au centre, tout en rejetant les Autres vers les marges. Autrement dit, l'anormal n'existe pas *per se*, c'est une construction culturelle.

Ainsi, Christian Flaugh se propose d'examiner la façon dont ces romans francophones représentent diverses parties du monde et comment les expériences fictionnelles d'identification y sont racontées par différents agents à travers des récits qui s'appuient sur les capacités corporelles, révélant des processus similaires, mais pas universels, d'identification socioculturelle dans leurs régions. Il part du principe que la configuration de la différence acquiert son sens par le biais de la relation ; c'est pourquoi ces opérations identitaires, qui dépendent du corps humain et du récit, sont étudiées dans leurs contextes culturels.

Cette analyse est développée dans un cadre théorique assez complexe qui comprend des travaux de la postmodernité (Jean-François Lyotard), du poststructuralisme (Roland Barthes et, surtout, Michel Foucault), du postcolonialisme (Frantz Fanon, Édouard Glissant, Aimé Césaire), des études de genre (Julia Kristeva, Hélène Cixous, Judith Butler), des études sur l'incapacité (Henri-Jacques Stiker, Julie Nack Ngue, Catherine Kudlick), des études sur les capacités ou habiletés corporelles (Rosemarie Garland Thomson), pour ne nommer que les plus saillants. L'introduction et le premier chapitre sont consacrés à l'explication du cadre théorique, et précisent l'apport de chaque approche ; les chapitres subséquents présentent l'analyse des œuvres étudiées.

Étant donné que l'objectif de Flaugh est d'explorer divers « monstres de la littérature » en étudiant les processus d'identification, il a réuni des textes littéraires et des récits socioculturels de diverses régions du monde dont le point commun est une démarche identitaire mise en récit, rattachée à une habileté corporelle particulière (par rapport à un *spectre d'habiletés corporelles*). Ainsi, il étudie la séparation de la citoyenneté partagée ou la décapitation des compétences linguistiques dans *Les têtes à Papineau* de Jacques Godbout, les problèmes de genre et de procréation dans les romans de Tahar Ben Jelloun *L'enfant de sable* et *La nuit sacrée* et, enfin, les habiletés surnaturelles d'une guérisseuse dans *Moi, Tituba sorcière... Noire de Salem* de Maryse Condé.

Les études sur la relation entre identité, individuelle ou collective, et récit sont abondantes dans le domaine de la littérature. Pour cette raison, l'incorporation des postulats concernant les habiletés corporelles est la pierre angulaire du travail de Flaugh. Il accorde donc beaucoup d'importance à cet aspect théorique en s'inspirant des études sur l'incapacité (*Disability Studies*) et offre une définition de l'incapacité qui s'inspire des travaux de Julie Nack Ngue, de Catherine Kudlick et de Rosemarie Garland Thomson, en précisant qu'il préfère se référer au *spectre des habiletés corporelles* et non à l'« incapacité ». Or, malgré ce que laisse entendre la citation mise en exergue, la définition qu'avance l'auteur ne met pas l'accent sur l'importance du rôle de la culture dans la construction du handicap. Étant donné que le propos de son travail est d'analyser les *habiletés corporelles* des personnages dans leur contexte culturel, le lecteur s'attendrait effectivement à une recherche mieux ancrée dans la démarche de la construction culturelle du handicap. Flaugh, qui se penche pourtant sur un roman québécois, n'a pas tenu compte des travaux du Québécois Patrick Fougeyrollas, pionnier dans ce champ d'études, surtout par son apport fondamental : la démonstration que le handicap est une construction culturelle. Il ne tient pas compte non plus de la définition du handicap apportée par les personnes concernées qui va aussi dans ce sens.

Le lecteur a d'ailleurs l'impression que les études sur l'incapacité mentionnées dans l'introduction et le premier chapitre ne soutiennent pas l'analyse des chapitres consacrés aux œuvres. Ces études sur l'incapacité se centrent, en effet, autour de la *personne* en situation de handicap et considèrent que « le handicap résulte de l'interaction entre la déficience, l'incapacité qui en découle et l'environnement physique, social et culturel » (*Forum européen des personnes handicapées,* 2003[1]). Or les personnages du premier et du dernier roman choisi par l'auteur pourraient difficilement être jugés comme des personnes en situation de handicap, selon cette autodéfinition.

Les « têtes » du premier roman, Charles et François, comme l'indique Flaugh dans son analyse, sont un symbole de la réalité linguistique du Québec. C'est pourquoi Flaugh centre son étude sur les habiletés linguistiques des têtes et les implications sociales, politiques et historiques de leur séparation. Effectivement, le roman est profondément ancré dans la réalité sociohistorique de son époque, et s'inspire des tensions entre le Canada et le Québec, les langues anglaise et française, ce qui en fait un roman politisé et éminemment métaphorique dès son origine.

En ce qui concerne le roman de Maryse Condé, Tituba est considérée par Flaugh comme une *freak* en raison de ses pouvoirs surnaturels de guérisseuse. Or les pouvoirs de Tituba, comme elle-même l'affirme, sont le résultat d'un long processus d'apprentissage mené par sa protectrice Man Yaya. Puisque l'auteur aspire à étudier identité et narration dans le contexte du récit socioculturel, il aurait fallu situer ce roman dans le cadre de son héritage littéraire antillais : le réalisme merveilleux de Jacques Stéphen Alexis, le réel merveilleux d'Alejo Carpentier, ou, tel que ce projet esthétique a été appelé en Amérique latine, le réalisme magique. Car, dans un tel contexte, Tituba n'est pas un être surnaturel, une *anormalité socioculturelle* ou une *freak*. Bien au contraire, elle fait partie de la réalité quotidienne, de ce qui y est considéré comme « normal ».

---

[1]   Henri-Jacques Stiker, *Corps infirmes et sociétés*, Paris, Dunod, 2005, p. 215.

Operation Freak propose un projet ambitieux et amorce quelques pas dans la bonne direction en tentant de sonder des valeurs culturelles qu'il est temps de revisiter. Il adopte un cadre théorique assez large qui se révèle pertinent pour la problématique abordée, même si certaines lacunes auraient dû être comblées. L'auteur a toutefois le mérite d'éveiller la curiosité du lecteur et d'attirer son attention sur une problématique qui n'est pas encore très étudiée.

Maria Fernanda Arentsen
Université de Saint-Boniface

Lucille Guilbert (dir.), *Mouvements associatifs dans la francophonie nord-américaine*, avec la collaboration de Benoit Doyon-Gosselin, Martin Pâquet, Madeleine Pastinelli et Annie Pilote, Québec, Les Presses de l'Université Laval, 2012, 268 p.

Les mouvements associatifs sont devenus une composante essentielle des sociétés modernes. Leur existence est consubstantielle aux sociétés démocratiques au sein desquelles ils font partie de ce qui est communément appelé la société civile. Considérée comme une minorité dans un océan d'anglophones, la francophonie nord-américaine, bien plus que les autres communautés, a besoin d'associations pour conserver les liens entre ses membres. D'où la nécessité de faire le point de temps en temps sur l'état de la vitalité du mouvement associatif dans cet espace. C'est en partie dans ce souci, pensons-nous, qu'a été publié, en 2012, l'ouvrage intitulé *Mouvements associatifs dans la francophonie nord-américaine*. Issu des travaux du séminaire sur la culture d'expression française en Amérique du Nord (CEFAN), séminaire dispensé à l'Université Laval au Québec, cet ouvrage pose un regard pluridisciplinaire sur le rôle des mouvements associatifs sur la vitalité de la francophonie nord-américaine. Les mouvements associatifs sont pris ici dans leur sens le plus large et comprennent aussi bien des associations et des organismes institués et mandatés officiellement que des réseaux plus informels (p. 2). Ce sont des entités qui partagent certains éléments communs, à savoir la proximité et la capacité de relier les individus entre eux ou avec la collectivité.

Sous la direction de Lucille Guilbert, ethnologue et professeure au Département d'histoire de l'Université Laval, l'ouvrage est une compilation de résultats de recherche couvrant la quasi-totalité du territoire sur lequel s'étend la francophonie nord-américaine. Ces territoires vont des provinces de l'Atlantique (Christophe Traisnel, James de Finney, Joel Belliveau) à l'Ouest canadien (J. Roger Léveillé, Dulari Prithipaul), en passant par le Québec (Louis Favreau, Karine Vieux-Fort), l'Ontario (Normand Labrie et Sylvie Lamoureux, Annie Pilote et Céline Richard, Simon Laflamme, Donald Dennie, Diane Farmer) et la ville de San Francisco en Californie (Claudine Chalmers).

À cette diversité de territoires se juxtapose une diversité d'approches. Les mouvements associatifs sont ainsi tour à tour appréhendés sous l'angle ethnologique, historique, sociologique, littéraire et politique pour rendre compte d'une réalité qui ne cesse de se complexifier. D'où la multiplicité des thèmes abordés dans l'ouvrage. En effet, ce dernier se présente comme une fresque spatiotemporelle représentant dans le détail les influences réciproques entre le politique et les mouvements associatifs, la contribution des centres culturels et des maisons d'édition à l'essor de la francophonie, les mouvements associatifs et les réseaux sociaux chez les étudiants et chez les nouveaux arrivants.

Le rôle du politique est la thématique par laquelle le livre s'ouvre au lecteur. À travers le texte de Louis Favreau sur le mouvement communautaire et le développement des territoires au Québec, celui de Christophe Traisnel sur les groupes d'aspiration « francophoniste » en Acadie et celui de Donald Dennie sur la vie associative et la politisation des communautés en Ontario français, le lecteur découvre les relations à double sens qui existent entre le politique et les mouvements associatifs. Prenant exemple sur l'évolution de ces mouvements au Québec depuis la Révolution tranquille, Louis Favreau montre comment ces mouvements se sont adaptés au fil du temps à la fragilisation continuelle de l'État social au Québec. À l'inverse, Christophe Traisnel, en Acadie, et Donald Dennie, en Ontario, examinent le rôle joué par les associations de revendication acadiennes et franco-ontariennes dans le remodelage de l'espace politique, dans la construction du discours identitaire et dans la prise en considération des aspirations des Acadiens et des Franco-Ontariens en matière d'éducation, de santé et de culture, pour ne prendre que ces secteurs. Les associations apparaissent ainsi comme des relais à double sens entre le politique et les citoyens.

Dans cette francophonie en constante mutation, les centres culturels et les maisons d'édition ont su prendre la relève, à la suite de l'effondrement de l'influence des paroisses, pour la défense et le développement de la culture francophone. Dans les trois chapitres respectifs qui leur sont consacrés, Diane Farmer, pour les centres culturels en Ontario, James de Finney, pour les maisons d'édition en Acadie, et J. R. Léveillé, pour celles du Manitoba, présentent les efforts déployés dans chacune de ces communautés en situation minoritaire afin de mettre sur pied des structures associatives de préservation de leur identité, de développement et de promotion de leur culture. Ces efforts n'excluent pas les jeunes.

La jeunesse est l'avenir de la francophonie. Son comportement, ses rêves et ses craintes actuels préfigurent les mutations que subira la francophonie nord-américaine dans les années à venir. Le thème de la jeunesse est abordé ici à travers les réseaux virtuels ou physiques et à travers les choix de territoires ou d'engagement socioprofessionnel des jeunes. Les jeunes francophones ne vivent pas en marge de leur époque. Dans le Nouveau-Brunswick des années 1950 à 1970, Joel Belliveau montre comment, par l'intermédiaire des réseaux d'étudiants, les jeunes ont été à l'origine de revendications d'un nouvel ordre social et de nouvelles représentations identitaires. De même, aujourd'hui, l'usage largement répandu d'Internet et des médias en général a créé chez cette frange de francophones en situation minoritaire de nouvelles formes d'interaction. Les médias ont aussi accéléré chez les jeunes francophones en milieu minoritaire « les processus de différenciation et d'indifférenciation » (p. 157) par rapport à la majorité anglophone. Les articles de Normand Labrie et Sylvie Lamoureux d'une part, d'Annie Pilote et Céline Richard d'autre part, celui de Karine Vieux-Fort enfin montrent comment les décisions des jeunes quant à leur choix d'études aux niveaux secondaire et postsecondaire affectent leurs décisions de partir ou de rester, de partir et de revenir plus tard dans leur localité d'origine. Un choix dicté aussi par les possibilités d'emploi et les liens qu'ont continué à entretenir ces jeunes avec leurs familles.

L'ouvrage aborde pour terminer le thème de l'immigration. Celle-ci apparaît à plus d'un titre comme un enrichissement, autant pour le nouvel arrivant que pour la communauté d'accueil, et ce, quelle que soit l'époque. Ainsi, le chapitre de Claudine Chalmers, sur l'évolution de la ville de San Francisco à partir de 1844, et celui de Dulari Prithipaul, sur le mouvement associatif immigrant francophone en Alberta à partir de 1980, montrent que les diverses associations créées par les immigrants participent non seulement à la survie de ces derniers, mais aussi à l'essor économique et culturel des communautés d'accueil.

Véritable kaléidoscope des mouvements associatifs francophones en Amérique du Nord, l'ouvrage publié aux Presses de l'Université de Laval sous la direction de Lucille Guilbert semble avoir oublié la Louisiane et la Nouvelle-Orléans. Et de fait, l'on peut se poser la question du choix de San Francisco, une ville aujourd'hui anglo-hispanophone, par rapport à ces deux contextes où la francophonie, quoique parfois balbutiante, reste encore effective. De même, le rôle joué par les paroisses et les institutions universitaires (Université de Moncton au Nouveau-Brunswick et Université de Saint-Boniface au Manitoba) n'est qu'incidemment abordé dans l'ouvrage alors que, de notre point de vue, compte tenu de leur importance historique, ce rôle aurait dû faire l'objet d'un traitement approfondi.

Comme *Mouvements associatifs dans la francophonie nord-américaine* a été rédigé par des universitaires, on se serait attendu à ce que cet ouvrage présente un vrai défi de lecture pour le profane. Il n'en est heureusement rien, et c'est tout à l'avantage des auteurs qui ont su, sans sacrifier la rigueur scientifique qu'exigent leurs travaux, dans des termes simples, présenter des notions parfois très techniques. L'ouvrage est de ce fait accessible à tous : aux universitaires, aux responsables gouvernementaux intervenant dans le tiers secteur, aux praticiens membres ou dirigeants d'associations formelles ou informelles, et à toute personne désireuse d'affiner ses connaissances sur l'évolution, les apports et les défis des mouvements associatifs francophones en Amérique du Nord.

Jacob Atangana-Abé
Université de Saint-Boniface

Laurent Godbout, Louise Ladouceur et Gratien Allaire, *Plus d'un siècle sur scène! Histoire du théâtre francophone en Alberta de 1887 à 2008*, Institut pour le patrimoine de la francophonie de l'Ouest canadien, Campus Saint-Jean, Université de l'Alberta, 2013, 500 p.

Cette étude désormais incontournable pour tous les chercheurs s'intéressant aux pratiques théâtrales d'expression française dans l'Ouest canadien rappelle la monographie *Le théâtre canadien-français* (1976), tant par son contenu que par ses fondements épistémologiques et idéologiques. À l'instar de ce livre fondateur des études théâtrales franco-canadiennes et québécoises, Laurent Godbout, Louise Ladouceur et Gratien Allaire ont balisé l'ensemble des pratiques d'expression française de l'Alberta selon une approche communautariste, territorialiste et évolutive. Grâce à la rigueur de leurs efforts, le théâtre franco-albertain peut désormais compter sur une chronologie complète et une définition des assises institutionnelles qui assurent la pérennité de la pratique actuelle. Ce collectif composé de professeurs du Campus Saint-Jean de l'Université de l'Alberta a ainsi le mérite d'avoir comblé, de façon remarquable, une lacune importante dans l'histoire du théâtre canadien.

Il est donc peu étonnant que cet ouvrage affirme explicitement, à même son titre, l'existence d'une tradition théâtrale bien ancrée, « l'expression d'une communauté et de sa vie privée » (p. 27), dont les origines remontent à 1887, soit dix-huit ans avant la création de la province de l'Alberta. En conséquence, il est également peu étonnant que ce livre se définisse le mieux en tant qu'annales, un terme qui laisse pressentir la problématisation d'une série de pratiques dont les plus récentes seraient teintées d'une certaine originalité. En témoigne le chapitre IV consacré à la professionnalisation des pratiques qui se fait en parallèle à l'émergence de l'épithète « franco-albertain » pour désigner toute réalité spécifiquement francophone de la province. Comme ailleurs au Canada, l'histoire de ce théâtre a d'abord été celle d'un mouvement régional et régionaliste d'une pratique « canadienne-française » peu soucieuse dans son fonctionnement des frontières interprovinciales. Comme au Manitoba, en Ontario français, au Québec ou en Acadie, l'idée d'un théâtre en tant qu'institution autonome est récente et directement liée à l'apparition d'une dramaturgie locale créée par une communauté artistique professionnelle.

Pour dresser leur bilan, les auteurs ont dépouillé les fonds d'archives de l'ensemble des quotidiens de langue française de la province depuis leur création, sans oublier ceux de certains quotidiens anglophones, des ordres religieux et des compagnies théâtrales. De plus, ils ont rendu leurs résultats accessibles par l'entremise d'un cédérom fourni en annexe, un outil de recherche inouï comprenant, entre autres, une banque de photographies et des fichiers décrivant minutieusement les sources répertoriées. En fait, Godbout, Ladouceur et Allaire ont constitué un fonds d'archives quasi complet du théâtre franco-albertain à même leur publication, tout en proposant des grilles et des modèles méthodologiques originaux adaptés à l'ère contemporaine. Qui plus est, ils ont autant décrit le théâtre pratiqué dans les deux centres métropolitains de l'Alberta, soit Edmonton et Calgary, que celui des régions limitrophes et éloignées. Enfin, leur ouvrage aborde autant le théâtre professionnel qu'amateur et décrit admirablement les rapports complexes qu'ils ont toujours entretenus.

Dans la première partie du livre, les auteurs affirment que les premières traces d'une pratique théâtrale d'expression française remontent à l'époque de l'écrasement de la révolte des Métis (la Rébellion du Nord-Ouest) par l'armée canadienne. Entre 1885 et 1933, comme ailleurs au Canada français, la pratique se limite à trois lieux de production : l'école (les collèges gérés par les ordres religieux), les paroisses (spectacles spécifiques à des fêtes religieuses) et les troupes de théâtre amateur. En lien avec les grands événements de l'époque, le théâtre existe dans un contexte de colonialisme organisé selon le modèle canadien. Au fil des ans, des « cercles dramatiques » sont fondés, dont une troupe dite professionnelle créée par Émile Tessier, active entre 1908 et 1916, laquelle cédera sa place à une série de structures dont la plus importante semble être le Cercle Jeanne-d'Arc (1913-1933). Entre 1933 et 1945, les pratiques restent encore une fois semblables à celles du reste du Canada français : le répertoire français est privilégié, mais côtoie de plus en plus des textes locaux. C'est en 1933 que l'on fonde le Théâtre français qui se consacre, entre autres, à la tournée provinciale des pièces montées (p. 66). L'ouvrage nous apprend aussi que pendant cette même période, quelques troupes ont participé au Dominion Drama Festival, lieu national de rencontre et de consécration des pratiques. La troisième époque, entre 1945 et 1960, semble caractérisée par une meilleure organisation et une régularisation des pratiques ; c'est aussi pendant cette période que des compagnies telles le Théâtre du Nouveau-Monde (Montréal, Québec), le Cercle Molière (Saint-Boniface, Manitoba) et le Tréteau de Paris bonifient l'activité théâtrale locale (p. 131-133). Il n'en demeure pas moins que le chapitre le plus intéressant – sûrement à cause de son aspect plus contemporain – explique minutieusement la complexité de la situation qui a mené à la création de l'UniThéâtre à Edmonton en 1992, une compagnie née du fusionnement du Théâtre français d'Edmonton et de la Boîte à Popicos, essentiellement consacrée aux pratiques « jeunes publics ». L'auteure du *Rapport Bourque* souligne de façon marquée l'importance de la création dramaturgique et de la formation pour assurer la viabilité de la structure à naître (p. 161).

Toujours dans le but de constituer un fonds d'archives à même la publication, les auteurs proposent, dans la deuxième partie, des témoignages des intervenants clés et, dans la troisième section, très volumineuse, une liste complète des activités théâtrales (productions, tournées, etc.) pendant la période à l'étude.

Cependant, ce n'est pas une publication sans faille. Le texte est parsemé de coquilles et la facture visuelle laisse à désirer; l'importance du travail de recherche accompli méritait pourtant une meilleure présentation matérielle. On y inclut des mises en contexte statistiques, sans pour autant spécifier les sources de l'information donnée (p. 31). On peut aussi reprocher à cette monographie son caractère par moments anecdotique : veut-on vraiment connaître l'origine du prénom de Laurier Picard, grand animateur du théâtre en Alberta pendant les années 1930 (p. 59)? Ou quel est l'intérêt d'inclure l'annonce du décès d'Alphonse Hervieux (p. 88)? Enfin, il y a des ruptures de ton et un manque de cohérence stylistique qui rendent la lecture parfois ardue.

Plus d'un siècle sur scène! Histoire du théâtre francophone en Alberta de 1887 à 2008 représente toutefois une étape nécessaire afin de pousser plus loin l'analyse esthétique et la problématisation éventuelle de la pratique théâtrale et des œuvres répertoriées. Par ailleurs, un ouvrage semblable se fait toujours attendre pour décrire l'évolution historique des théâtres franco-ontarien et acadien. Cette tâche serait facilitée par les outils fournis par Godbout, Ladouceur et Allaire, dont le travail a le potentiel de devenir, à son tour, un modèle méthodologique à suivre.

Joël Beddows
Université d'Ottawa

Jean Morency, *La littérature québécoise dans le contexte américain : études et explorations,* Québec, Éditions Nota bene, 2012, 180 p.

Avec son essai fondamental *Le mythe américain dans les fictions d'Amérique : de Washington Irving à Jacques Poulin* (1994), l'auteur avait déjà donné une référence incontournable à tout chercheur travaillant dans le domaine des mythes et des thématiques reliant les littératures du continent américain. Avec ce nouveau livre, une série de dix essais, publiés entre 1992 et 2005, le lecteur trouve, sous forme compacte, des analyses poussées qui comparent (essentiellement) les littératures américaines et québécoise, s'appuyant parfois sur les travaux des Pierre-Yves Pétillon, Jacques Pelletier, Jean-François Chassay, François Ricard, entre autres. Les cinq premiers articles analysent la présence tant américaine qu'étatsunienne dans les romans québécois, alors que les autres établissent des liens entre écrivains québécois et américains, faisant ressortir la problématique de l'imaginaire, comme le chemin perdu, le fantasme du grand roman, la hantise de la fin et la présence de la frontière, fictive ou réelle. De plus, l'auteur cite le texte phare du Brésilien Oswald de Andrade, *Manifeste anthropophage* (1928), qui avance la thèse que les peuples colonisés et séparés de la culture d'origine doivent « dévorer » le colonisateur et assimiler sa culture pour ne pas être annihilés par lui.

C'est sur cette prémisse que Victor-Lévy Beaulieu veut intégrer l'ensemble des textes fondateurs, américains / étatsuniens ou européens, dans son œuvre. N'oublions pas que Beaulieu, sans doute l'un des plus importants écrivains du Québec actuel, a consacré d'importants essais aux Joyce, Hugo, Kerouac, Melville, Ferron, Tolstoï, Faulkner, sans oublier dans ses romans des références à Homère, Cervantes, Flaubert. Beaulieu a une volonté presque rageuse d'ingurgiter les mots des autres, et de pratiquer l'anthropophagie littéraire. Morency établit clairement qu'avec Melville (*Moby Dick*) et Hawthorne (*The Scarlet Letter*) – les deux romans ont paru au début des années 1850 – débute la littérature proprement étatsunienne, affranchie de la littérature anglaise. Notons que l'auteur aurait pu ajouter *Uncle Tom's Cabin*, de Harriet Beecher Stowe. Au Canada anglais, au Québec, à Cuba, en Amérique latine, au Brésil et ailleurs émergent de nouvelles écritures nationales. Elles placent en leur centre la quête de la modernité, la rupture et l'affirmation de la différence avec les modèles des colonisateurs. Dans son immense essai *Monsieur Melville* (en trois tomes, dès 1978), Beaulieu touche au plus profond du mythe dominant toutes les littératures américaines, celui du renouvellement et de la métamorphose. Il s'approprie Melville en le projetant dans l'univers de sa propre fiction, à tel point qu'Abel Beauchemin *devient* Herman Melville.

S'ajoutent d'autres thèmes fondamentaux, comme l'aliénation, la fuite, l'errance, l'Indien, cernés déjà par Morency dans son essai de 1994, où il avait opposé également nomadisme et sédentarité, Prométhée et Dionysos, les imaginaires diurne et nocturne, parfaitement illustrés par l'une des œuvres majeures de Jacques Poulin, *Volkswagen blues* (1984). Ce dernier livre suit les premiers explorateurs français, Kerouac, les coureurs des bois, la piste de l'Oregon et souligne le rôle des Canadiens d'origine française dans l'histoire des États-Unis. Comme Jack Waterman, l'Éveline de Gabrielle Roy (*De quoi t'ennuies-tu, Éveline ?*, 1979) part pour trouver son frère mourant, mais la Californie demeure un paradis utopique. Chez l'Ontarien Daniel Poliquin et le Franco-Manitobain Paul Savoie, par exemple (et, plus récemment, Gérald Tougas, avec *Le deuxième train de la nuit*, 2013), c'est la question de la langue qui s'ajoute à celle du nomadisme, les grands espaces, la géographie imaginaire, la langue hybride, métissée, menacée d'assimilation, créolisée, oubliée.

Le premier souci des fondateurs des nouvelles littératures nationales demeure la prise de distance face à l'ancienne culture européenne, toujours dominante. Dans les écoles des colonies, ont été enseignés *La chanson de Roland*, Chaucer, Camões, Tirso de Molina. Par conséquent, les résistances des ligues conservatrices devant la qualité de la nouvelle littérature nationale sont difficiles à vaincre. Cependant, la société québécoise en général est davantage tournée vers les États-Unis que vers la France, même si, pour une partie de l'élite intellectuelle, la réception d'une œuvre littéraire passe par l'intelligentsia française. Morency soutient que le roman de Poe, *Les aventures d'Arthur Gordon Pym*, est l'œuvre fondatrice de la littérature étatsunienne, renforcée par Melville et James Fenimore Cooper, alors que, pour d'autres, c'est davantage Ralph Waldo Emerson et son discours *The American Scholar*, tenu devant l'auditoire de Cambridge, au Massachusetts. Emerson incite ses concitoyens à se libérer de l'Angleterre (« *from its iron lids* »). Les écrivains du Canada français trouvent leur influence dans les livres écrits par leurs voisins du Sud, plus particulièrement l'École de Québec, avec Antoine Gérin-Lajoie (*Jean Rivard, le défricheur*), Philippe Aubert de Gaspé *(Les anciens Canadiens)*, Joseph-Charles Taché (*Forestiers et voyageurs*), tous publiés en 1862 et 1863. Le grand roman américain et le livre national canadien-français sont liés non seulement par leur discours, mais également par leur réalité coloniale respective, qui suscite des pressions idéologiques. À ce stade de la lecture de l'ouvrage, il faut citer l'un des constats importants de l'auteur (nous sommes au septième chapitre) : « Le grand roman américain reste à l'état d'ébauche parce que la nation américaine ne s'avère peut-être elle-même qu'une esquisse » (p. 127). On aimerait ajouter que la mère patrie a légué au Québec sa langue, mais que les États-Unis lui ont fourni les modèles pour s'autonomiser sur le plan littéraire.

Pour terminer, Morency revient sur un sujet très répandu dans les littératures nationales américaines et étroitement lié au genre du *road novel*, impliquant nomadisme, évasion, rejet de la famille et du travail régulier. On peut citer comme exemples de ce genre *Éthel et le terroriste* (1964) et *Pleure pas, Germaine* (1965) de Claude Jasmin, des romans qui enrichissent le roman de la route d'un questionnement sur l'identité et l'altérité, alors que *Les grandes marées* (1978) de Poulin réunit l'essentiel des facettes du genre, jusqu'au rythme des phrases. Le dernier chapitre analyse le thème des frontières, considéré comme l'élément structurant de *toute* la littérature étatsunienne. Ce thème intègre l'expérience des limites à atteindre et / ou à transgresser, géographiques, anthropologiques, spirituelles, ainsi que le discours sur le déclin et le récit de la captivité. Les romans *The Leatherstocking Tales*, de James Fenimore Cooper, et *Adventures of Huckleberry Finn,* de Mark Twain, offrent un traitement exemplaire de ce thème. Par ailleurs, dans le cas du roman de Hawthorne, la femme adultère transgresse la loi de la communauté puritaine ; elle est chassée, alors que sa fille, qui grandit à la frontière de la vie sauvage, incarne la nouvelle femme.

Au Québec, les thèmes étatsuniens sont présents dans l'œuvre de Gabrielle Roy (*La petite poule d'eau, Alexandre Chenevert, La montagne secrète, La route d'Altamont*), jusqu'à ses dernières œuvres. Les personnages vivent l'aventure du recommencement en quittant la ville pour vivre en forêt. En cela, ils annoncent les romans d'Anne Hébert (*Kamouraska, Les enfants du sabbat, Les fous de Bassan*), dans lesquels on retrouve également l'univers puritain, l'adultère, la frontière entre le monde civilisé et l'univers sauvage de la frontière.

Il faut souligner que chaque chapitre peut être lu indépendamment des autres et un rappel périodique de dates, de titres, de thèmes se révèle utile. Dans l'ensemble, il s'agit d'un ouvrage basé sur une recherche minutieuse, d'une admirable clarté de pensée, truffé de renseignements pertinents, comme c'était le cas de l'essai précédent de Jean Morency. Voilà pourquoi on attend avec impatience ses prochains travaux portant sur les romans de la franco-américanité.

Hans-Jürgen Greif
Université Laval

Robert Englebert et Guillaume Teasdale (dir.), *French and Indians in the Heart of North America, 1630-1815***, East Lansing, Michigan State University Press ; Winnipeg, University of Manitoba Press, 2013, 260 p.**

La problématique des relations entre Français et Amérindiens s'est taillée une place de choix parmi les historiens qui s'intéressent depuis déjà quelques décennies aux relations qui se sont tissées dans l'immense région de l'arrière-pays comprenant les environs des Grands Lacs, une partie du Midwest américain et la Louisiane. Ce recueil, sorte d'anthologie (*cf.* p. vii, xix), se situe dans le prolongement des travaux de Jacqueline Peterson et Jennifer S. H. Brown (1985) ainsi que de Richard White (1991), qui ont contribué à caractériser cet univers de relations en insistant sur le métissage entre les colons français et la population autochtone ainsi que sur les processus singuliers d'accommodement culturel ou « terrains d'entente » (*middle-ground*). Reprenant quasi intégralement le cadre chronologique de White (1991 ; *cf.* le titre même de cet ouvrage), les auteurs de ce collectif, qui réunit des chercheurs américains, canadiens et français, exposent dans toute sa diversité la rencontre entre Français et Amérindiens au cœur du continent entre 1630 et 1815. Ils tentent de dépeindre cette relation tout en évitant de revenir sur la question du métissage, comme si cette problématique avait été suffisamment étudiée. Les auteurs proposent une variété de thématiques envisagées sous des angles variés pour mettre en relief la complexité et les nuances des relations qui se sont nouées durant cette période. Pour ce faire, ils font référence à ce qu'ils qualifient d'interactions rituelles, de connexions transatlantiques et de relations diplomatiques pendant et après l'époque de la Nouvelle-France. De plus, certains chapitres mettent en relief les transactions commerciales et interculturelles (par exemple, la traite des fourrures, inévitablement). L'organisation du recueil par chapitre suit les grandes divisions chronologiques usuelles : les six premiers chapitres traitent de la période du Régime français et les deux autres se rapportent au demi-siècle suivant la prépondérance française en Amérique.

Dans « Faire la chaudière[1] », Kathryn Magee Labelle examine la signification de la fête des morts (*Feast of the Souls)* chez les Wendats (Hurons) au début du XVIIe siècle, qui occupaient, à cette époque, les environs de la baie Georgienne dans cette partie du continent qui devint par la suite l'Ontario. Les Wendats auraient aimé que les Français partagent avec eux cette pratique, mais le refus des Jésuites d'ensevelir les ossements des Français avec ceux des Wendats aurait pratiquement entraîné la dissolution de l'alliance entre les deux peuples. La rencontre culturelle

---

[1]   Chez les Métis, lors de longs voyages en *wagon* (charrette), on s'arrêtait souvent pour « faire chaudière » (et non faire la chaudière), c'est-à-dire boire du thé (d'après une entrevue avec Mme Domina Létourneau, née Malvina Chouinard et mère de Létourneau, 88 ans, mai 1970, LET 10A, Fonds Létourneau, Société historique de Saint-Boniface, Winnipeg, Manitoba). Par ailleurs, veuillez noter que les titres abrégés des contributions utilisés dans ce compte rendu sont ceux que proposent les directeurs du recueil dans leur introduction (p. xix-xxiii).

faillit échouer en raison de différences de mentalité et de malentendus. De plus, elle n'aurait pas donné lieu à des pratiques syncrétiques à la satisfaction des deux parties. Pour les Autochtones, les sphères religieuse et diplomatique étaient intimement liées alors que les Jésuites tendaient à les séparer l'une de l'autre.

Dans « Natives, Newcomers, and Nicotiana », Christopher M. Parsons propose de réinterpréter les modalités de l'usage du tabac lors des rencontres entre Français et Amérindiens dans la région des Grands Lacs au cours des XVIIe et XVIIIe siècles. Alors que l'attention des Français en vint à porter sur le fait de fumer plutôt que sur la plante elle-même, les Amérindiens s'attachaient surtout à la plante et aux divers rituels visant à favoriser la communication avec l'esprit des plantes et des animaux. En dépit de ces différences, les cérémonies du tabac servirent à créer des rapprochements entre les univers européen et autochtone.

Dans « The Terms of Encounter », Robert Michael Morrissey explore les efforts des missionnaires français au pays des Illinois au cours des dernières décennies du XVIIe siècle. Des tensions existaient entre les Jésuites et les autres congrégations catholiques et françaises en ce qui a trait aux stratégies de conversion des populations autochtones. Or ces tensions auraient eu des répercussions dans toute la région de l'Atlantique Nord et auraient modelé les relations entre Français et Autochtones dans la région d'étude.

Dans « Gascon Exaggerations », Richard Weyhing examine les interactions françaises et amérindiennes en insistant sur les circonstances qui auraient conduit le sieur de Cadillac à convaincre les autorités françaises d'établir une nouvelle colonie à Détroit pour y attirer les nations amérindiennes au tournant du XVIIIe siècle. L'auteur croit que les entreprises françaises d'outre-mer dépendaient trop souvent de personnages comme Cadillac, dont les ambitions personnelles finirent par envenimer les conflits existant entre nations amérindiennes.

Dans « "Protection" and "Unequal Alliance" », Gilles Havard discute du statut des Amérindiens tel que conçu par la monarchie française pendant la période de la Nouvelle-France. Il examine les discours français à propos des Amérindiens envisagés d'abord comme sujets français selon la politique de francisation, puis selon l'idée d'une protection française des sujets amérindiens dans le contexte de l'alliance franco-amérindienne. Les Amérindiens auraient été progressivement exclus de la citoyenneté telle que l'envisageaient les Français, se retrouvant ainsi alliés selon une conception inégalitaire de l'alliance.

Dans « The French and the Natchez », Arnaud Balvay questionne les relations diplomatiques franco-amérindiennes dans la vallée du Mississippi au cours de la première moitié du XVIIIe siècle. Il examine les événements qui ont mené à la rébellion des Natchez et dépeint l'échec des relations entre ces derniers et les Français. En examinant les événements, les diverses rumeurs et les scénarios d'éventuelles attaques par les Amérindiens, l'auteur croit que les Français ont réagi violemment en raison de leur crainte des Natchez, qu'ils percevaient comme une nation forte et menaçante alors qu'elle se trouvait déjà affaiblie par les antagonismes entre Français et Anglais.

Dans « From Subjects to Citizens », John Reda examine les trajectoires de Pierre Chouteau et de Pierre Menard, deux colons français engagés dans la traite des fourrures. Ils auraient joué un rôle déterminant dans la transformation américaine au pays des Illinois au tournant du XIXe siècle. En effet, les relations qu'ils tissèrent avec les habitants d'origine française, métisse et amérindienne de la région auraient permis d'atténuer les effets négatifs de la conquête américaine du territoire, qui fut beaucoup plus violente dans d'autres régions (p. 173).

Dans « Blue Beads, Vermilion, and Scalpers », Nicole St-Onge analyse les dépenses des voyageurs canadiens-français qui prirent part à l'expédition Astoria. Partis de Montréal en 1810, ils traversent le continent en passant par la région des Grands Lacs puis de Saint-Louis pour enfin rejoindre la côte du Pacifique. Elle révèle que ces voyageurs étaient prévoyants et ambitieux, pensaient à leurs familles respectives, à leurs objectifs à long terme, sans pour autant exclure leur désir de rencontrer des femmes amérindiennes[2] (*cf.* p. 200-201).

Malgré la richesse des contributions brièvement évoquées ci-dessus, il est à noter que ce recueil ne compte que trois illustrations : une carte de l'Amérique septentrionale (Bellin, 1743), ornementale mais pratiquement illisible ; une deuxième carte centrée sur les Grands Lacs (Bellin, 1764), qui permet d'apprécier la riche toponymie de cette région ;

---

[2]   Pour ce qui est des mariages mixtes entre Français et Amérindiennes et du libertinage en Nouvelle-France, voir, entre autres, Peterson et Brown (1985 : par exemple, p. 8 et 22).

et une troisième carte de facture contemporaine et curieusement conçue (White, 1991 : xx), la partie au sud de l'Ohio et à l'est du Mississippi étant vide, ce qui donne l'impression qu'il s'agit de l'océan Atlantique!

Plusieurs chapitres, dont celui de Morrissey (p. 43-75), ne comportent pas de conclusion, comme si toutes ces études représentaient un point final, sans retour sur les limites de ce qui a été accompli ni suggestions de pistes pour de futurs travaux. Le texte de Balvay se termine même par une longue citation offrant en dernier recours le point de vue des Amérindiens (p. 152-153). Le chapitre de Weyhing se révèle plutôt traditionnel : il s'agit de l'histoire d'un grand personnage et certaines sections (cf. p. 77-86) font peu référence aux Autochtones ou aux interactions des Français avec ceux-ci. Parmi les ouvrages cités, on trouve des sources originales de langue française plus nombreuses que dans certains autres chapitres. Enfin, le texte de St-Onge se distingue des autres en ce que l'auteure explique sa méthodologie et prend la peine de produire une conclusion. Par ailleurs, l'expédition relativement brève qu'elle décrit ne fait que traverser le cœur de l'Amérique du Nord. L'ajout d'une carte géographique aurait permis de mieux saisir toutes les étapes de cette expédition qui se rend jusqu'en Oregon. Enfin, quelques tableaux auraient pu remplacer avantageusement de longues énumérations.

Bibliographie

PETERSON, Jacqueline, et Jennifer S. H. BROWN (dir.) (1985). *The New Peoples: Being and Becoming Metis in North America*, Winnipeg, University of Manitoba Press.

WHITE, Richard (1991). *The Middle Ground: Indians, Empires, and Republics in the Great Lakes Region, 1650-1815*, Cambridge, Cambridge University Press.

Yves Labrèche,
Université de Saint-Boniface

Pierrick Labbé, « *L'Union fait la force!* » : *l'Union Saint-Joseph d'Ottawa / du Canada, 1863-1920*, Ottawa, Les Presses de l'Université d'Ottawa, 2012, 196 p.

L'auteur, Pierrick Labbé, doctorant en histoire à l'Université d'Ottawa, nous présente dans ce livre l'évolution d'une société de secours mutuel. Cette étude de cas permet d'appréhender le phénomène de la mutualité chez les Canadiens français de la seconde moitié du XIXe siècle et du début du XXe siècle. L'Union Saint-Joseph d'Ottawa fut l'une des rares sociétés de secours mutuel à survivre à la crise du modèle au tournant du XXe siècle, et ce n'est que récemment, en février 2012, que l'Union du Canada, héritière de l'Union Saint-Joseph, faisait faillite.

La décennie 1850 vit naître plusieurs Unions Saint-Joseph à la suite de celle de Montréal, créée en 1851. Celle d'Ottawa est née en 1863 en suivant l'exemple de celle de L'Industrie (Joliette), elle-même créée en 1861, d'où venaient les deux membres fondateurs de l'Union Saint-Joseph d'Ottawa, Léonard Desmarais et Jean-Baptiste Champoux, tous deux cordonniers installés depuis peu à Ottawa. L'émergence de ces sociétés de secours mutuel fut rendue possible par la loi votée par le Parlement du Canada-Uni en 1850 « pour incorporer certaines associations charitables, philanthropiques et de prévoyance, et pour protéger d'une manière efficace les fonds desdites associations contre la fraude et le mauvais emploi qu'on en pourrait faire » (p. 20).

En 1863, l'Union Saint-Joseph d'Ottawa n'était que l'une des nombreuses associations de prévoyance à voir le jour dans la communauté canadienne-française du Canada et des États-Unis. Une société de secours mutuel s'imposait à cette époque pour assurer un minimum de prévoyance aux travailleurs en milieu urbain. Elle comblait aussi un besoin de solidarité et de sociabilité. Elle avait l'avantage d'aborder la pauvreté d'une manière différente de la charité. En raison des cotisations de ses membres, les montants reçus pour cause de mortalité ou de maladie relevaient du droit et non de l'aumône.

Les débuts de l'Union Saint-Joseph d'Ottawa furent lents : 43 membres lors de son incorporation en 1864, 78 en 1865, puis 310 en 1870. Le droit d'admission était d'un dollar. L'Union rassemble des ouvriers, des hommes de métier, des journaliers et des petits commerçants. L'admission se fait par cooptation.

La première génération des mutuelles s'apparentait davantage à la bienfaisance qu'à l'assurance. Graduellement, l'identité nationale devint le principal lien d'appartenance des membres de l'association. L'Union Saint-Joseph d'Ottawa, comme celles créées en milieu minoritaire, servirent d'outils de survivance. Le mouvement mutualiste prit forme à l'extérieur des structures cléricales et ce n'est qu'à partir des années 1890, sous l'inspiration notamment des encycliques sociales de Léon XIII, qu'il se greffe au réseau institutionnel catholique dirigé par une petite élite laïque. À partir de 1893, l'Union Saint-Joseph accepte des membres des professions libérales.

L'Union Saint-Joseph se développa en dépit de la multiplication des associations de prévoyance à Ottawa : la Société Saint-Pierre, l'Union Saint-Thomas, la Société Saint-Antoine de Padoue, l'Union Saint-Jean-Baptiste. De 264 membres en 1880, l'Union Saint-Joseph en rassemble 551 en 1885, 794 en 1888, 1153 en 1895 et 1447 en 1897. L'Union Saint-Joseph profite beaucoup de l'augmentation de la population canadienne-française à Ottawa (le tiers des 21 000 habitants en 1870 et des 37 000 en 1890), de l'engouement des Canadiens français pour la mutualité et l'amélioration des conditions économiques dans la décennie 1880.

La décennie 1890 fut une période de transition. L'Union Saint-Joseph évolue vers une administration assurée par des gens compétents. Cela est rendu nécessaire par une loi ontarienne de 1892 qui reconnaissait les contrats d'assurance des sociétés de secours mutuel au même titre que ceux des compagnies privées. Un rapport publié annuellement est exigé. On adopte le mode actuariel en établissant le calcul des risques sur une base individuelle, abolissant le paiement d'une somme fixe lors du décès. On s'éloigne ainsi de l'idéal de partage et d'entraide, et l'Union Saint-Joseph s'apparente de plus en plus à une compagnie d'assurance à caractère national basée sur la doctrine sociale de l'Église et le nationalisme canadien-français. De plus, l'adoption du Règlement XVII en Ontario en 1912 a pour effet d'augmenter la ferveur nationaliste de l'Union Saint-Joseph.

Au tournant du xxe siècle, l'Union Saint-Joseph manifesta sa volonté de s'établir dans les paroisses francophones de l'archidiocèse d'Ottawa, puis d'élargir cette implantation à l'Ontario français, au Québec et au Nouveau-Brunswick. En 1903, elle comptait 7540 membres répartis dans 177 succursales. Après 1908, nous constatons un développement du côté des Franco-Américains. À cette époque, l'Union Saint-Joseph d'Ottawa, devenue en 1905 l'Union Saint-Joseph du Canada, avait comme concurrentes deux mutuelles québécoises, l'Alliance nationale, qui comptait 19 647 membres en 1907, et la Société des artisans, qui dénombrait 31 263 membres en 1906.

L'aspect social de la mutualité, forgé en réaction à l'industrialisation et à l'urbanisation, constituait le moteur de la participation jusqu'au début du xxᵉ siècle. En 1910, cette réalité n'existait plus. La gestion de l'Union Saint-Joseph sur des principes actuariels a mécontenté et démotivé un grand nombre de membres.

La période 1863-1920 constitue donc une époque intéressante pour étudier une série de bouleversements du mouvement mutualiste, surtout dans une ville comme Ottawa, entraînés par des déplacements de population, par la multiplication de l'offre de prévoyance, par l'adoption d'une nouvelle conception de la mutualité. En cinquante-cinq ans, l'Union Saint-Joseph d'Ottawa/du Canada était passée d'une petite société de secours mutuel locale, financièrement instable, à une grande société fonctionnant selon des normes actuarielles inspirées des compagnies d'assurance.

Ce livre a l'avantage d'être l'un des très rares cas d'étude d'une société de secours mutuel dans le milieu canadien-français. Le fait d'être d'Ottawa, en milieu minoritaire, lui donne une coloration particulière, influencée par la situation sociopolitique des Canadiens français de cette ville. L'auteur a produit une étude passionnante et bien documentée. Elle l'aurait été sans doute davantage si l'archevêché d'Ottawa et l'Union du Canada n'avaient pas refusé l'accès à leurs archives à son auteur.

Marcel Lajeunesse
École de bibliothéconomie et des sciences de l'information
Université de Montréal

Geoffrey Ewen et Colin M. Coates (dir.), *Introduction aux études canadiennes : histoires, identités, cultures,* **Ottawa, Les Presses de l'Université d'Ottawa, 2012, 336 p.**

Sous la direction de Geoffrey Ewen et Colin M. Coates, le recueil *Introduction aux études canadiennes : histoires, identités, cultures* répond à un besoin de manuels francophones pour les étudiants en études canadiennes. Si les manuels anglophones sont de bonne qualité, peu d'entre eux offrent une perspective souhaitée du fait français au Canada

(p. VII). Ainsi, face à ce constat, Ewen et Coates ont décidé de rédiger un manuel afin d'exposer les étudiants de premier cycle à la complexité de l'expérience canadienne. Financé par le Fonds de démarrage et de formation à distance (FODEFAD), ce livre a pour objectif de rassembler des textes afin d'expliciter la complexité du Canada à travers le fait français (p. x). Les auteurs visent donc à initier les étudiants aux études canadiennes en montrant la diversité de l'expérience française au Canada où les cultures, les identités et la mémoire transforment la politique de cet immense territoire. Ce manuel amènera sans doute le lecteur à une meilleure connaissance des caractéristiques distinctives du pays. Pour ce faire, Ewen et Coates ont choisi une approche pluridisciplinaire avec pour objectif de présenter aux lecteurs un grand nombre de chercheurs d'horizons différents. Ainsi, des historiens, des sociologues, des politologues, des linguistes et des gens de lettres abordent dans l'ouvrage l'un des thèmes suivants : l'histoire, les identités nationales, les identités sociales et la culture (p. VII).

La première partie du livre s'intéresse à l'histoire canadienne. Dans cette section, le lecteur a la chance de découvrir plusieurs pans de l'histoire du pays. Ainsi, il y est question de l'histoire des autochtones et des contacts de ces derniers avec les Européens lors de leur arrivée sur le territoire. On y découvre plusieurs descriptions concernant les différentes populations autochtones et leur mode de vie, leur population et leur économie. Ces lectures permettent de casser l'image monolithique de l'autochtone canadien pour montrer, au contraire, l'énorme diversité de ces tribus habitant le Canada d'un océan à l'autre (p. 2). D'autre part, d'autres textes explorent l'expérience autochtone à travers l'expérience française. Les contacts avec les Européens sont alors principalement traités sous l'angle de l'impérialisme de la Nouvelle-France tout en montrant l'héritage de ces contacts dans le Québec moderne (p. 33). Outre les Premières Nations, le lecteur peut avoir accès à plusieurs articles portant sur la diversité des minorités locales et immigrantes, dont l'expérience des Juifs et leur vie à Montréal. La perspective historique de ce livre culmine par un retour sur certains grands débats canadiens, dont l'entrée du Québec dans la Confédération canadienne et l'Accord de libre-échange de 1989.

La deuxième partie de ce recueil traite des identités nationales et des divers nationalismes qui ont façonné le pays. L'idée principale qui se dégage de ces textes est la mutation constante des identités collectives

(p. VIII). Dans cette perspective, les auteurs abordent le nationalisme canadien à travers son évolution et son idéal moral. Face à plusieurs visions du Canada, le lecteur est amené à contextualiser et à mieux comprendre les choix politiques concernant les identités nationales au Canada (p. 79-80). Bien que les auteurs s'intéressent particulièrement au fait français à l'échelle du pays, ce sont les principaux courants qui ont marqué le nationalisme québécois depuis les années 1960 qui sont davantage explicités (p. 94). Cela dit, plusieurs textes tentent de montrer la diversité identitaire, que ce soit celle des jeunes francophones en milieu minoritaire, celle des populations issues de l'immigration francophone noire ou celle des autochtones.

La troisième partie de ce livre porte sur le thème des identités sociales qui concerne plus précisément les politiques sociales et le monde du travail (p. IX). Dans cette section, il est possible pour le lecteur de comprendre l'importance des politiques sociales sur l'identité canadienne. Les textes permettent d'explorer les débats dans le jeu fédéraliste par la présentation des principaux défis relatifs à l'élargissement des droits sociaux dans le néolibéralisme émergent (p. 164-165). On découvre alors tous les défis et les changements majeurs liés au développement économique et à l'émergence de l'État providence. Les études traitant, dans une perspective historique, de la tendance de l'emploi, des soins à domicile, du salaire des femmes et des conditions de travail au Canada sont particulièrement intéressantes. Celles-ci illustrent des défis que les auteurs mettent en perspective afin de mieux comprendre les transformations sociales au sein du Canada.

La quatrième et dernière partie traite du thème de la culture. Présentant parfois des études et parfois des récits, cette section laisse carte blanche à l'inspiration de ses auteurs. Le lecteur pourra alors apprécier la littérature francophone à travers des récits comme *Le bateau* (p. 251) ou *Extraits des lettres chinoises* (p. 263). Ceux-ci décrivent avec sensibilité l'expérience humaine en se servant, de deux façons bien différentes, du thème du déchirement pour exposer le rapport à la culture : d'une part, celui de l'intellectuel vis-à-vis de la culture populaire à travers le choix déchirant d'un enfant pris entre la recherche d'une vie intellectuelle et la pêche traditionnelle et, de l'autre, celui d'une immigrante qui doit faire le pont entre les identités canadienne et chinoise. Cette partie se termine par une étude de la scène artistique montréalaise. Ce texte, accompagné de plusieurs reproductions de tableaux, explique l'influence de ceux-ci dans l'art québécois. Cette étude permet ainsi d'initier les néophytes à l'art franco-canadien.

Pour conclure, cet ouvrage offre aux lecteurs une variété de thèmes, de sujets et de perspectives sur les particularités de l'expérience canadienne. Malgré la diversité des thèmes abordés, on constate une grande différence dans la qualité des articles et une grande homogénéité entre les positions des auteurs. De plus, le choix de s'intéresser au fait francophone a pour conséquence d'orienter les études vers la situation de l'Est canadien. Cependant, ce recueil offre aux étudiants une solide connaissance de base sur les questions entourant la politique canadienne. Il ne s'agit pas ici d'un manuel typique dans la mesure où ce n'est pas un ouvrage qui vise à expliquer de façon fluide et progressive l'évolution de la politique canadienne. Toutefois, sa division par articles en facilite l'utilisation pédagogique par les professeurs. Ainsi, nous pouvons affirmer que cet ouvrage montre brillamment la diversité et la complexité des enjeux de la société canadienne. Vu la rareté de ce genre de recueil, il sera sûrement un bon outil à ajouter à l'étude de la politique canadienne. Les auteurs auront donc atteint leur objectif, celui d'initier les étudiants à la spécificité du fait français au Canada, tout en explicitant la complexité de l'expérience canadienne.

Gilbert McLaughlin
Université d'Ottawa

Liliane Rodriguez et André Lapierre (dir.), *D'est en ouest : la variation géolinguistique du français au Canada*, Winnipeg, Presses universitaires de Saint-Boniface, 2013, 368 p.

Le volume recensé ici rassemble les communications présentées au 9ᵉ colloque international *Français du Canada – Français de France*, tenu à Winnipeg (Manitoba) en 2010. Comme ce colloque trisannuel avait lieu pour la première fois en terre canadienne ailleurs qu'au Québec, les organisateurs en ont profité pour faire la part belle au français d'ici en situation minoritaire, notamment celui de l'Ouest canadien, qui est généralement traité comme un parent pauvre du français québécois. Une vue d'ensemble de la conférence est disponible en fin de volume, sous la plume de feu Lothar Wolf, professeur émérite de l'Université d'Augsbourg

(Allemagne), cofondateur du colloque et fondateur de la collection *Canadiana Romanica* (Niemeyer), qui a publié les actes précédents. On a simplement ajouté aux actes quelques « notes manitobaines » sur les activités reliées au colloque et sur le dynamisme de la vie francophone manitobaine pour arriver au volume présenté ici.

Dans une première partie consacrée à la variation géolinguistique, outre la synthèse générale des colloques précédents de Hans-Josef Niederehe, qu'il aurait sans doute fallu présenter en premier lieu, la dimension géographique est évidente dans l'étude d'Anika Falkert sur l'identification des différents types de français dans la communauté acadienne de la Côte-Nord (Québec), et est étroitement reliée au vécu des sujets. Elle l'est beaucoup moins dans l'article de Béatrice Bagola traitant de l'influence de l'italien sur le français et l'anglais dans la gastronomie au Canada. La longue liste d'emprunts culinaires présentée en annexe rappelle ceux qu'on trouve ailleurs dans le monde, et on aurait aimé apprendre ici où est la spécificité *canadienne* de ces emprunts à la langue italienne.

« Autour de l'*Atlas linguistique de l'est du Canada (ALEC)* » (deuxième partie), on découvre grâce à Patrice Brasseur l'importance de l'étymologie populaire dans les multiples dénominations du sizerin flammé, petit passereau gris mieux connu sous le nom de *pisseux* ou *pissou* au Canada. L'examen phonétique des mots en « oi » répertoriés dans l'ALEC permet, par ailleurs, à Ursula Reutner de conclure, après une multitude d'approches du sujet (quantitative, géographique, morphologique, phonétique, sémantique, conceptuelle, sociohistorique), que le choix entre les principales variantes / wa / et / wɛ / échappe aux classifications. Tout juste peut-on observer sur le plan stylistique une préférence pour la première dans les situations formelles et pour / wɛ / dans les contextes familiers.

De l'Est canadien, on passe naturellement au « monde de l'Ouest » (troisième partie), comme le suggère le titre du volume et le site de la conférence. Dans un premier article, les « regards sur la toponymie manitobaine » d'André Lapierre permettent utilement de faire la part des influences française (colonisation), anglaise et métisse dans ce domaine. On est heureux d'apprendre que la francophonie locale retourne dorénavant aux vieilles désignations françaises pour les nombreux toponymes déjà passés à l'anglais (par exemple, Rat River > Rivière aux Rats). Carol Jean Léonard pousse plus loin l'analyse lexicale, mais en se limitant au domaine oronymique, où l'on découvre que le concept de « montagne » peut varier énormément dans les milieux métis, même dans une région où l'altitude ne dépasse jamais 830 mètres. Par ailleurs, au terme d'une analyse fouillée des sept romans de Gabrielle Roy situés en contexte manitobain, Chiara Bignamini-Verhoeven conclut que, hormis les toponymes et ethnonymes nécessaires au dépaysement des exilés, l'auteure emprunte rarement aux autres langues et que, en tout cas, les quelques emprunts qu'elle s'autorise n'affectent jamais la compréhension. Enfin, en se demandant « pourquoi les anglophones de Winnipeg font rimer Gauthier et Lagimodière », Glenn Moulaison invoque la vieille habitude acadienne de préserver la dernière consonne de certains patronymes (Léger / le ʒɛ R /, Doucet / dusɛt /, etc.), que les anglophones auraient tout simplement copiée. L'aspect anecdotique de cet article est reconnu par l'auteur lui-même en début et en fin de parcours (« j'ai peur que ce ne soit pas très scientifique, mon affaire, […] qui sent peut-être un peu trop le dilettantisme ») et rappelle que ce qui passe facilement à l'oral dans une conférence sympathique ne mérite pas nécessairement une inclusion dans les actes.

La quatrième partie (« La variation dialectale France-Canada ») permet d'aborder quelques particularités lexicales régionales de France. Dans son article sur l'apport de l'occitan aux parlers du centre-ouest de la France et par suite de l'Acadie, Brigitte Horiot conclut à une influence négligeable de cette langue, reliée simplement à l'origine des premiers colons. Passant du sud au nord, Stéphane Laîné et Naomi Statkewich-Maharaj font une analyse détaillée de certains domaines lexicaux précis, respectivement les dénominations du défrichement en Normandie et les plantes sauvages dans le nord-ouest de la France. Dans les deux cas, l'approche, purement descriptive, ne permet pas de distinguer les formes dominantes et, contrairement à l'article de Horiot, elle ne cherche pas à comparer le français de là-bas avec celui d'ici, dans un ouvrage pourtant consacré à « la variation géolinguistique du français au Canada ».

Dans une cinquième partie consacrée aux corpus et à la norme, Elizabeth Dauses montre de manière convaincante que les proverbes peuvent varier diachroniquement et géographiquement, contrairement à ce qu'on pourrait déduire d'ouvrages comme *Le petit proverbier*, qui se contentent généralement de proposer des formes fixes, trouvées dans des dictionnaires antérieurs. Comme Dauses, Nadine Vincent s'appuie sur un corpus de français authentique (les 52 millions de mots de la Banque de données textuelles de Sherbrooke) pour montrer que c'est là qu'on trouvera le « vrai » lexique du français québécois, plutôt que dans les dictionnaires conventionnels, qui ne sont finalement que des opinions de lexicographes, si compétents soient-ils. Enfin, après un résumé utile des progrès impressionnants accomplis en traduction automatique (TA), Vivian Boyer se demande si cette technologie représente « une chance pour les variétés géolinguistiques ». Mais, ayant constaté que les différences dialectales du français se situent souvent au niveau phonétique (exclu de la TA) et que le français écrit est très standardisé dans les pays francophones, elle nous laisse sur notre faim quant aux applications possibles de la TA à la variation linguistique.

La sixième partie (« Langue et identité ») ouvre le débat vers des considérations plus générales sur les rapports entre langue et société. D'abord, une comparaison entre les nationalismes wallon et québécois, qui sont surtout fondés sur le maintien de la langue (Alex Demeulenaere). Ensuite un état présent du français en Colombie-Britannique, où l'usage de cette langue est en expansion, même s'il recule chez les francophones (Christian Guilbault). L'auteur profite de l'occasion pour présenter les résultats d'une étude sur l'identification des divers accents français par des étudiants anglo-colombiens. Il est intéressant de noter que même les débutants sont capables de différencier les accents français. Globalement, le groupe semble préférer les accents montréalais et français du Sud aux variétés avec traces d'anglais (ouest-canadien, acadien, louisianais). Voilà qui mériterait un traitement plus approfondi, au-delà de la modeste étude pilote de Guilbault.

Enfin, les rédacteurs ont choisi d'ajouter au volume des « Notes manitobaines » qui renseignent utilement sur le dynamisme des éditeurs franco-manitobains (Éditions du Blé, Éditions des Plaines) qui, bien que peu visibles et moins connus que les éditeurs québécois, n'en sont pas moins au premier rang de la culture francophone de l'Ouest canadien (Brigitte Horiot et J. R. Léveillé). Lise Gaboury-Diallo nous renseigne sur la dimension théâtrale de ce dynamisme, même s'il faut parfois passer par le bilinguisme pour sensibiliser le jeune public aux mystères des classiques comme *La chasse-galerie*. En soulignant la richesse du patrimoine franco-manitobain, notamment les archives de la Compagnie de la Baie d'Hudson, visitées par les participants à la conférence, Liliane Rodriguez rappelle que ces derniers ne sont pas venus dans un vide culturel, mais dans une communauté franco-manitobaine dynamique, malgré sa cohabitation avec l'écrasante majorité anglophone.

On aura compris que le présent volume a donné la parole à tous les participants du colloque de 2010, qui ont effectivement traité, de près ou de loin, la variation linguistique du français au Canada et en France. Le texte est, en fin de compte, d'une grande richesse par la variété des sujets abordés et par leur profondeur, parfois proche de l'exhaustivité. Il aurait certes fallu resserrer les critères de pertinence dans certains cas signalés ci-dessus, mais ce mélange quelque peu hétéroclite nous apprend beaucoup sur certains points précis de l'évolution du français. En particulier, il fait connaître au grand public le dynamisme du français manitobain, que certains seraient prêts à abandonner aux sévices de l'assimilation. Les codirecteurs ont sans doute bien fait de souligner cet aspect, à l'occasion du rare passage dans leur région d'une conférence sur le rapport entre le français du Canada et le français de France.

Alain Thomas
Université de Guelph

Publications et thèses soutenues (2013)

Frances Ratelle
Université de Waterloo

CETTE BIBLIOGRAPHIE PARTIELLE comprend des livres publiés et des thèses soutenues de janvier à décembre 2013. Ces ouvrages proviennent de plusieurs disciplines et des aires culturelles suivantes : le Canada français, le Québec, l'Acadie, les États-Unis, les Antilles, Haïti et la Guyane. Les œuvres littéraires, trop nombreuses, ne font pas partie de ce recensement. Nous tenons à remercier François Paré de ses conseils pendant la réalisation de ce projet.

Les titres précédés d'un astérisque font l'objet d'une recension dans ce numéro.

LIVRES

ALARIC, Alexandre. *Pour une anthropologie logique du discours postcolonial du point de vue de la littérature antillaise*, Paris, L'Harmattan, 2013, 250 p., coll. « Ouverture philosophique ».

ANDERSON, Mark R. *The Battle for the Fourteenth Colony: America's War of Liberation in Canada, 1774-1776*, Lebanon, University Press of New England, 2013, 460 p.

ARSENAULT, Georges. *Les Acadiens de Summerside = The Acadians of Summerside*, Tracadie-Sheila, Éditions La Grande Marée, 2013, 224 p.

ARSENAULT, Robert. *De Parkton à l'éternité*, Tracadie-Sheila, Éditions La Grande Marée, 2013, 184 p.

BABITS, Lawrence E., et Stephanie GANDULLA (dir.). *The Archaeology of French and Indian War Forts*, Gainesville, University Press of Florida, 2013, 324 p.

BANCROFT, Jeremiah. *Jeremiah Bancroft at Fort Beauséjour and Grand-Pré*, dirigé, introduit et annoté par Jonathan Fowler et Earle Lockerby, Kentville, Gaspereau Press, 2013, 112 p.

BARON, Robert, et Ana C. CARA (dir.). *Creolization as Cultural Creativity*, Jackson, University Press of Mississippi, 2013, 320 p.

BASQUE, Maurice, et André DUGUAY. *Histoire du drapeau acadien*, Lévis, Éditions de la Francophonie, 2013, 152 p.

BATCHELOR, Kathryn, et Claire BRISDORFF (dir.). *Intimate Enemies: Translation in Francophone Contexts*, Liverpool, Liverpool University Press, 2013, 264 p., coll. « Francophone Postcolonial Studies ».

BEAULIEU, Alain, Stéphane GERVAIS et Martin PAPILLON (dir.). *Les Autochtones et le Québec : des premiers contacts au Plan Nord*, Montréal, Les Presses de l'Université de Montréal, 2013, 407 p., coll. « PUM ».

BELMESSOUS, Saliha. *Assimilation and Empire: Uniformity in French and British Colonies, 1541-1954*, Oxford, Oxford University Press, 2013, 248 p.

BERNARD, Shane K. *Les Cadiens et leurs ancêtres acadiens : l'histoire racontée aux jeunes*, traduit de l'anglais par Faustine Hillard, Jackson, University Press of Mississippi, [2008] 2013, 112 p.

BIGOT, Davy, Michael FRIESNER et Mireille TREMBLAY (dir.). *Les français d'ici et d'aujourd'hui : description, représentation et théorisation*, Québec, Les Presses de l'Université Laval, 2013, 272 p., coll. « Les voies du français ».

BLAISE, Mario. *Retour au pays natal : Haïti, Petit-Goâve*, Paris, L'Harmattan, 2013, 160 p., coll. « Graveurs de mémoire ».

BLAY, Jacqueline. *Histoire du Manitoba français*, t. 2 : *Le temps des outrages (1870-1916)*, Saint-Boniface, Éditions des Plaines, 2013, 409 p.

BLODGETT, Edward. *Les enfants des Jésuites ou le sacrifice des vierges*, Québec, Les Presses de l'Université Laval, 2013, 268 p., coll. « Perspectives de l'Ouest ».

BLONCOURT, Gérald. *Journal d'un révolutionnaire*, Montréal, Mémoire d'encrier, 2013, 184 p., coll. « Chronique ».

BOUCHER, Colette, et Thomas C. SPEAR (dir.). *Paroles et silences chez Marie-Célie Agnant : l'oublieuse mémoire d'Haïti*, Paris, Karthala, 2013, 204 p., coll. « Lettres du Sud ».

BOUDREAU, Roger. *Philo de Paquetville : Philomène Boudreau – 100 ans d'amour et de service*, Lévis, Éditions de la Francophonie, 2013, 304 p.

BOURQUE, Denis, et Chantal RICHARD. *Conventions nationales acadiennes*, t. I : *1881-1890*, éd. critique, Moncton, Institut d'études acadiennes, 2013, 372 p., coll. « Bibliothèque acadienne ».

BROSMAN, Catharine Savage. *Louisiana Creole Literature: A Historical Study*, Jackson, University Press of Mississippi, 2013, 256 p.

BROWN, Margaret Kimball. *History as They Lived It: A Social History of Prairie du Rocher, Illinois*, réédition, Carbondale, Southern Illinois University Press, [2005] 2013, 376 p., coll. « Shawnee Books ».

BRUNET, Jean-Paul. *Gaston Monnerville, 1897-1991 : un destin d'exception*, Matoury, Ibis rouge Éditions, 2013, 260 p., coll. « Espace outre-mer ».

CHAMPLAIN, Samuel de. *Espion en Amérique : 1598-1603*, texte en français moderne établi, annoté et présenté par Éric Thierry, Québec, Éditions du Septentrion, 2013, 224 p., coll. « V ».

CHAPMAN, Rosemary. *What is Québécois Literature? Reflections on the Literary History of Francophone Writing in Canada*, Liverpool, Liverpool University Press, 2013, 224 p., coll. « Contemporary French and Francophone Cultures ».

CHARRON, Suzanne. *Joe LaFlamme : l'indomptable dompteur de loups*, Sudbury, Éditions Prise de parole, 2013, 321 p., coll. « Biographie ».

CHIGNIER-RIBOULON, Franck, et Anne GARRAIT-BOURRIER (dir.). *Minorités isolées en Amérique du Nord : résistances et résiliences culturelles*, Clermont-Ferrand, Presses universitaires Blaise Pascal, 2013, 312 p., coll. « CERAMAC ».

COHEN, Reuben H. *Greater Moncton Then and Now = Le Grand Moncton hier et aujourd'hui*, Fredericton, Goose Lane Editions, 2013, 200 p.

CÔTÉ, Sébastien, et Charles DOUTRELEPONT (dir.). *Relire le patrimoine lettré de l'Amérique française*, Québec, Les Presses de l'Université Laval, 2013, 274 p., coll. « Les voies du français ».

DESCHÊNES, Gaston, et Denis VAUGEOIS (dir.). *Vivre la Conquête : à travers plus de 25 parcours individuels*, t. I, en collaboration avec Raymonde Litalien et Jacques Mathieu, Québec, Éditions du Septentrion, 2013, 264 p.

DES ROSIERS, Joël. *Métaspora : essai sur les patries intimes*, Montréal, Les Éditions Triptyque, 2013, 320 p.

* ENGLEBERT, Robert, et Guillaume TEASDALE (dir.). *French and Indians in the Heart of North America: 1630-1815*, East Lansing, Michigan State University Press; Winnipeg, University of Manitoba Press, 2013, 260 p.

ERICKSON, Paul, et Jonathan FOWLER (dir.). *Underground New Brunswick: Stories of Archaeology*, Halifax, Nimbus Publishing, 2013, 176 p.

FALKERT, Anika (dir.). *La perception des accents du français hors de France : actes du colloque international d'Avignon, 17-18 novembre 2011*, Mons, Éditions CIPA, 2013, 181 p., coll. « Recherches en parole ».

FRANK, David. *Provincial Solidarities: A History of the New Brunswick Federation of Labour*, Edmonton, Athabasca University Press, 2013, 280 p., coll. « Working Canadians: Books from the CCLH ».

FRANK, David. *Solidarités provinciales : histoire de la Fédération des travailleurs et travailleuses du Nouveau-Brunswick*, traduit par Réjean Ouellette, Edmonton, Athabasca University Press, 2013, 324 p., coll. « Working Canadians: Books from the CCLH ».

FREMIN, Marie (coord.). *Césaire en toutes lettres*, Paris, L'Harmattan, 2013, 212 p., coll. « Classiques francophones ».

FRENETTE, Yves, Étienne RIVARD et Marc SAINT-HILAIRE (dir.). *La Francophonie nord-américaine*, Québec, Les Presses de l'Université Laval, 2013, 310 p., coll. « Atlas historique du Québec ».

GALATANU, Olga, Ana-Maria COZMA et Virginie MARIE (dir.). *Sens et signification dans les espaces francophones : la construction discursive du concept de francophonie*, Bruxelles, Peter Lang, 2013, 244 p., coll. « GRAMM-R : études de linguistique française ».

GAUVIN, Lise. *D'un monde l'autre : tracées des littératures francophones*, Montréal, Mémoire d'encrier, 2013, 456 p., coll. « Essai ».

GÉDÉON, Jean. *Haïti au carrefour de la reconstruction : vie politique et coopération internationale*, préface de Samuel Pierre, Paris, L'Harmattan, 2013, 190 p.

GIRARD, Philippe R. *Ces esclaves qui ont vaincu Napoléon : Toussaint Louverture et la guerre d'indépendance haïtienne (1801-1804)*, Bécherel, Éditions Les Perséides, 2013, 480 p., coll. « Le monde atlantique ».

GRUNBERG, Bernard (dir.). *Les esclaves en Amérique colonial : séminaire d'histoire de l'Amérique coloniale 2010*, Paris, L'Harmattan, 2013, 240 p., coll. « Cahiers d'histoire de l'Amérique coloniale ».

GRUNBERG, Bernard, Josiane GRUNBERG et Benoît ROUX. *Pacifique de Provins et Maurile de Saint-Michel : missionnaires capucins et carmes aux Antilles*, Paris, L'Harmattan, 2013, 390 p., coll. « Corpus antillais – Collection de sources sur les Indiens caraïbes ».

HARDWICK, Louise. *Childhood, Autobiography and the Francophone Caribbean*, Liverpool, Liverpool University Press, 2013, 256 p., coll. « Contemporary French and Francophone Cultures ».

HÉNANE, René. *Aimé Césaire, cavalier du temps et de l'écume : étude thématique et critique de* Comme un malentendu de salut – Noria, Paris, L'Harmattan, 2013, 172 p., coll. « Critiques littéraires ».

HILL JR., Edwin C. *Black Soundscapes White Stages: The Meaning of Francophone Sound in the Black Atlantic*, Baltimore, Johns Hopkins University Press, 2013, 192 p.

IBRAHIM, Magda. Prière d'un petit enfant nègre *de Guy Tirolien : un manifeste de la Négritude*, Paris, L'Harmattan, 2013, 74 p., coll. « Espaces littéraires ».

JOHNSTON, A. J. B. *Louisbourg: Past, Present, Future*, Halifax, Nimbus Publishing, 2013, 122 p.

LACOURSIÈRE, Jacques. *Histoire populaire du Québec*, t. I : *Des origines à 1791*, Québec, Éditions du Septentrion, 2013, 696 p.

LAFERRIÈRE, Dany. *Journal d'un écrivain en pyjama*, Montréal, Mémoire d'encrier, 2013, 320 p., coll. « Chronique ».

LANDRY, Nicolas. *La Cadie, frontière du Canada : Micmacs et Euro-canadiens au nord-est du Nouveau-Brunswick, 1620-1850*, Québec, Éditions du Septentrion, 2013, 342 p.

LARA, Oruno D. *Léonard Sénécal, le rebelle écartelé : la Guadeloupe au XIXᵉ siècle*, Paris, L'Harmattan, 2013, 182 p.

LARA, Oruno D. *Vichy ou dissidence, Béville (Albert) : une carrière d'administrateur colonial de Pétain à Dakar, la parole est aux documents*, Paris, L'Harmattan, 2013, 140 p.

LEDEGEN, Gudrun (dir.). *La variation du français dans les espaces créolophones et francophones*, t. II : *Zones créolophones, Afrique et la lexicographie différentielle*, Paris, L'Harmattan, 2013, 212 p., coll. « Espaces discursifs ».

LEOBAL, Clémence. *Saint-Laurent-du-Maroni : une porte sur le fleuve*, Matoury, Ibis rouge Éditions, 2013, 240 p., coll. « Espace outre-mer ».

LEROUX, Frèdelin. *Mots de tête [bis] : nouvelles chroniques impertinentes sur la langue*, Ottawa, Éditions David, 2013, 342 p.

LONERGAN, David. *Acadie 72 : naissance de la modernité acadienne*, Sudbury, Éditions Prise de parole, 2013, 155 p., coll. « Essais ».

LONGUET, Adam. *Frantz Fanon : un héritage à partager*, Paris, L'Harmattan, 2013, 208 p.

LOUDER, Dean. *Voyages et rencontres en Franco-Amérique*, Québec, Éditions du Septentrion, 2013, 268 p., coll. « Hamac-Carnets ».

LUCRÈCE, André. *Aimé Césaire : liturgie et poésie charnelle*, Paris, L'Harmattan, 2013, 104 p., coll. « Espaces littéraires ».

LUNDAHL, Mats. *The Political Economy of Disaster: Destitution, Plunder and Earthquake in Haiti*, New York, Routledge, 2013, 440 p., coll. « Routledge Explorations in Economic History ».

LÜSEBRINK, Hans-Jürgen, et Christoph VATTER (dir.). *Multiculturalisme et diversité culturelle dans les médias au Canada et au Québec*, en collaboration avec Béatrice Bagola et Lutz Schowalter, Würzburg, Königshausen & Neumann, 2013, 200 p.

MABANA, Kahiudi Claver. *Du mythe à la littérature : une lecture de textes africains et caribéens*, Paris, L'Harmattan, 2013, 240 p., coll. « Critiques littéraires ».

MACKEY, Frank. *L'esclavage et les Noirs à Montréal : 1760-1840*, Montréal, Éditions Hurtubise, 2013, 672 p., coll. « Cahiers du Québec : histoire ».

MAM LAM FOUCK, Serge, et Apollinaire ANAKESA. *Nouvelle histoire de la Guyane*, Matoury, Ibis rouge Éditions, 2013, 384 p., coll. « Espace outre-mer ».

MASSIE, Justin. *Francosphère : l'importance de la France dans la culture stratégique du Canada*, Montréal, Presses de l'Université du Québec, 2013, 310 p.

MATHIEU, Jacques, et Sophie IMBEAULT. *La guerre des Canadiens, 1756-1763*, Québec, Éditions du Septentrion, 2013, 280 p.

MATURIÉ, Pierre. *Man Proposes, God Disposes: Recollections of a French Pioneer*, traduit du français par Vivien Bosley, Edmonton, Athabasca University Press, 2013, 260 p., coll. « Our Lives: Diary, Memoir, and Letters ».

MELANÇON, Johanne (dir.). *Écrire au féminin au Canada français*, Sudbury, Éditions Prise de parole, 2013, 318 p., coll. « Agora ».

MEYER-KRENTLER, Leonie. *Die Idee des Menschen in der Karibik: Mensch und Tier in französisch- und spanischsprachigen Erzähltexten des 19. Jahrhunderts* [Le concept des peuples dans les Caraïbes : les humains et les animaux dans les textes narratifs espagnols et francophones du XIXe siècle], Berlin, Walter Frey, 2013, 283 p.

MIGRAINE-GEORGE, Thérèse. *From Francophonie to World Literature in French: Ethics, Poetics, and Politics*, Lincoln, University of Nebraska Press, 2013, 296 p.

MIMEAULT, Mario. *L'exode québécois, 1852-1925 : correspondance d'une famille dispersée en Amérique*, Québec, Éditions du Septentrion, 2013, 452 p.

MOOMOU, Jean. *Les marrons Boni de Guyane : luttes et survie en logique coloniale (1712-1880)*, Matoury, Ibis rouge Éditions, 2013, 608 p., coll. « Espace outre-mer ».

NAVARRO FLORES, Célia, Mélanie LÉTOCART ARAUJO et Dominique BOXUS (dir.). *Déplacements culturels : migrations et identités = Desplazamientos culturales: migraciones e identidades*, Bruxelles, Peter Lang, 2013, 206 p., coll. « Trans-Atlantique = Trans-Atlántico ».

NESBITT, Nick. *Caribbean Critique: Antillean Critical Theory from Toussaint to Glissant*, Liverpool, Liverpool University Press, 2013, 346 p., coll. « Contemporary French and Francophone Cultures ».

NOEL, Jan. *Along a River: The First French-Canadian Women*, Toronto, University of Toronto Press, 2013, 356 p.

NUCHO-TROPLENT, Philippe. *Murat : une famille de Marie-Galante et son habitation*, Paris, L'Harmattan, 2013, 246 p., coll. « Rue des écoles ».

PAIEMENT, Lise. *Une goutte d'eau à la fois : vers un modèle pédagogique de responsabilisation et de leadership culturel en milieu minoritaire*, Ottawa, Éditions David, 2013, 462 p.

PAQUET, Marc-Emmanuel. *Quel avenir pour les Michel Morin ? Réflexions sur la valeur travail à partir d'un personnage de la société créole*, Paris, L'Harmattan, 2013, 160 p.

Pâquet, Martin, Matteo Sanfilippo et Jean-Philippe Warren (dir.). *Le Saint-Siège, le Québec et l'Amérique française : les archives vaticanes, pistes et défis*, Québec, Les Presses de l'Université Laval, 2013, 320 p., coll. « Culture française d'Amérique ».

Pépin-Filion, Dominique. *Esquisse de la situation linguistique du Nouveau-Brunswick*, en collaboration avec Josée Guignard Noël, pour le Commissaire aux langues officielles du Nouveau-Brunswick, Moncton, Institut canadien de recherche sur les minorités linguistiques, 2013, 18 p.

Poitras, Marie Hélène (dir.). *Bonjour voisine : collectif Haïti-Québec*, Montréal, Mémoire d'encrier, 2013, 496 p., coll. « Chronique ».

Proulx, Robert (dir.). *Paroles et images*, Moncton, Éditions Perce-Neige, 2013, 184 p., coll. « Archipel-APLAQA ».

Redouane, Najib, et Yvette Benayoun-Szmidt (dir.). *Le pari poétique de Gérard Étienne*, Paris, L'Harmattan, 2013, 312 p., coll. « Espaces littéraires ».

Robichaud, Marc, et Maurice Basque. *Histoire de l'Université de Moncton*, Moncton, Institut d'études acadiennes, 2013, 383 p., coll. « Clément-Cormier ».

Robineau, Anne. *La situation des artistes de la francophonie canadienne : rapport de l'étude*, en collaboration avec William Floch et Josée Guignard Noël, pour le Conseil des arts du Canada et la Fédération culturelle canadienne-française, Moncton, Institut canadien de recherche sur les minorités linguistiques, 2013, 145 p.

* Rodriguez, Liliane, et André Lapierre (dir.). *D'est en ouest : la variation géolinguistique du français au Canada*, Winnipeg, Presses universitaires de Saint-Boniface, 2013, 368 p.

Sahin, Selin. *Französisch und Créole in Haïti : Sprachliche Besonderheiten des haïtianischen Kreol* [Français et créole en Haïti : les particularités linguistiques de la créole haïtienne], München, Grin Verlag, 2013, 14 p.

Saint-Onge, Kathleen. *Bilingual Being: My Life as a Hyphen*, Montréal, McGill-Queen's University Press, 2013, 328 p.

Saint-Pierre, Marjolaine. *Lacorne Saint-Luc : l'odyssée d'un noble, 1711-1784*, Québec, Éditions du Septentrion, 2013, 408 p.

Selbonne, Ronald. *Albert Béville, alias Paul Niger*, préface de Christiane Taubira, Matoury, Ibis rouge Éditions, 2013, 304 p., coll. « Espace outre-mer ».

SIMON, Sherry (dir.). *In Translation: Honouring Sheila Fischman*, Montréal, McGill-Queen's University Press, 2013, 248 p.

SOCKEN, Paul (dir.). *Entre fleuve et rivière : correspondance entre Gabrielle Roy et Margaret Laurence*, traduit de l'anglais par Sophie Voillot et Dominique Fortier, Saint-Boniface, Éditions des Plaines, [2004] 2013, 144 p.

SOUCOUP, Dan. *A Short History of Moncton*, Halifax, Maritime Lines, 2013, 130 p.

STEELE, Ian K. *Setting All the Captives Free: Capture, Adjustment, and Recollection in Allegheny Country*, Montréal, McGill-Queen's University Press, 2013, 552 p., coll. « McGill-Queen's Native and Northern Series ».

SYLVESTRE, Paul-François. *L'Ontario français : quatre siècles d'histoire*, Ottawa, Éditions David, 2013, 218 p.

SYLVESTRE, Paul-François. *Toronto et sa toponymie française : guide illustré des noms de rues et de parcs*, Toronto, Éditions du GREF, 2013, 145 p., coll. « Lieux dits ».

TATTRIE, Jon. *Cornwallis: The Violent Birth of Halifax*, Lawrencetown Beach, Pottersfield Press, 2013, 238 p.

TERRY, Jennifer. *"Shuttles in the Rocking Loom": Mapping the Black Diaspora in African American and Caribbean Fiction*, Liverpool, Liverpool University Press, 2013, 228 p., coll. « Migrations and Identities ».

WALSH, John Patrick. *Free and French in the Caribbean: Toussaint Louverture, Aimé Césaire, and Narratives of Loyal Opposition*, Bloomington, Indiana University Press, 2013, 206 p., coll. « Blacks in the Diaspora ».

YOUNG, Lélia L. M. (dir.). *Langues poétiques et poésie francophone en Amérique du Nord*, Québec, Les Presses de l'Université Laval, 2013, 266 p.

ZUPANČIČ, Metka. *Les écrivaines contemporaines et les mythes : le remembrement au féminin*, Paris, Karthala, 2013, 348 p., coll. « Lettres du Sud ».

THÈSES

ACHILLE, Étienne. *Jambe dlo… et après ? Participation de la diaspora antillaise à l'écriture de la nation française*, thèse de doctorat, Cincinnati, University of Cincinnati, 2013.

AGARD-JONES, Vanessa. *Sovereign Intimacies: Scaling Sexual Politics in Martinique*, thèse de doctorat, New York, University of New York, 2013.

ARCHER, Justine. *Investigating Phonological Development in Monolingual Haitian Creole-Speaking Preschool Children*, thèse de maîtrise, New York, University of Long Island, 2013.

AUBÉ, Caila. *Francophone and Acadian Experiences in the Primary Health Care System in Halifax, Nova Scotia*, thèse de maîtrise, Halifax, Université Dalhousie, 2013.

AUDET, Alexandre. *Le choix d'une école secondaire francophone : étude qualitative réalisée auprès de mères d'origines canadienne et djiboutienne / somalienne*, thèse de maîtrise, Ottawa, Université d'Ottawa, 2013.

BEST, April Dawn. *Geographical, Linguistic, Social, and Experimental Demarcation: The River in Edwidge Danticat's* The Farming of Bones, thèse de maîtrise, Allendale, Grand Valley State University, 2013.

BLAINEY, Darcie L. *First to Come, Last to Go: Phonological Change and Resilience in Louisiana Regional French*, thèse de doctorat, Nouvelle-Orléans, Tulane University, 2013.

BOUDRIAU, Marc-Antoine. *Sources et limites du pouvoir des officiers de milice dans les campagnes canadiennes sous le régime français (1705-1765)*, mémoire de maîtrise, Montréal, Université du Québec à Montréal, 2013.

BOULIANE, Sandria P. *"Good-bye Broadway, Hello Montréal" : traduction, appropriation et création de chansons populaires canadiennes-françaises dans les années 1920*, thèse de doctorat, Québec, Université Laval, 2013.

BUMAN, Nathan A. *Two Histories, One Future: Louisiana Sugar Planters, Their Slaves, and the Anglo-Creole Schism, 1815-1865*, thèse de doctorat, Bâton Rouge, State University of Louisiana, 2013.

CLOUTIER, Kayla. *L'entre-deux des jeunes migrants franco-ontariens : appartenances territoriales et réseaux sociaux virtuels*, thèse de maîtrise, Ottawa, Université d'Ottawa, 2013.

COON, Kaytie. *La dénomination dans* Une enfance créole *de Patrick Chamoiseau*, thèse de maîtrise, Waterloo, Université de Waterloo, 2013.

COPE, Robyn. *Between Us There Is Bread and Salt: Food in the Novels of Edwidge Danticat, Gisele Pineau, and Lakshmi Persaud*, thèse de doctorat, Tallahassee, State University of Florida, 2013.

Covo, Manuel. *Commerce, empire et révolutions dans le monde atlantique : la colonie française de Saint-Domingue entre métropole et États-Unis (ca. 1778 – ca. 1804)*, thèse de doctorat, Paris, École des hautes études en sciences sociales, 2013.

Delne, Claudy. *Le bâillonnement de la Révolution haïtienne dans l'imaginaire occidental à travers des textes fictionnels des dix-neuvième et vingtième siècles*, thèse de doctorat, New York, City University of New York, 2013.

Denault, Anne-Andrée. *Divergences et solidarité : une étude sociopolitique des rapports entre le Québec et les francophones d'Amérique*, thèse de doctorat, Ottawa, Université d'Ottawa, 2013.

Dennis, David Christopher. *The Popular Image of Louisiana in the Nineteenth Century*, thèse de doctorat, Fort Worth, Texas Christian University, 2013.

Dépault, Kévin. *La réception sociale de l'urbanisme contemporain : le cas de la Pointe Simon, en Martinique*, thèse de maîtrise, Ottawa, Université d'Ottawa, 2013.

Desabrais, Tina. *Les mots pour le dire… L'influence de l'(in)sécurité linguistique sur l'expérience d'étudiantes de milieux francophones minoritaires canadiens inscrites aux études supérieures à l'Université d'Ottawa*, thèse de doctorat, Ottawa, Université d'Ottawa, 2013.

Dieudé, Aude. *Toussaint Louverture and Haiti's History as Muse: Legacies of Colonial and Postcolonial Resistance in Francophone African and Caribbean Corpus*, thèse de doctorat, Durham, Duke University, 2013.

Donnelly, Karen. *Le développement du texte informatif en classe d'immersion au primaire*, thèse de maîtrise, Université Laval, 2013.

Dorais, François-Olivier. *« L'Ontario français, c'est le nom d'un combat » : Gaétan Gervais, acteur et témoin d'une mutation référentielle (1944-2008)*, thèse de maîtrise, Ottawa, Université d'Ottawa, 2013.

Dupuis, Serge. *Le passage du Canada français à la Francophonie mondiale : mutations nationales, démocratisation et altruisme au mouvement Richelieu, 1944-1995*, thèse de doctorat, Waterloo, Université de Waterloo, 2013.

Emmitte, Aaron. *Un Cadjin qui dzit cher bon Dieu!: Assibilation and Affrication in Three Generations of Cajun Male Speakers*, thèse de doctorat, Bâton Rouge, State University of Louisiana, 2013.

FERTEL, Rien T. *Imagining the Creole City: White Creole Print Culture, Community, and Identity Formation in Nineteenth-Century New Orleans*, thèse de doctorat, Nouvelle-Orléans, Tulane University, 2013.

FICEK, Douglas J. *"Man Is a Yes": Fanon, Liberation, and the Playful Politics of Philosophical Archaeology*, thèse de doctorat, Philadelphie, Temple University, 2013.

FREYNET, Nathalie H. M. *Bilingualism in Minority Settings in Canada: Fusion or Assimilation?*, thèse de maîtrise, Ottawa, Université d'Ottawa, 2013.

GÉNIER, Éric. *Communautés d'apprentissage professionnelles : conditions d'implantation mises en place par deux directrices d'école élémentaire*, thèse de maîtrise, Ottawa, Université d'Ottawa, 2013.

HANSCHITZ, Eva Johanna. *Aktuelle soziolinguistische Entwicklungen auf Martinique* [Développements sociolinguistiques actuels en Martinique], thèse de maîtrise, Vienne, Université de Vienne, 2013.

HARTL, Gertraud. *Zur kollektiven Identität auf Martinique in der Sicht der dortigen Parteien und zu ihrem sprachenpolitischen Niederschlag* [Pour une identité collective en Martinique à la lumière des partis locaux et des retombées de leurs politiques linguistiques], thèse de maîtrise, Vienne, Université de Vienne, 2013.

HERRMANN-BELL, Bevin. *Asserting, Renewing, and Expanding: The Littérisation of Contemporary Haitian Literature*, thèse de maîtrise, Montréal, Université Concordia, 2013.

ISTRE, Elista Dawn. *"Honey, We's All Creoles": Exploring South Louisiana's Creole Identity and Heritage*, thèse de doctorat, Jonesboro, State University of Arkansas, 2013.

ISTRE, Moriah Correen. *"Music is the Voice of a Culture": Cajun and Creole Musicians Speak about the Power of Music to Preserve, Represent, and Celebrate South Louisiana's French Heritage*, thèse de doctorat, Jonesboro, State University of Arkansas, 2013.

JEAN CHARLES, Vladimir. *Profils identitaires et prises de position sur la sexualité d'adolescent(e)s pentecôtistes et catholiques pratiquant(e)s de Port-au-Prince (Haïti) : analyse d'un champ représentationnel en fonction des modes d'insertion sociale*, thèse de doctorat, Québec, Université Laval, 2013.

LAFLEUR, Brenda. *Imaging Settlement and Displacement: At Home in KA-NA-TA*, thèse de doctorat, Amsterdam, Université d'Amsterdam, 2013.

LANG, Marie-Ève. *La recherche d'informations sexuelles sur le Web par de jeunes Franco-Canadiennes et ses liens avec l'expression de leur agentivité sexuelle*, thèse de doctorat, Québec, Université Laval, 2013.

LETENDRE, Simon. *La dualité linguistique en Colombie-Britannique : représentations de la francophonie dans trois programmes d'enseignement du français*, thèse de maîtrise, Ottawa, Université d'Ottawa, 2013.

LEVESQUE, Robert. *Le respect dans le milieu scolaire : une analyse comparée des perceptions des élèves et des enseignants en fonction de la culture organisationnelle et de la taille des écoles*, thèse de doctorat, Québec, Université Laval, 2013.

MACLEOD, Katie K. *Displaced Mixed-Blood: An Ethnographic Exploration of Métis Identities in Nova Scotia*, thèse de maîtrise, Ottawa, Université Carleton, 2013.

MAGHRAK, Theodor M. *The Huguenot Home: Consumption Practices and Identity in Early 18th-Century New York City*, thèse de maîtrise, Boston, University of Massachussetts Boston, 2013.

MAÏNA, Ali. *Déterminants socio-économiques affectant le choix d'une maison de retraite : points de vue des résidents d'une maison francophone à Toronto*, thèse de maîtrise, Sudbury, Université Laurentienne, 2013.

MAINGUY, Maude. *Être auteur amérindien : l'écriture comme outil d'affirmation culturelle et de guérison chez Tomson Highway*, thèse de maîtrise, Québec, Université Laval, 2013.

MALLET, Janie. *Les modalités de transformation du roman à l'adaptation théâtrale : l'exemple de* Sans jamais parler du vent, *de France Daigle*, thèse de maîtrise, Moncton, Université de Moncton, 2013.

MERVEILLE, Hugo. *Représentations de leur rôle d'acteur politique chez des personnalités politiques issues de la communauté haïtienne du Québec*, mémoire de maîtrise, Montréal, Université du Québec à Montréal, 2013.

MILLER, Courtney. *All alone avec soi-même : énonciation et identité dans le monologue fransaskois*, thèse de maîtrise, Québec, Université Laval, 2013.

NAULT, Jean-François. *Le choix des parents : éducation, identité et religion en Ontario français : le cas d'Orléans*, thèse de maîtrise, Ottawa, Université d'Ottawa, 2013.

OWENS, Imani D. *At the Crossroads: African American and Caribbean Writers in the Interwar Period*, thèse de doctorat, New York, Columbia University, 2013.

PHILLIPPE-SHILLINGTON, Julie. *Les valeurs traditionnelles canadiennes-françaises dans les pratiques familiales des Franco-Ontariens*, thèse de maîtrise, Québec, Université Laval, 2013.

PIERRE, Schallum. *Le réalisme merveilleux de Jacques Stephen Alexis : esthétique, éthique et pensée critique*, thèse de doctorat, Québec, Université Laval, 2013.

POLFLIET, Marieke. *Émigration et politisation : les Français de New York et La Nouvelle-Orléans dans la première moitié du XIXᵉ siècle (1803-1860)*, thèse de doctorat, Nice, Université de Nice Sophia Antipolis, 2013.

POSCHAUKO, Vera Carla. *Abweichungen vom Referenzfranzösischen in zwei Romanen von Joseph Zobel* [Déviations du français de référence dans deux romans de Joseph Zobel], thèse de maîtrise, Vienne, Université de Vienne, 2013.

PRUNEAU, Carl. *Les Néerlandais en exemple : l'image des Néerlandais dans les écrits religieux français portant sur les Antilles et la Côte Sauvage sud-américaine au XVIIᵉ siècle*, mémoire de maîtrise, Montréal, Université de Montréal, 2013.

ROBICHAUD, Geneviève. *Dialogues Between Elle, l'Auteure, and l'Autre Followed by Dialogues entre Elle, l'Auteure et l'Autre*, thèse de maîtrise, Montréal, Université Concordia, 2013.

ROUSSEL, Renaud. *La pastorale nordique dans* La petite poule d'eau *et* Alexandre Chenevert *de Gabrielle Roy*, mémoire de maîtrise, Montréal, Université McGill, 2013.

ROY-MERCIER, Sandra. *Représentation d'élèves de 4ᵉ et de 5ᵉ secondaire à propos des pratiques de lecture et d'écriture en français et de leurs compétences en lecture et en écriture*, thèse de maîtrise, Québec, Université Laval, 2013.

SAINT-JUST, Sophie F. *Sa nou ye: Francophone Practices as Formulations of Identity in Haiti, Guadeloupe, and Martinique from 1976 to 2011*, thèse de doctorat, New York, City University of New York, 2013.

SANDERS, Grace Louise. *La voix des femmes : Haitian Women's Rights, National Politics, and Black Activism in Port-au-Prince and Montreal, 1934-1986*, thèse de doctorat, Ann Arbor, University of Michigan, 2013.

SAUVAIRE, Marion. *Diversité des lectures littéraires : comment former des sujets lecteurs divers ?*, thèse de doctorat, Québec, Université Laval, Université de Toulouse le Mirail, 2013.

SPEDALE, Corrina Vogan. *Effects of Cajun Status on Kindergarteners' Use of Five Grammar Structures*, thèse de maîtrise, Nouvelle-Orléans, Tulane University, 2013.

SPRING, Meghan. *Speech Segmentation in Adult French-English Bilinguals: the Role of Prosody*, thèse de maîtrise, Montréal, Université McGill, 2013.

STEVENS, Shelley. *Curiosity Seekers, Time Travelers, and Avant-Garde Artists: U.S. American Literary and Artistic Responses to the Occupation of Haiti (1915-1934)*, thèse de doctorat, Atlanta, State University of Georgia, 2013.

STIEBER, Chelsea. *Region, Cosmopolitan, Indigenous: Writing Cultural Nationalisms in Early 20th-Century Haiti*, thèse de doctorat, New York, New York University, 2013.

STRANDBURG, Jo-Lynda Hunter. *The Lived Experiences of Native Louisiana French Speakers in Lower Bayou Lafourche Entering English-Only Elementary Schools*, thèse de doctorat, Lynchburg, Liberty University, 2013.

SWEENEY, Shannon. *Navigating Through Multiple Languages: A Study of Multilingual Students' Use of Their Language Repertoire within a French Canadian Minority Education Context*, thèse de maîtrise, Ottawa, Université d'Ottawa, 2013.

TAILLEUR, Sandrine. *The French Wh Interrogative System:* Est-ce que*, Clefting?*, thèse de doctorat, Toronto, Université de Toronto, 2013.

TELFORT, Véronique. *L'apprentissage du vocabulaire soutenu par les TIC et son apport au développement du français langue seconde chez des élèves haïtiens*, mémoire de maîtrise, Sherbrooke, Université de Sherbrooke, 2013.

VIOLO, Gaëlle. *Héritage, patrimonialisation, revitalisation ? Approche ethnologique des transmissions de la langue bretonne en Bretagne (France) éclairées par celles de la langue française en Saskatchewan (Canada), dans les filiations*, thèse de doctorat, Brest, Université de Bretagne occidentale, 2013.

VOLPÉ, Philippe. *L'Ordre de Jacques-Cartier en Acadie du Nouveau-Brunswick durant la Grande Dépression, 1933-1939 : noyautage, extériorisation, discrétion et nationalisme économique*, mémoire de maîtrise, Québec, Université Laval, 2013.

WEBER, Jillian. *(Mis)Classification and Creole Identity in Alice Dunbar-Nelson's* The Goodness of St. Rocque, thèse de maîtrise, Columbia, University of South Carolina, 2013.

West, Bart. *Amazing Race: Roman Catholic and Anglican Missionaries in the Canadian Northwest, 1818-1875*, thèse de maîtrise, Edmonton, Concordia University College of Alberta, 2013.

Wilson, Martin Ezikiel. *The Relationship between Proficiency in French and Academic Achievement for Students in Saint Martin*, thèse de doctorat, Prescott Valley, Northcentral University, 2013.

Yamanaka, Mishio. *Erasing the Color Line: The Racial Formation of Creoles of Color and the Public School Integration Movement in New Orleans, 1867-1880*, thèse de maîtrise, Chapel Hill, University of North Carolina at Chapel Hill, 2013.

Résumés / Abstracts

E.-Martin MEUNIER, Sarah WILKINS-LAFLAMME et Véronique GRENIER

La langue gardienne de la religion / La religion gardienne de la langue ?
Note sur la permanence et la recomposition du catholicisme au Québec
et dans la francophonie canadienne

Le catholicisme a longtemps été un pilier institutionnel et un marqueur
identitaire pour les communautés francophones du Canada. Malgré
cette importance et le déclin progressif qui caractérise catholicisme et
francophonie minoritaire, peu de travaux se sont intéressés aux liens
entre langue et religion au Canada. Cet article de sociologie comparative
constitue un premier jalon vers une meilleure compréhension de l'articu-
lation des phénomènes de sécularisation et de transferts linguistiques. Se
basant sur une gamme étendue de statistiques sociales (de 1968 à 2010),
les auteurs présentent les tendances religieuses et linguistiques centrales
de l'Atlantique, du Québec, de l'Ontario et de l'Ouest canadien.

*For a long time, Catholicism was an institutional pillar and marker of identity
for the francophone communities of Canada. Despite this importance and
the progressive decline that characterizes Catholicism and the francophone
minority, few works have concentrated on the links between language and
religion in Canada. This article of comparative sociology lays the groundwork
for a better understanding of the phenomena of secularisation and linguistic
transfers. Based on a wide range of social statistics (1968-2010), the authors
present the prevailing religious and linguistic tendencies in the Atlantic,
Québec, Ontario, and Western Canada.*

Marc GONZALEZ

Anthropologie des pratiques langagières en Louisiane francophone : enjeux
identitaires des processus redénominatifs de l'ethnonyme des Cadjins

Dans un contexte d'infériorisation ethno-sociolinguistique, les Cadjins francophones de Louisiane ont entrepris depuis les années 1970 des actions de revitalisation linguistique et culturelle pour lutter contre l'américanisation de la communauté et l'étiolement du parler vernaculaire. Une action glottopolitique majeure porte sur la détermination du nom du peuple porteur de significations historiques et ethno-symboliques. Plusieurs ethnonymes en concurrence circulent, dont les représentations associées mettent en évidence pour chaque désignant une dimension particulière du fait franco-louisianais et, ainsi, privilégient une certaine conception de l'identité communautaire. L'auteur examine la fluctuation de ce paradigme désignationnel, les enjeux ethnonymiques, le processus de redénomination imposé par les militants, l'évolution du nom ethnique depuis l'origine acadienne et l'identité émergente interculturelle et translinguistique d'une nouvelle génération de Cadjins anglophones.

In a context of ethno-sociolinguistic inferiority, French-speaking Louisiana Cadjins have undertaken revitalizing linguistic and cultural actions in the hope of fighting against the Americanization of the community and the decline of the vernacular language since the 1970s. A major glottopolitical action concerns assigning to this group of people a name bearing historical and ethno-symbolic significance. Several competing ethnonyms have emerged, each emphasizing a dimension particular to Franco-Louisiana and therefor favoring a certain conception of the community's identity. This paper examines this fluctuating paradigm, the ethononymic issues, the renaming process imposed by militants, the evolution of the ethnic term since the Acadian origins, and the emerging cross-cultural and translinguistic identities of the new generation of English-speaking Cadjins.

Andréane Gagnon

Une convergence entre la question sociale et la question nationale ? Le parcours militant de Richard Hudon

Ce texte porte sur le parcours militant et intellectuel de Richard Hudon, un Franco-Ontarien qui a joué un rôle clé dans la mobilisation et la conscientisation des ouvriers et des ouvrières de la région de Prescott-Russell au cours des années 1980. Plus particulièrement, cet article s'intéresse au rôle qu'a joué Hudon durant la grève d'Amoco en 1980 qui, selon notre étude, peut être considérée comme un événement marquant à l'origine de plusieurs initiatives qui ont cherché à faire converger la question sociale et la question nationale en Ontario français.

This article discusses the activist and intellectual journey of Richard Hudon, a Franco-Ontarian who had a key role in raising awareness and mobilising the workers of the region of Prescott-Russell during the 1980's. More precisely, this article looks into the role played by Hudon during the Amoco Strike of 1980, which, according to our study, can be considered as an instigative event for several initiatives that sought to merge the social and national issues in French-speaking Ontario.

Vincent BRUYÈRE

Études littéraires et écologie du minoritaire

Revisitant une scène tirée de la *Relation* de 1635 de Jean Brébeuf à la lumière du concept de planétarité, cet article propose de jeter les bases d'une écologie du minoritaire dans le domaine des études littéraires. L'analyse ira d'abord puiser dans la tension qui existe entre ce que l'histoire littéraire fait du travail de l'écriture et ce que l'écriture comme technologie du symbolique fait du discours de l'histoire, pour ensuite s'attacher aux effets de segmentation dans certaines œuvres de la romancière acadienne France Daigle.

Revisiting a scene from Jean de Brébeuf's 1635 Relation *in light of the concept of planetarity, this article proposes applying the idea of a minority ecology to the study of literature. The analysis first weighs in on the existing tension between what literary history makes of the writing process, and what writing as a technology of the symbolic makes of the historical discourse, and then looks at the effects of segmentation in selected works of the Acadian novelist, France Daigle.*

Sébastien SAVARD, Isabelle ARCAND, Marie DROLET, Josée BENOÎT, Jacinthe SAVARD et Josée LAGACÉ

Les professionnels de la santé et des services sociaux intervenant auprès des francophones minoritaires : l'enjeu du capital social

Cet article présente les résultats d'une recherche qualitative sur la collaboration et le partenariat entre les professionnels des services sociaux et de la santé qui interviennent auprès de francophones vivant en situation minoritaire en Ontario. L'étude met en lumière, à partir de l'information recueillie auprès de 43 professionnels rencontrés dans huit groupes de discussion, le contexte qui caractérise leur pratique, les défis qu'ils rencontrent dans leur tentative de créer des liens de collaboration avec d'autres professionnels qui œuvrent auprès des communautés francophones minoritaires ainsi que les facteurs qui facilitent l'établissement de partenariats entre les différents intervenants qui répondent aux besoins de cette population. Les résultats font ressortir que le sentiment d'appartenance, la confiance et l'engagement des professionnels envers la communauté francophone, de même que les valeurs de réciprocité et de solidarité qui les habitent sont des éléments qui favorisent le développement du capital social de la communauté des intervenants. Cependant, le manque de mécanismes permettant la consolidation et la pérennisation des relations de collaboration constitue un facteur qui limite la capacité de bonifier le capital social des professionnels de la santé et des services sociaux francophones et bilingues.

This article presents the results of a qualitative study on the collaboration and partnership between social service and health professionals who act on behalf of Francophones living in a minority situation in Ontario. The study looks at information gathered from 43 professionals who met in eight discussion groups, to reveal the context that characterizes their practice, the challenges they encounter in trying to forge collaborative links with other professionals working with minority francophone communities, and the factors that facilitate the establishment of partnerships between the different services, responding to the needs of this population. These results revealed that the sense of belonging, confidence, and commitment towards the francophone community, as well as the values of reciprocity and solidarity, are contributing factors to the development of social capital among professionals. However, the lack of mechanisms permitting the consolidation and longevity of these collaborative links was identified as an element limiting the capacity to enhance the social capital among these francophone and bilingual health and social services professionals.

Jean JONASSAINT

Césaire et Haïti, des apports à évaluer

Dès son premier opus, *Cahier d'un retour au pays natal* (1939), Aimé Césaire rend hommage à Haïti, et il est reconnu que son œuvre puise largement dans l'histoire de ce pays qui lui a inspiré deux ouvrages : *La tragédie du roi Christophe* (1961-1963) et *Toussaint Louverture : la Révolution française et le problème colonial* (1961). Cet article se propose de mettre en lumière ce qui est ignoré ou refoulé chez Césaire, soit sa dette envers les littératures haïtiennes tant orales qu'écrites, notamment ses emprunts aux essayistes Jean-Louis Vastey et Anténor Firmin, à l'historien Beaubrun Ardouin, au poète indigéniste Carl Brouard et à la tradition vaudou. De plus, au-delà de ces textes et à l'encontre de la *doxa*, l'auteur montrera que le corpus césairien s'inscrit dans un vaste réseau intertextuel caribéen remontant au XIXᵉ siècle.

From his first opus, Cahier d'un retour au pays natal *(1939), Aimé Césaire pays homage to Haiti, and it is recognised that his work draws largely from the history of the country that inspired two of his books:* La tragédie du roi Christophe *(1961-1963) and* Toussaint Louverture : la Révolution française et le problème colonial *(1961). What is often ignored or dismissed, as this article seeks to demonstrate, is his debt towards Haitian oral and written literature, particularly how Césaire borrows from the essayists Jean-Louis Vastey and Anténor Firmin, the historian Beaubrun Ardouin, the indigenist poet Carl Brouard, and the voodoo tradition. In addition, contrary to an entire doxa, beyond those texts, the inscription of Césaire's corpus in a vast intertextual Caribbean network going back to the 19ᵗʰ century is also demonstrated.*

Notices biobibliographiques

Isabelle ARCAND est une chercheure indépendante dans le domaine de l'éducation spéciale. Elle a récemment terminé ses études supérieures à la Faculté d'éducation de l'Université d'Ottawa. Sa recherche doctorale examinait l'expérience universitaire d'étudiants de premier cycle en probation académique. Elle a également obtenu une maîtrise, avec spécialisation en psychologie du sport, et un baccalauréat en psychologie. Elle a publié dans *International Education Studies, Child and Adolescent Social Work Journal, The International Journal of the Humanities*, la *Revue canadienne de l'éducation* et le *Alberta Journal of Educational Research*.

Maria Fernanda ARENTSEN est professeure agrégée au Département d'études françaises, des langues et de littératures à l'Université de Saint-Boniface (Winnipeg, Manitoba). Ses recherches portent sur les frontières, l'altérité, les exclusions et, plus récemment, la représentation des personnes en situation de handicap dans la littérature canadienne d'expression française. Elle a publié de nombreux articles et chapitres de livres sur ces problématiques et les ouvrages *Discours autour des frontières, histoires des cicatrices : une lecture des discours des frontières au Québec et en Amérique latine* (VDM Verlag Dr. Müller, 2009) et, en codirection avec Kenneth Meadwell, *Les voix de la mémoire et de l'altérité* (Presses universitaires de Saint-Boniface, 2013).

Jacob ATANGANA-ABÉ est professeur de stratégie et de management des organisations à l'École d'administration des affaires de l'Université de Saint-Boniface à Winnipeg et titulaire d'un doctorat en management stratégique des organisations de l'École des hautes études commerciales (HEC) de Montréal. Ses travaux de recherche portent sur la prise de décision stratégique, la gestion de la légitimité institutionnelle et la gestion des organismes à but non lucratif. Il a publié plusieurs articles dans ces domaines, notamment dans la *Revue internationale de cas en gestion* et dans la *Revue Économie et Solidarités*. Il est, par ailleurs, l'auteur du livre *Voyage au cœur des organismes à but non lucratif : l'exigence de légitimité* (Éditions Publibook, 2004).

Joël BEDDOWS est metteur en scène, pédagogue et chercheur. Il a assuré la direction artistique du Théâtre la Catapulte d'Ottawa pendant douze ans (1998-2010). Il y a signé de nombreuses mises en scène et œuvré auprès de toute une génération de dramaturges franco-ontariens. Depuis l'été 2011, il assure la direction du Département de théâtre de l'Université d'Ottawa, où il est également titulaire de la Chaire de recherche sur la francophonie canadienne (pratiques culturelles). Cette fonction lui permet de poursuivre des projets de développement dramaturgique et d'exploration esthétique, notamment autour de la poésie contemporaine au théâtre.

Josée BENOÎT est associée de recherche à l'Université d'Ottawa et coordonne le Groupe de recherche sur la formation professionnelle en santé et service social en contexte francophone minoritaire (GReFoPS). Titulaire d'un doctorat en éducation, elle s'intéresse à la pédagogie en milieu minoritaire francophone, à la motivation, et à l'éducation musicale. Elle est également chargée de cours à l'Université d'Ottawa.

Vincent BRUYÈRE enseigne au Département de français et d'italien à Emory University (Atlanta, GA), où il est également codirecteur du programme de doctorat en français et en littérature comparée. Il est l'auteur de *La différence francophone : de Jean Léry à Patrick Chamoiseau*, paru en 2012 aux Presses universitaires de Rennes. Il travaille actuellement sur un livre qui explore les liens entre critique littéraire, survivalisme et épuisement.

Marie DROLET est travailleuse sociale et titulaire d'un doctorat en service social de l'Université Laval. Professeure titulaire à l'École de service social de l'Université d'Ottawa, elle codirige un programme de recherche interdisciplinaire sur l'amélioration de la formation des professionnels de la santé et des services sociaux au sein de la francophonie minoritaire canadienne, subventionné par le CNFS de l'Université d'Ottawa et le CNFS Secrétariat national. Ses recherches portent sur l'accès aux services sociaux et de santé en milieu francophone minoritaire, de même que sur les pratiques sociales et de santé auprès des enfants, des adolescents et des aînés francophones en situation minoritaire.

Andréane GAGNON est doctorante en sociologie à l'Université du Québec à Montréal. Elle s'intéresse à la gauche québécoise et à la manière dont les intellectuels et les militants qui s'en réclament conçoivent l'idée de la liberté politique. Elle s'intéresse présentement à ce titre aux œuvres de Pierre Vadeboncoeur et de Fernand Dumont, en particulier.

Marc GONZALEZ, docteur en sciences du langage, est professeur au Département des sciences du langage à l'Institut des technosciences de l'information et de la communication de l'Université Paul-Valéry, Montpellier (France). Il est responsable de la thématique « Anthropologie des pratiques langagières », constitutive de la composante « Sociolinguistique et anthropologie politique du langage » du laboratoire DIPRALANG, EA 739. Sa thèse de doctorat en ethno-sociolinguistique et sémiologie littéraire, soutenue en décembre 2011, s'intitule *Nominations ethnonymiques en Louisiane francophone : production d'identités et subjectivités poétiques*. Ses travaux récents portent sur les attitudes linguistiques de locuteurs français d'origine arabophone à l'égard de la langue arabe, de la religion et des incidences sur les processus de communalisation.

Après des études en langues et littératures romanes, allemande et comparée, **Hans-Jürgen GREIF** obtient un doctorat en littérature italienne. En 1969, il accepte un poste à l'Université Laval à Québec, où il enseigne pendant trente-cinq ans les littératures française, québécoise et allemande (surtout le xixᵉ siècle). En novembre 2007, il est nommé professeur émérite. Il est l'auteur de nombreux articles; ses critiques littéraires sont publiées dans des revues savantes. Il a fait paraître, autant en allemand qu'en français, des essais, des romans, des recueils de nouvelles. Plusieurs de ses livres et de ses textes ont été traduits en allemand, en français, en anglais, en espagnol, en polonais et en tamoul.

Véronique GRENIER est actuellement doctorante en sciences de l'éducation au Département d'administration et fondements de l'éducation de l'Université de Montréal. Elle a reçu, au cours des dernières années, plusieurs bourses d'excellence, dont la bourse de doctorat du Canada Joseph-Armand-Bombardier du Conseil de recherches en sciences humaines (CRSH). Elle est titulaire d'une maîtrise en sociologie de l'Université d'Ottawa. Ses intérêts de recherche sont la sociologie de l'éducation, les questions de genre, les relations ethniques, les enjeux linguistiques et la religion.

Jean JONASSAINT enseigne les littératures francophones à l'Université de Syracuse. Il s'intéresse à une épistémologie pratique, qui implique une certaine éthique de la critique, spécialement dans les études caribéennes sur lesquelles il a écrit un ouvrage intitulé *Contre Vulgate (des lieux dits Caraïbes)*. Son intérêt pour la remise en question des approches traditionnelles des littératures francophones l'a conduit, plus récemment, à l'édition critique et génétique des textes. Actuellement, il travaille sur deux éditions : l'une de *La tragédie du roi Christophe* d'Aimé Césaire, et l'autre de *Dézafi /Les affres d'un défi* de Frankétienne.

Yves LABRÈCHE, professeur associé, enseigne à l'Université de Saint-Boniface depuis 2005. Il y coordonne également des projets de recherche, comme la chaire de recherche du Canada sur les *Migrations, transferts et communautés francophones* depuis octobre 2013, et le programme de maîtrise en études canadiennes depuis 2012. Entre 2007 et 2013, il a publié des textes sur l'histoire et le quotidien des minorités francophones, notamment sur les Métis, dans le cadre de l'Alliance de recherche universités-communautés sur les identités francophones de l'Ouest canadien. Auparavant, il a séjourné à plusieurs reprises dans des communautés nordiques, et les résultats de ses recherches en ethnoarchéologie ont contribué à la connaissance des cultures autochtones de l'Arctique (1980-1995) et du Labrador (1996-2006).

Josée LAGACÉ est professeure adjointe au Programme d'audiologie et d'orthophonie de l'Université d'Ottawa. Elle travaille, entre autres, au développement d'épreuves diagnostiques pour la population francophone du Canada. Le but de ses recherches est de mieux comprendre la nature sous-jacente aux difficultés d'écoute dans le bruit et ainsi permettre la planification de programmes de réadaptation efficaces, centrés sur les besoins de la personne. En tant que professeure adjointe, chargée de cours, superviseure de stage et de recherche, de même qu'en tant que mentor et consultante, elle a collaboré à la formation de plusieurs audiologistes.

Marcel LAJEUNESSE est professeur associé à l'École de bibliothéconomie et des sciences de l'information de l'Université de Montréal, où il a enseigné de 1970 à 2006. Il a été le directeur de cette école de 1987 à 1994 et vice-doyen de la Faculté des arts et des sciences de 1994 à 2002. Il a publié de nombreux articles dans les domaines de l'histoire du livre et des bibliothèques, des aspects comparés et internationaux de l'information et des bibliothèques de l'enseignement supérieur. Il est l'auteur des volumes suivants : *Les Sulpiciens et la vie culturelle à Montréal au XIXe siècle* (Éditions Fides, 1982), *Lecture publique et culture au Québec, XIXe-XXe siècles* (Presses de l'Université du Québec, 2004), et coauteur, avec Carol Couture, de *Législations et politiques archivistiques dans le monde* (Documentor, 1993) et *L'archivistique à l'ère du numérique : les éléments fondamentaux de la discipline* (Presses de l'Université du Québec, 2014).

Gilbert McLaughlin est doctorant au Département de sociologie et d'anthropologie de l'Université d'Ottawa. Ses recherches portent sur les théories de l'imaginaire et sur les mythes politiques et rituels en Acadie.

E.-Martin Meunier est titulaire de la Chaire de recherche sur la francophonie canadienne *Québec, francophonie canadienne et mutations culturelles*. Il est également directeur du Centre interdisciplinaire de recherche sur la citoyenneté et les minorités (CIRCEM) de l'Université d'Ottawa. Ses recherches portent sur la sociologie de la société québécoise, l'analyse sociale et historique du Canada français et la sociologie des religions. E.-Martin Meunier dirige un chantier de recherche subventionné par le CRSH (2008-2011; 2011-2014) : « Vers une sortie de la religion culturelle des Québécois ? Enquête quantitative et qualitative au Québec et au Canada (1968-2014) ».

Frances Ratelle est étudiante à la maîtrise à l'Université de Waterloo, où elle a obtenu un baccalauréat en études françaises en décembre 2014. Elle travaille depuis l'automne 2013 comme assistante à la rédaction des numéros 34, 35 et 36 de *Francophonies d'Amérique*. La bibliographie qui paraît dans le présent numéro est sa première publication.

Jacinthe Savard est ergothérapeute et titulaire d'un doctorat en santé publique. Elle est professeure adjointe à l'École des sciences de la réadaptation et directrice de la recherche et du développement à la Clinique universitaire interprofessionnelle en soins de santé primaires de l'Université d'Ottawa, un centre de formation où les étudiants de divers programmes en santé offrent des services de réadaptation et de promotion de la santé à la population francophone en situation minoritaire de la région d'Ottawa.

Sébastien Savard est professeur agrégé à l'École de service social de l'Université d'Ottawa. Il est titulaire d'une maîtrise en administration publique et d'un doctorat en service social. Ses travaux de recherche portent sur le partenariat et la collaboration entre les organismes communautaires et les établissements publics dans le domaine de la santé et des services sociaux. Depuis quelques années, il s'intéresse également à la question de la collaboration entre les professionnels francophones et bilingues de même qu'à l'intégration des services aux personnes âgées francophones en situation minoritaire.

Alain THOMAS, d'origine française et diplômé de l'Université de Toronto, a enseigné au niveau élémentaire, puis à l'Université de Toronto et à l'Université York, avant de faire carrière au Département d'études françaises de l'Université de Guelph (Ontario), où il est actuellement professeur titulaire. Ses recherches en phonétique, sociolinguistique ou pédagogie du FL2 l'ont amené à s'intéresser surtout au français non standard, que ce soit en milieu majoritaire (région de Nice), minoritaire (francophonie ontarienne) ou langue seconde (étudiants anglophones avancés). Il a publié plusieurs monographies et de nombreux articles ou comptes rendus dans ces divers domaines.

Sarah WILKINS-LAFLAMME est étudiante au doctorat en sociologie à Nuffield College, Université d'Oxford (Royaume-Uni). Elle a obtenu son baccalauréat et sa maîtrise en sociologie à l'Université d'Ottawa. À l'automne 2014, elle a commencé un stage postdoctoral CRSH au Centre d'études ethniques des universités montréalaises (CEETUM) à l'Université de Montréal et au Département de sociologie à l'Université du Québec à Montréal. Ses champs d'intérêt incluent la sociologie des religions, les méthodes quantitatives ainsi que les minorités ethniques, linguistiques et culturelles.

POLITIQUE ÉDITORIALE

Francophonies d'Amérique est une revue pluridisplinaire dans le domaine des sciences humaines et des sciences sociales. Elle paraît deux fois l'an. La direction de la revue favorise non seulement la représentation équitable des diverses disciplines, mais elle encourage également les croisements disciplinaires. L'Ontario, l'Acadie, l'Ouest canadien, les États-Unis et les Antilles (Haïti, Martinique, Guadeloupe) y sont représentés. Le Québec peut aussi y être conçu comme un objet d'étude dans son histoire et sa présence continentales. Les diverses facettes de la vie française dans ces régions font l'objet d'analyses et d'études à la fois savantes et accessibles à un public qui s'intéresse aux « parlants français » en Amérique du Nord. On y retrouve aussi des comptes rendus et une bibliographie des publications récentes en langue française issues de ces collectivités. La direction de la revue privilégie la représentation des régions tant par les textes que par les auteurs et encourage les études comparatives et les perspectives d'ensemble. *Francophonies d'Amérique* vise à refléter un secteur de recherche en pleine croissance et constitue ainsi une source de renseignements des plus utiles pour quiconque s'intéresse à la francophonie nord-américaine dans toute sa vitalité.

Procédure d'évaluation des articles

Tous les articles soumis à la revue, y compris les textes sollicités par la direction, les membres du conseil d'administration ou du comité de rédaction, doivent faire l'objet d'une évaluation par au moins deux personnes compétentes. La revue fera appel le plus souvent possible aux membres du comité de rédaction pour assurer l'évaluation des textes. La sollicitation d'un article ou d'un compte rendu n'en signifie donc pas l'acceptation automatique.

Francophonies d'Amérique ne publie que des articles inédits, c'est-à-dire qui n'ont fait l'objet d'aucune publication antérieure, sous quelque forme que ce soit, incluant le site Web de l'auteur, celui du centre de recherche ou celui de l'institution à laquelle il est rattaché.

Numéros thématiques – textes choisis de colloques

Francophonies d'Amérique accueille volontiers des articles provenant de colloques portant sur des sujets pertinents. Un seul numéro par année est normalement consacré à ce type de publication.

La préparation des textes est confiée au responsable du numéro thématique. Tous les articles doivent être remis en un seul dossier, en format Word. La présentation du numéro par le responsable scientifique et les notices biobibliographiques (100 mots) des collaborateurs et des collaboratrices ainsi que les résumés (en français et en anglais) des articles (100 mots) doivent être compris dans le dossier remis à la direction de la revue. Les textes doivent être conformes aux normes et au protocole de rédaction de la revue.

Les manuscrits doivent faire l'objet d'une évaluation normale par les pairs.

En consultation avec les coordonnateurs des différents dossiers, la direction de *Francophonies d'Amérique* est responsable du choix final des articles, et elle avisera les auteurs de sa décision.

Nombre de pages

Les numéros de *Francophonies d'Amérique* comptent au maximum 200 pages, incluant la table des matières, l'introduction, les articles, les comptes rendus, les notices biobibliographiques et les pages se rapportant à la revue.

Longueur des articles

Les textes soumis pour publication comptent entre 15 et 20 pages, à interligne double. Les tableaux, les graphiques et les illustrations doivent être limités à l'essentiel ; chaque numéro comprend au maximum 26 tableaux et illustrations.

Présentation des articles

La revue utilise le système de renvoi à l'intérieur du texte, suivi d'une bibliographie des ouvrages cités. Les notes doivent être réduites au minimum, et seules celles qui sont essentielles à la cohésion et à la compréhension de l'article seront publiées. De même, la revue ne publiera que la bibliographie des ouvrages cités.

Présentation des comptes rendus

Les comptes rendus comprennent la référence complète de l'ouvrage recensé en guise de titre, suivie du nom de l'auteur du compte rendu ainsi que ses coordonnées complètes. Nombre de mots : entre 1 000 et 1 200.

Protocole de rédaction

Le protocole de rédaction est disponible dans le site Web de la revue, à l'adresse suivante : [http://francophoniesdamerique.uottawa.ca/docs/fa_protocole_2012.pdf].

Accès libre aux articles

Deux ans après la parution de son article en format imprimé et électronique dans le portail Érudit, l'auteur qui le désire pourra diffuser librement son article après en avoir obtenu l'autorisation de *Francophonies d'Amérique* et en s'assurant que la source de l'article est clairement indiquée.

Bureau des abonnements
CRCCF

Université d'Ottawa
65, rue Université, pièce 040
Ottawa (Ontario) K1N 6N5
CANADA

Att. : Martin Roy
Roy.Martin@uottawa.ca

ABONNEMENT À LA VERSION IMPRIMÉE | NUMÉROS 37 ET 38

Canada (TPS comprise)

Étudiant/retraité	☐	**30 $**
Individu	☐	**40 $**
Institution	☐	**110 $**

À l'étranger (frais d'envoi compris)

Étudiant/retraité	☐	**40 $ CAN**
Individu	☐	**55 $ CAN**
Institution	☐	**140 $ CAN**

TARIFS À L'UNITÉ | Numéro désiré _____

Canada (TPS comprise)

Étudiant/retraité	☐	**20 $**
Individu	☐	**25 $**
Institution	☐	**60 $**

À l'étranger (frais d'envoi compris)

Étudiant/retraité	☐	**28 $ CAN**
Individu	☐	**33 $ CAN**
Institution	☐	**70 $ CAN**

Nom :   Prénom :

Organisme :

Adresse :   Ville :

Province :   Code postal :

Téléphone :   Courriel :

Veuillez retourner une copie de ce formulaire d'abonnement et votre chèque libellé au nom de l'Université d'Ottawa à l'adresse suivante :

Martin Roy
Centre de recherche en civilisation canadienne-française
Université d'Ottawa
65, rue Université, pièce 040
Ottawa (Ontario) K1N 6N5
CANADA

ABONNEMENT À LA VERSION NUMÉRIQUE

Pour les abonnements à la version numérique, les institutions, les consortiums et les agences d'abonnements doivent communiquer avec Érudit :
Tél. : 514 343-6111, poste 5500 | erudit-abonnements@umontreal.ca

Achevé d'imprimer
en avril deux mille quinze, sur les presses
de l'imprimerie Gauvin, Gatineau, Québec